Mgr Marie-Louis BAYE

SA VIE — SES ŒUVRES

PAR

M. L'ABBÉ L. PÉCHENART

Curé-Doyen d'Attigny
Docteur en Droit canonique et en Théologie
Officier d'Académie
Membre correspondant de l'Académie nationale de Reims

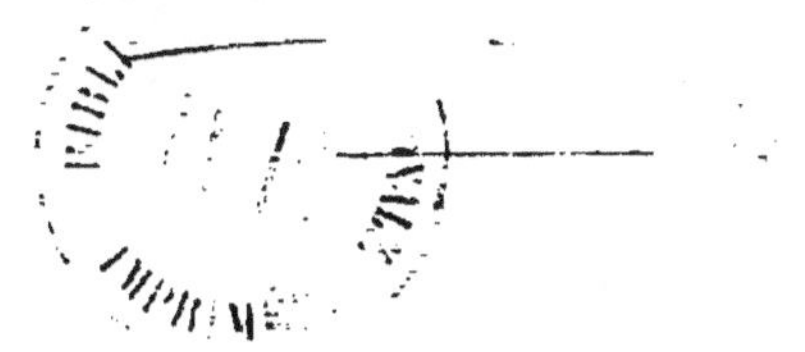

REIMS

TYPOGRAPHIE & LITHOGRAPHIE LUCIEN MONCE

75 — Rue Chanzy — 75

1902

Mgr MARIE-LOUIS BAYE

Monseigneur L. BAYE

(1830-1901)

Mgr Marie-Louis BAYE

SA VIE — SES ŒUVRES

PAR

M. L'ABBÉ L. PÉCHENART

Curé-Doyen d'Attigny
Docteur en Droit canonique et en Théologie
Officier d'Académie
Membre correspondant de l'Académie nationale de Reims

REIMS

TYPOGRAPHIE & LITHOGRAPHIE LUCIEN MONCE

75 — Rue Chanzy — 75

—

1902

A

LA MÉMOIRE

de

Mgr Marie-Louis BAYE

Prélat de la Maison du Pape

Chanoine honoraire de l'Église métropolitaine de Reims

Curé-Doyen de la Basilique de Saint-Remi

Directeur de l'Archiconfrérie de Notre-Dame de l'Usine

Reims, le 9 Juillet 1902.

Cher Monsieur le Doyen,

Vous me demandez mon approbation à la publication de votre nouvel ouvrage : *Vie de Mgr Marie-Louis Baye*. D'après le compte-rendu qui nous en a été fait, je suis heureux de vous la donner.

Dans les pages de ce livre, vous avez voulu, non seulement faire revivre cette physionomie si personnelle, dire ce que fut le prêtre éminent dont la mémoire restera chère au clergé rémois ; mais puisant dans les manuscrits qu'il a laissés, évoquant le souvenir des années que vous avez vécues à son école, vous avez pris à cœur de nous faire pénétrer dans l'intime de sa vie. Sous les yeux du lecteur passe tour à tour le prédicateur, le conférencier, l'administrateur, le directeur des consciences et surtout l'homme d'œuvres, passionné pour tout ce qui intéresse le bien du peuple.

Parmi ces œuvres, vous avez mis particulièrement en lumière celle qui, entre toutes, fut chère à son cœur ; l'Œuvre de Notre-Dame de l'Usine, qu'il a prise à son berceau pour l'élever et la faire arriver au magnifique épanouissement qu'elle a atteint depuis.

J'estime donc que les amis et les paroissiens de Mgr Baye seront heureux de voir revivre et de mieux connaître le Prélat, qui restera l'honneur de notre clergé et une des plus belles gloires de la ville de Reims.

Agréez, Cher Monsieur le Doyen, avec mes meilleurs vœux, la nouvelle assurance de mes sentiments affectueusement dévoués en Notre-Seigneur.

† B.-M., Card. LANGÉNIEUX,
Archevêque de Reims.

AVANT-PROPOS

Au jour des obsèques de Mgr Baye, j'ai été frappé de cette idée qu'exprimait dans un magnifique langage M. Buiron, Président de la Fabrique de Saint-Remi :

« L'érudit qui rassemblerait les sermons de M. l'abbé Baye, ses allocutions familières, solennelles et ses écrits, n'aurait pas de mal à en faire la caractéristique qui peint l'homme tout entier, le littérateur disert et éloquent, le philosophe profond, le sociologue distingué. »

« C'est une révélation, me suis-je dit. Et puisque j'aurai en mains les notes et les sermons de M. le Curé, il faudra que je réalise cette idée. »

Cependant, le travail devait être rude; car l'écriture, dont je donne ici un fac-simile, était presque toujours indéchiffrable.

Outre ces difficultés matérielles, il y avait aussi à choisir ce qu'il y avait de meilleur parmi ses notes et à le coordonner pour le grouper en plusieurs chapitres.

Le lecteur y trouvera de la variété. Les prodiges de l'apostolat revivent dans les pages qui m'ont été inspirées par les œuvres de Mgr Baye. La note patriotique y a sa place. Son exhortation de mariage est comme une charmante idylle où l'on respire le parfum biblique de l'histoire du jeune Tobie. Enfin, ses discours et ses conférences aident puissamment à retremper l'âme dans la pratique de ses devoirs.

Telle est la tâche que je me suis imposée après la mort de mon vénéré Père en Dieu. Au milieu de mes occupations multiples et pressantes, j'ai trouvé le temps d'esquisser à grands traits de plume, la belle physionomie de Celui qui a bien voulu m'honorer de son amitié. Dieu soit béni, car ce faisant j'estime avoir fait une bonne œuvre, puisque j'ai rappelé la vie d'un vaillant serviteur de l'Église et de la Patrie.

L. PÉCHENART.

Attigny, le 29 Juin 1902,
En la fête de Saint Pierre et de Saint Paul.

CHAPITRE PREMIER

MONSEIGNEUR L. BAYE

Sa Jeunesse. — Son Séminaire. — Son Vicariat à Rethel et à la Cathédrale
de Reims. — Sa nomination à la Cure de Saint-Remi. — Premières
années de son administration paroissiale.

On dit que le silence est le premier ami de la douleur. C'est
pourquoi, jusqu'ici, je me suis tu devant la tombe de Mgr Baye.

Je pourrais encore le faire aujourd'hui sans inconvénient.
Les grandioses manifestations de respect et de douleur du
16-20 Août 1901, à Reims, la Notice biographique si intéressante
qu'en a publiée M. le Chanoine Mimil, ont suffisamment mis en
relief, dans la cité rémoise et au-delà, la grande figure de feu
M. le Curé de Saint-Remi.

Mais s'il n'est pas absolument nécessaire de confier à l'histoire locale, l'éloge d'un Curé dont la louange est sur toutes les
lèvres, pour son ancien vicaire, il y a, à le faire, une certaine
fierté, accompagnée, du reste, du désir profond d'édifier ceux
qui, moins heureux que lui, n'ont pas assez connu Mgr Baye.

Je vais donc tenter de soulever un coin du voile qui dérobe
encore aux yeux de certaines personnes, la véritable physionomie de notre vénéré père en Dieu, pour la leur montrer dans
un jour plus lumineux et plus digne de son auguste mémoire.

1

Ce qui frappe à première vue dans la vie de Mgr Baye, c'est l'espèce de tendresse dont la Providence l'a toujours entouré. On peut dire de lui, qu'il a été l'enfant gâté du bon Dieu. *Dilectus Deo.*

« Pour sauver une âme, dit Bossuet, quelquefois l'Eternel bouleverse les empires »; pour former le Curé de Saint-Remi, Dieu n'a sans doute pas bouleversé les empires, mais il a tout ménagé, tout réglé, si bien qu'il s'est plu à nous le présenter partout et toujours, comme prédestiné aux nobles aspirations, aux lourdes charges et aux douces consolations du ministère paroissial.

Qu'on en juge plutôt.

Mgr Louis-Marie Baye naquit à Mouzon le 25 mars 1830, dans cette région des Ardennes dont les flancs généreux et doublement féconds, fournissent les produits les plus variés, en même temps qu'ils enfantent aux belles-lettres et aux sciences, des hommes de génie, au pays, de fiers serviteurs, et à l'Eglise, de bons et saints prêtres.

La Providence ne se contenta pas de le faire naître sur la vieille terre des Ardennes; elle voulut qu'il descendît, ce qui est la plus grande des faveurs, dans un berceau chrétien. Notre futur Prélat appartenait en effet à l'une de ces vieilles familles de chrétiens honorables et honorés, chez lesquels les sentiments de religion, d'honneur et de justice sont une tradition et un patrimoine.

C'est là qu'il a grandi dans un foyer béni, où Dieu avait mis six enfants sous le regard d'un bien digne père et d'une sainte mère, tous deux intelligents et bons, pleins de tact et de délicatesse.

Le jeune Louis, cependant, donna plus d'une crainte à sa mère par ses espiègleries. Vif, ardent, ami du mouvement, il s'échappait de la maison, dès qu'il pouvait tromper la surveillance maternelle. Un jour, emporté dans une course vertigineuse, il tombe sous les roues d'une grosse voiture, où il devait avoir la tête écrasée. « J'en ai été quitte pour la peur, disait-il en riant, mais la Providence veillait sur moi. » *Dilectus Deo.*

Il tenait de son père, que j'ai eu l'honneur de connaître, un esprit alerte, prompt à la riposte, et à une riposte souvent déconcertante. Et dès son plus bas âge, on était frappé de la précocité de son intelligence, de l'enjouement de son caractère et aussi de sa bonne humeur.

La droiture et la bonté de son cœur lui attiraient en même temps des amitiés qui lui restèrent fidèles jusqu'à la fin.

Un bon vieux prêtre, mort curé de Brimont (1), et qui avait donné à Louis les premières notions du latin, ne nous parlait jamais de son enfant de chœur de Mouzon et de ses saillies originales, qu'avec un souvenir ému, tout à l'honneur de son « espiègle ».

A l'époque de sa première communion, Louis manifeste l'intention d'entrer au Séminaire. Ce grand acte de la vie devait laisser dans son âme une trace profonde. Il en parlait toujours avec attendrissement.

Dieu l'attendait là ; et ce qui advint dans la suite nous permet

---

(1) Le curé de Brimont, dont nous parlons, était M. l'abbé Leclerc, ancien vicaire de Mouzon. Le vénérable prêtre avait gardé de Louis Baye, le meilleur souvenir. Chaque année, à la Neuvaine de Saint-Remi, il se faisait une obligation de rendre visite à M. le Curé, dont il aimait à rappeler les escapades à la sacristie. Il recevait toujours le meilleur accueil au presbytère et c'était à lui qu'était réservé, de préférence à tous les autres prêtres, l'honneur de chanter les vêpres de Saint-Remi.

de penser que si le jeune communiant ne songea point tout d'abord au sacerdoce, le Seigneur, ce jour-là, l'y avait prédestiné.

Au petit Séminaire de Reims, où il est entré, Louis Baye se fait dès le début, remarquer par son entrain et la vivacité de son esprit. Ses succès aux compositions hebdomadaires lui assignent bientôt un des premiers rangs, et cette place lui reste jusqu'à la fin de ses humanités. Il avait pourtant des émules ; mais plus tard il leur sera supérieur. Ce ne sont pas seulement les études brillantes qui font les hommes distingués, mais le travail persévérant, réglé par un esprit intelligent et judicieux.

Travailleur, il l'a toujours été. Il le fallait bien pour lutter avec les premiers de sa classe. Mais ce serait le flatter que de dire qu'il fut, au Séminaire, le modèle des élèves laborieux. Il était plutôt le type de l'enfant intelligent : faisant vite ses devoirs, mais les faisant bien. Le devoir achevé, il lui restait des loisirs. Il en profitait pour lire les livres qui étaient à sa disposition.

Souvent la nature l'emportait ; et il fallait signaler dans sa conduite quelques infractions au règlement. On répète à ce propos que le bon M. Périn, alors directeur de la Maison, avait dû intervenir plus d'une fois pour réprimer les ardeurs et la fougue de son bruyant élève.

En octobre 1848, Louis Baye entre au grand Séminaire : cette époque décisive, qui est comme le point de partage de la vie d'un jeune clerc, il l'envisageait depuis longtemps avec la réflexion qu'il faut mettre dans le choix d'une vocation.

Ce n'est pas qu'il n'eût ressenti, au fond de son cœur, certaines irrésolutions qui précèdent une détermination importante, et que des caractères vigoureusement trempés comme le sien, ont le privilège d'éprouver à un plus haut degré que les autres. La vérité est pourtant qu'il n'a jamais rencontré d'opposition sérieuse à sa vocation ecclésiastique, ni en lui-même, ni surtout du côté de ses parents si chrétiens.

Le grand Séminaire de Reims avait déjà, comme aujourd'hui, la bonne fortune d'être dirigé par ces Messieurs de Saint-Sulpice. L'un d'eux, M. l'abbé Serjeot, était, dit-on, un maître remarquable dans la direction des âmes.

C'est à lui que s'adresse notre nouveau séminariste ; et pendant trois ans, jusqu'à la réception du sous-diaconat, c'est à lui qu'il ira demander les conseils que permettent de donner aux autres, une sage expérience, une autorité et une influence incontestées.

Malheureusement, M. Serjeot devait quitter Reims. M. Manier, qui a laissé dans le diocèse de si excellents souvenirs, avait été désigné pour lui succéder. C'est à lui que l'abbé Baye demandera des conseils de direction.

D'après M. l'abbé Mimil (1), « ces deux natures étaient faites pour sympathiser, et M. Manier aimait beaucoup l'allure franche, décidée, de M. Baye. Tous deux avaient leur franc-parler, tous deux avaient une pointe d'originalité dans l'esprit, tous deux avaient une piété plutôt d'action que de sentiment. »

Au grand-Séminaire, on apprend à connaitre les saintes Écritures, la théologie, le droit ecclésiastique et l'histoire de l'Église. L'abbé Baye s'en assimile avec vigueur la substance généreuse. Aux jours d'argumentation, il déploie toutes les ressources de son esprit, fin, alerte et ami de la contradiction.

______

(1) Voir *Bulletin du Diocèse,* août 1901.

Vif à l'attaque, prompt à la réplique, jouteur ardent, il a déjà sur ce terrain, comme plus tard ailleurs, une façon remarquable de presser son adversaire et une rare habileté à s'en dégager. Il sait donner à un texte sa lumière propre ; mais, le cas échéant, il discute la *doctrine libre*, la rectifiant à l'occasion avec la liberté d'un fils de Dieu, qui ne craint pas d'exprimer son jugement.

D'ailleurs, il n'a pas de superstition pour le mode d'argumentation scolastique. Plus d'une fois il en médira dans la suite, tout en le jugeant utile pour discipliner les controverses.

L'exercice de la prédication l'intéresse beaucoup. Ses supérieurs, rendant compte de ses essais à la lecture spirituelle, font l'éloge de la méthode du jeune orateur, tout en signalant une pompe trop continue dans son style, et un manque de variété et d'abandon.

C'est le 21 mai 1853, qu'après avoir professé pendant un an au petit Séminaire, M. Baye est ordonné prêtre par Mgr Gousset.

Quelques jours après, l'Administration diocésaine l'appelait aux fonctions de vicaire, à Rethel.

On a dit qu'à Rethel, il avait beaucoup vu et entendu. Son maître (1), qu'il vénérait comme curé et comme conseiller, a certainement jeté sur toute sa vie sacerdotale une empreinte que rien n'a jamais effacée. Mais il faut aussi ajouter qu'à cette époque, l'abbé Baye, malgré sa jeunesse, promettait déjà d'être un auxiliaire du plus haut mérite. C'était, en effet, un travailleur. Malgré sa facilité de parler et d'écrire, il consacrait ses loisirs à ses livres et surtout à composer des sermons.

---

(1) Mgr Garot, mort en retraite à Charleville.

« Il n'y a point de méthode facile, disait M. de Maistre, pour apprendre les choses difficiles : l'unique méthode est de fermer sa porte, de faire dire qu'on n'y est pas et de travailler. » C'était la méthode de l'abbé Baye et il en usait fréquemment, quand il avait satisfait aux obligations de son ministère.

Mais avant d'aller plus loin, étudions en lui le prêtre tel qu'on a pu le connaître dans son vicariat de Rethel et de la Cathédrale.

Sa foi était profonde. Sa vie tout entière en sera la preuve palpable. Mais elle était éclairée par une saine et solide théologie. En matière de croyances, il restait profondément attaché aux doctrines de l'Eglise, et les enseignements venus de Rome avaient immédiatement l'adhésion de son esprit et de son cœur.

Assurément, il n'avait aucun goût pour les *nouveautés mystiques*. On n'a jamais dit de lui qu'il se complaisait dans la vie contemplative. Son imagination, quoique très éveillée, n'était pas précisément rêveuse. Non ; ce qui dominait chez lui, c'était l'homme de la raison que la foi guide et éclaire dans le chemin de la vie.

C'est pourquoi à l'autel, dans l'accomplissement des cérémonies liturgiques, on le trouve si grave, sans affectation et sans prétention aucune. Pour cela, il n'avait pas à déposer son caractère enjoué ; mais lui, si franc et si jovial, devenait prodigieusement recueilli, dès qu'il s'agissait des choses de la conscience.

C'était aussi un prêtre très simple, *vir simplex et rectus*. Lui qui avait grand air, s'avançait presque avec du laisser-aller. Lui qui parlait si bien le français, ne dédaignait pas de converser avec le paysan, dans son style de terroir, et d'emprunter ses locutions particulières pour ne pas lui causer de gêne.

Cependant, s'il aime la simplicité, ce n'est pas en l'étudiant dans saint François d'Assise. Ses écrits témoignent qu'il l'admirait spécialement dans saint François de Sales, qui lui semblait mieux approprié à nos mœurs modernes.

Sa vie est réglée plutôt par le travail intellectuel et les soucis de son ministère que par la méditation ou l'oraison mentale. Avec sa nature, son caractère profondément original et l'esprit qui lui est propre, il observe, il réfléchit et réduit tout à l'action. C'était déjà un tempérament à la façon de saint Paul, avec quelque chose de la sève et de la rude puissance du grand apôtre.

Chez lui, l'initiative est comme débordante, il y en avait de quoi alimenter trois ou quatre vies, et force nous est bien de convenir que cette initiative sera sa qualité maîtresse, aujourd'hui surtout où l'Église de Jésus-Christ, privée de tout appui humain, ne vit plus que du dévouement spontané de ses prêtres et de tous ses enfants fidèles.

Par un singulier contraste, dans cette nature à la saint Paul, il y a un cœur sensible jusqu'à l'impressionnabilité. Et je crois qu'un des plus grands efforts de sa jeunesse sacerdotale a dû être de dominer cette impressionnabilité, pour acquérir le calme, une sérénité parfaite, et de corriger par la bonté de son cœur ce que sa volonté avait de trop âpre, de trop fier et de trop inflexible. Car il a compris qu'on ne fait rien de bon par la violence et qu'il lui faudra absolument adoucir par la charité, sa volonté de fer, pour qu'elle ne puisse jamais l'entraîner à rien d'excessif.

C'est donc une âme sérieuse, virile, généreuse, que celle de ce jeune vicaire qui, sans retard, se met à une sainte besogne, à évangéliser ses frères.

Il les enseignera par le verbe de ses lèvres et par le verbe de sa plume toujours si féconde.

Son œil intellectuel n'est jamais au repos. En effet, il voit tout, écoute tout, analyse tout, juge tout dans l'intime de sa conscience ; et comme sa volonté est aussi agissante que son œil, aussitôt qu'il a vu et jugé, il sent le besoin de répéter à ses frères ce qu'il a vu et analysé. Or, cela, c'est de l'évangélisation. Le *Væ mihi si non evangelisavero !* — Malheur à moi si je n'évangélise pas ! — a déjà retenti à ses oreilles. Car on le voit se multiplier pendant ses dix-sept ans de vicariat, pour tous les travaux que lui impose le saint ministère.

Curé de Pargny (1), c'est avec un soin tout spécial qu'il va préparer ses instructions de chaque dimanche. Déjà, sa plume exprime avec élégance les sentiments que son cœur lui dicte sans jamais épuiser la veine qui les produit.

Je cite ici, comme preuve à l'appui, quelques extraits de son discours d'installation à Pargny :

MES FRÈRES,

« Dimanche dernier a retenti pour la dernière fois, du haut de cette chaire, une voix que vous aimiez à entendre : votre pasteur vous a été enlevé, et il est allé porter ailleurs l'ardeur de son zèle et de son dévouement ; il faut nous soumettre, Mes Frères, et adorer la main toute-puissante du Seigneur, même lorsqu'elle nous frappe. Vous avez perdu un pasteur dévoué

---

(1) Un des vicaires de Rethel est toujours curé de Pargny.

qui vous portait tous dans son cœur; vos regrets sont bien
légitimes. Moi-même, je perds un confrère, un ami avec lequel
je vivais dans une étroite intimité. Aujourd'hui, cette douce
intimité a disparu ; permettez donc qu'à vos regrets j'unisse les
miens. Une volonté supérieure et respectable m'a déféré
l'honneur d'être votre pasteur et de régir cette paroisse! Des
liens étroits nous unissent dès ce moment; puissent-ils se
resserrer de jour en jour par une véritable charité!...

« Mes chers Paroissiens (car je puis aujourd'hui vous donner
ce nom), quand Notre Seigneur abordait ses disciples après
sa résurrection, il les saluait en leur adressant ces paroles :
Pax Vobis! Que la paix soit avec vous! Je veux aussi,
en parlant pour la première fois du haut de cette chaire, vous
adresser ce même salut. *Pax Vobis!* Oui, que la paix soit
avec vous! Que le bonheur vous accompagne dans toutes vos
démarches, dans toute votre vie ; qu'il règne au fond de votre
cœur, au sein de vos familles ; qu'il règne dans toute cette
paroisse! Tel est le souhait le plus ardent que mon cœur forme
pour vous ; puisse le Ciel le réaliser et laisser tomber sur
vous l'abondante rosée de ses bénédictions! Tâcher de
procurer votre bonheur, vous faire goûter une félicité pleine
et entière, mais vous la faire goûter dans la religion, tel sera,
Mes Frères, désormais le but de tous mes efforts.

« Ne vous étonnez donc pas si je vous répète souvent qu'il
n'y a de vraie jouissance que dans la religion, que dans
l'accomplissement de ses devoirs. Et en effet, Mes Frères,
il y a bien longtemps que le Saint-Esprit l'a déclaré : *Non est
pax impiis*, il n'y a pas de véritable tranquillité, de vraie
jouissance pour l'impie, pour le pécheur qui méconnait son Dieu
et ses devoirs. Il n'y a, certes, personne de semblable dans cet

auditoire : mais si je me trouvais en ce moment en présence
d'un de ces hommes qui semblent méconnaître qu'il y ait un
Dieu, d'un de ces hommes pour qui l'église est un lieu profane,
où il dédaigne de mettre les pieds et qu'on ne voit jamais y
apparaître, comme vous, à nos religieuses solennités, je lui
dirais : « Mon frère, répondez franchement : votre cœur est-il
en repos quand vous commettez le péché? Etes-vous heureux
quand, à la vue de vos innombrables fautes, vous venez à
songer au Dieu vengeur qui doit les punir?... » Que répondra
le pécheur, Mes Frères, à ces questions? Ah! il ne pourra me
faire que la réponse d'un impie de nos jours qui, mettant la
main sur son cœur, disait à un de ses amis : « l'Enfer est là. »
Pratiquons donc la religion, si nous voulons être heureux.
Napoléon lui-même, ce grand génie des temps modernes, nous
en donne l'exemple, lui qui préférait sa première communion
à sa fameuse bataille d'Austerlitz.

« Le premier moyen d'obtenir cette paix, que je vous apporte
aujourd'hui de la part de Dieu, c'est donc d'être fidèle à ses
devoirs religieux...

« Le second moyen, qui n'est qu'une conséquence du
premier, c'est de nous aimer les uns les autres et de pratiquer
entre nous une mutuelle et ardente charité. Oh! oui, Mes
chers Frères, aimons-nous, car c'est le commandement du
Seigneur; que toute discussion, s'il en est, cesse parmi nous;
que les liens de la plus sincère amitié unissent les époux entre
eux, les parents aux enfants, en un mot tous les habitants de
cette paroisse!

« Vous savez, Mes Frères, que de nos jours on a beaucoup
parlé de fraternité. Eh bien! cette fraternité que les politiques
nous prêchent, quoiqu'ils la comprennent si mal, elle nous

vient du Ciel. Sachons la mieux comprendre, soulageons les besoins de nos frères, aimons-les sincèrement et partageons leurs peines comme toutes leurs joies.

« Soyons frères en nous aidant et en nous pardonnant ; c'est ainsi que je veux l'être avec vous !...

« Pour la première fois, je vais gravir les marches de cet autel et offrir pour vous au Seigneur le tribut de louanges qui lui est dû ; pour la première fois, je vais prononcer votre nom dans les prières sacrées et immoler pour cette paroisse la divine hostie du Calvaire. Je vais élever vers Dieu des mains suppliantes et le prier de laisser tomber sur vous ses divines bénédictions. Je lui demanderai, à ce Dieu bon, tout ce qui peut faire votre bonheur, qu'il bénisse vos projets, qu'il féconde vos sueurs et vos terres, qu'il éloigne de vous les fléaux destructeurs, qu'il ait enfin l'œil de sa Providence sans cesse ouvert sur vous, comme sur des enfants chéris.

« Savez-vous encore, Mes chers Paroissiens, ce que je vais demander à Dieu, en montant à l'autel. Eh bien ! je lui demanderai de vous aimer moi-même sincèrement, de ne vivre plus que pour vous, d'être toujours dévoué à l'éducation de vos enfants et de travailler à les rendre dignes, par une éducation morale et religieuse, des parents honnêtes qui leur ont donné la vie...

« Je trouverai, j'en suis sûr, dans ceux de mes paroissiens que le Ciel a doués des biens de la fortune, des amis sincères et de puissants auxiliaires de ma charité, qui sauront compatir aux besoins de leurs frères indigents.

« Tous les vœux que je forme aujourd'hui pour vous, chers Paroissiens, seront réalisés, j'en suis certain ; car, quoique je n'avais pas l'honneur d'être connu de vous, je vous connaissais.

moi, par les rapports de votre pasteur ; il me parlait de votre religion, de votre piété, et plusieurs fois j'en fus, moi-même, le témoin.

« Il me disait le concours bienveillant qu'il rencontrait dans la première autorité de cette commune ; loin d'entraver les actes de son ministère, cette autorité le secondait toujours de toute sa puissance ; d'ailleurs, j'ai déjà, moi-même, éprouvé sa bienveillance. Qu'elle accepte donc, en ce jour, l'expression de mon sincère dévouement...

« Pendant le Saint Sacrifice, Mes Frères, prions tous les uns pour les autres, pour les autorités, pour les riches, pour les pauvres ; prions pour le pasteur que le Ciel a enlevé, et soyons certains que le cœur paternel de Dieu, touché de nos vœux, laissera tomber sur nous ses plus riches bénédictions. Ainsi soit-il. »

Comme ce langage simple et distingué à la fois, montre bien la grandeur et la noblesse de cœur de ce jeune prêtre ! Son âme sacerdotale s'y reflète tout entière.

Il a compris que le bon Dieu l'a choisi pour faire du bien ; désormais, ce sera pour lui un pressant besoin de se donner en prêchant la parole sainte.

Si encore il s'en tenait au gouvernement des âmes dont il a la charge ! Mais non ; malgré une santé délicate, il prêche à son tour à la paroisse de Rethel et accepte de prendre la parole chez les confrères qui l'y invitent.

Homélies, prônes, allocutions pieuses, sermons de circonstances, se succèdent avec une rapidité presque déconcertante.

Et ici, je pourrais déjà insister sur le ton paternel de ses allocutions, louer chez lui ce mélange de prudence et de discrétion si remarquable dans ce vicaire qui possédait la flamme de l'initiative, peindre ce type du prêtre moderne avec sa dignité et l'affabilité de ses manières.

Mais je ne puis tout dire à la fois. Je resterai donc dans le cadre de ce chapitre, en esquissant à grands traits les faits les plus marquants de ses deux vicariats de Rethel, de la Cathédrale, et de son arrivée à Saint-Remi.

A Rethel, M. l'abbé Baye a été successivement le vicaire de M. Fournier, devenu plus tard curé de la Cathédrale, et de Mgr Garot, mort à Charleville.

Au départ de M. Fournier, M. l'abbé Baye avait cru qu'il serait difficile de le remplacer. M. Garot s'installe à sa place, et dès le premier jour, il est maître de la paroisse « Notre jeune vicaire comprit tout de suite quel ascendant son nouveau curé allait exercer dans la ville. Lui aussi, il était conquis par l'admiration d'abord, et bientôt plus encore par la confiance et l'affection que lui témoigna le vénérable archiprêtre (1). »

M. Garot aimait beaucoup ses vicaires, qui, à cette époque, étaient MM. Peltier, Baye et Robert, l'archiprêtre actuel de Rethel. Tous trois, prêtres intelligents avec leur note spéciale, étaient dignes de l'affection de leur Curé.

L'abbé Baye, cependant, avec sa trempe d'esprit, se rapprochait davantage de M. Garot. Tous deux se ressemblaient par beaucoup de côtés.

Aussi, quand M. l'abbé Gillet, le distingué archiprêtre de Charleville, voulut écrire la vie de son vénérable prédécesseur, Mgr Garot, l'abbé Baye fut un des premiers auxquels il s'adressa pour se procurer des renseignements.

---

(1) Notes de M. Mismil.

A la mort de Mgr Garot, Mgr Baye écrivait à l'Archiprêtre de Charleville :

« Monsieur l'Archiprêtre,

« Je serai avec vous demain, en union de prières pour notre vénérable M. Garot.

« Je lui dois trop de bons conseils et de bons exemples, pour l'oublier jamais. C'est peut-être l'homme qui, sans s'en douter, aura eu le plus d'influence sur ma vie. »

« Je le crois bien, dit M. Mimil. Pour prendre beaucoup de Mgr Garot, M. Baye n'avait qu'à se laisser aller à sa nature et aussi à son affection admirative pour ce prêtre, pour ce curé hors ligne. »

Ce que Mgr Garot aimait dans l'abbé Baye, ce n'étaient pas seulement ses qualités naturelles, son esprit vif, primesautier, sa franchise, son art de peindre d'un mot, parfois à l'emporte-pièce, les travers de quelques-uns, c'étaient surtout ses qualités de prêtre et de prêtre studieux, travailleur, ne reculant jamais devant la besogne.

Esprit curieux, attentif au mouvement intellectuel de son temps, l'abbé Baye étudiait déjà avec soin, tout ce qui touche à la doctrine et à la défense de la religion.

« C'est à Rethel, nous disait-il souvent, que j'ai appris à utiliser tout mon temps, sans perdre un moment de ma journée. » De là cette habitude du travail qu'il avait contractée dès le début de son sacerdoce et qui devait nécessairement faire de lui un homme laborieux, un prêtre d'une grande valeur, un des plus remarquables curés du diocèse.

Il ne faudrait pas croire cependant que le goût vif de l'abbé Baye pour le travail et la manière dont il entendait disposer de son temps, rendissent moins agréables les rapports dans lesquels vivait le Clergé de Rethel.

Loin de là ; l'abbé Baye était le plus gai des vicaires. Fin, spirituel et caustique, à tout prendre, excellent confrère, il mettait dans ses relations avec la cure, de l'entrain, de la joie et de la vie. Disons aussi qu'il n'était pas un homme à se laisser *manger la laine sur le dos*. Et, si sa bonne maman lui avait fait cette recommandation dans son enfance, on pouvait lui affirmer que son fils savait bien profiter de ses leçons.

Dans ce cénacle si restreint, mais si distingué de la Cure de Rethel, nul plus que lui ne profita mieux des enseignements de M. Garot ; nul ne pénétra peut-être plus avant dans l'intimité de son maître. Et c'est là, sans nul doute, qu'il faut chercher la source de cette maturité qu'on se plait à reconnaître dans la vie du jeune prêtre.

Certes, chez lui, les idées sont fécondes et originales, mais elles ont encore besoin d'être passées au crible de l'expérience. M. Garot était là pour l'initier aux difficultés du ministère pastoral et le mettre en garde contre toute fausse méthode apologétique.

Nous qui avons bénéficié des mêmes avantages auprès de notre cher et vénéré curé de Saint-Remi, ne sommes-nous pas à même de redire l'heureuse influence qu'exerce sur toute la vie du prêtre, le curé sage et prudent qui sait inspirer à son vicaire, le goût de la religion et de l'étude, l'amour de la justice, de la tolérance et de la liberté, et par-dessus tout, une immense charité pour les détresses morales et physiques de l'humanité.

Après six années de cette formation intellectuelle et sacerdotale, M. l'abbé Baye est nommé, le 10 février 1859, vicaire à la Cathédrale de Reims.

M. Garot, tout en regrettant son départ de Rethel, le félicita vivement de cette promotion, qui le plaçait dans un milieu nouveau et plus intéressant encore que le premier.

Pendant onze ans, c'est là que l'abbé Baye va exercer son zèle et mettre à profit l'esprit et le talent que la Providence lui a si largement départis.

Le vicariat de la Cathédrale de Reims offre bien des avantages sur tous les autres du Diocèse. Mais il a aussi ses écueils ; et ils sont plus nombreux qu'on ne peut se l'imaginer.

La situation était donc délicate. Je n'ai pas ici à insister sur certains détails qui ne sont pas du domaine de cette histoire ; qu'il me suffise de dire que là, comme ailleurs, M. l'abbé Baye s'était mis tout à son ministère, à l'étude et à l'observation des hommes et des choses.

Du reste, son grand sens hiérarchique le servait à merveille. Il restait bien dans son rôle et à sa place, quoique tout l'invitât à en sortir. Il était bon confrère. Conseiller plein de franchise et directeur éclairé des âmes qui lui donnaient leur confiance, il leur plaisait par sa bonne humeur et sa rondeur accoutumée.

C'est de grand cœur qu'il se mettait au service de ses pénitentes. Prudent et ferme dans sa direction, il redressait leurs idées, guidait leurs lectures et, en leur inculquant les vrais principes de la vie chrétienne, il leur donnait *la mesure des hommes et des choses de la terre*, deux mots qui, dès lors, reviendront souvent sur ses lèvres.

Dans le monde, sans se soustraire aux relations, il ne s'y

livre qu'autant que le lui permettent ses occupations, son goût pour l'étude et la prédication.

Alors, on ne parlait guère d'œuvres paroissiales. Et cependant, il les avait déjà pressenties ; car c'est lui qui, avec le Fr. Bérardus, fonde le premier Patronage dans la rue du Jard. Plus tard, il aimera à évoquer ce souvenir, un des meilleurs, disait-il, qui lui restât de son Vicariat à la Cathédrale.

Partout, à l'Archiconfrérie, au Catéchisme de persévérance, à l'Ecole supérieure dont il est l'aumônier, on le voit à la hauteur de sa noble tâche. Ses sermons toujours très sérieusement préparés et écrits, sont fort appréciés de son auditoire. Le milieu où il prêche est bien un peu exigeant ; il lui reproche son accent ardennais ; mais tous ses auditeurs sont unanimes à proclamer l'élégance de son style, la profondeur de sa science, la logique et la lucidité de ses idées. — C'est, nous semble-t-il, un ensemble de qualités peu ordinaires chez un jeune prêtre.

L'autorité diocésaine savait apprécier M. l'abbé Baye à sa juste valeur ; car elle lui donnait à chaque instant les preuves d'une véritable confiance. Mais c'est surtout après l'arrivée de Mgr Landriot dans sa ville archiépiscopale qu'il recueillit les faveurs de l'Administration.

En 1868, Mgr l'Archevêque lui confie la direction du *Bulletin*. L'œuvre n'était qu'à son début. M. l'abbé Deglaire n'avait pu que l'ébaucher. On peut dire ici que l'abbé Baye va lui donner un de ses lustres les plus brillants. Car il s'y dévouera avec l'ardeur qu'il met à la pratique de tous ses devoirs. Il la continuera même après sa nomination à la cure de Saint-Remi. C'est dire le bon emploi qu'il fait de son temps, sa prodigieuse activité et sa facilité de travail.

Mgr Landriot estimait tout particulièrement l'abbé Baye comme un de ses prêtres les plus instruits et les plus vaillants. Plusieurs fois, il l'avait entendu prêcher dans la chaire de Notre-Dame et l'avait félicité de son talent oratoire.

M. l'abbé Chartier, alors vicaire général, avait aussi pour lui une amitié très précieuse. C'était l'*amicus memor* ; car partout où il lui était impossible de prêcher, c'était l'abbé Baye qu'il désignait pour le remplacer.

Avec de tels appuis, notre vicaire de la Cathédrale se trouvait donc comblé d'honneurs. Le titre de Chanoine honoraire qu'il comparait volontiers à celui de Chevalier de la Légion d'honneur et qui lui fut décerné en 1869, a dû lui être très sensible. C'était la noble récompense de ses travaux et de son dévouement sacerdotal.

Il y a plus; M. Baye savait déjà à cette époque que l'intention de Monseigneur était de le garder à Reims, et qu'il lui donnerait la première cure qui deviendrait vacante dans la ville.

L'événement ne tarda pas à se produire.

Le Curé de Saint-Remi, l'abbé Aubert, mourait subitement en chaire le jour de l'Epiphanie, le 6 janvier 1870. Et le 12 février suivant, par un décret impérial, l'abbé Baye était nommé pour prendre sa succession.

Ainsi, la volonté des hommes ne faisait que traduire celle de Dieu : *Dilectus Deo*.

C'était le 12 février 1870. On avait transféré les cendres de M. l'abbé Aubert, prédécesseur de M. Baye, du cimetière du Sud dans l'église Saint-Remi.

Alors, un service grandiose avait été chanté pour le repos de l'âme de celui qui fut si longtemps le *bon Curé* de Saint-Remi, la Providence de la Paroisse.

La solennité était rehaussée par la présence des personnes les plus notables de Reims.

Après l'Évangile, M. Tourneur, curé-archiprêtre de Sedan, faisait l'éloge du défunt; et, quand la messe eut été achevée, on avait déposé le corps du vénérable prêtre dans la chapelle de Saint-Fiacre. C'est là qu'il reposera désormais dans la paix du Seigneur.

Le *Bulletin du Diocèse*, par la voix autorisée de son directeur, rendait ainsi compte de la cérémonie, incomparablement belle :

« Quand il eut traversé la foule qui se pressait sur son parcours, le cortège funèbre entra dans la vaste église Saint-Remi. L'église avait, comme un jour d'enterrement, revêtu les livrées du deuil. Avec beaucoup de goût et d'à-propos, on avait multiplié et varié les inscriptions ; sur la chaire, on lisait les dernières paroles du vénérable curé : « La paix soit avec vous ! Je vous bénis. »

« Après la messe solennelle, M. l'abbé Tourneur, archiprêtre de Sedan, et dont le nom et la parole sont si sympathiques à Reims, monta en chaire pour prononcer l'éloge funèbre du vénérable défunt.

« Ce que les auditeurs émus attendaient de l'orateur dans cette circonstance solennelle, celui-ci l'a donné, c'est-à-dire que M. l'abbé Tourneur traduisit en un touchant et beau langage les sentiments de tous... Quand ce mémorable discours, que tous voudront relire, eut été terminé, M. l'abbé Juillet fit la cérémonie de l'absoute.

« Puis, se mettant en marche, le cortège se dirigea vers la chapelle de Saint-Fiacre. En voyant la tombe de M. Aubert, portée sur les épaules de ces ouvriers qu'il avait tant aimés, il était impossible de ne pas évoquer le souvenir de ces grandes fêtes que le zélé pasteur organisait chaque année en l'honneur de saint Remi.

« ....Nous n'en doutons pas, la chapelle de Saint-Fiacre sera désormais deux fois vénérable pour les habitants de Saint-Remi ; c'est là qu'ils aimeront à venir s'agenouiller et prier pour celui qui fut leur pasteur et leur père ; c'est là aussi que tous ceux qui ont connu M. Aubert ou qui entendront plus tard le récit de sa vie apostolique, viendront apprendre la puissance de la charité. »

Quand ces lignes parurent dans le *Bulletin* du 19 février 1870. M. l'abbé Baye n'ignorait pas qu'il était le successeur désigné de l'abbé Aubert. Il avait, pour le savoir, la parole de son archevêque. N'était-ce pas assez ?

Au surplus, sa nomination à la cure de Saint-Remi est du 12 février 1870 ; elle devait donc être officielle à la date du 19.

On ne s'en douterait pas à la lecture du compte-rendu qu'il donne de la cérémonie. Et cependant, pour qui sait lire entre les lignes, n'y a-t-il pas là tout un programme de vie pastorale ?

« C'est à l'école de M. Aubert, dit-il, qu'il faut aller pour recueillir les belles leçons de la charité chrétienne. » Voilà le vrai pasteur, le modèle à copier, le type à reproduire, nous dit M. l'abbé Baye.

A nous de chercher maintenant si sa vie a été conforme au programme qu'il s'était tracé.

Le dimanche 13 mars, l'abbé Baye est installé dans ses nouvelles fonctions de curé de Saint-Remi.

Ce jour-là, l'immense vaisseau de l'église était rempli par une multitude de fidèles. De nombreux amis, venus de la paroisse de la Cathédrale, s'y étaient donné rendez-vous, pour faire escorte au nouveau curé. Au premier rang, figuraient MM. Maille, doyen du Chapitre; Sacré, Decheverry, chanoines; Dumas, curé de Saint-Maurice; puis, MM. les Fabriciens et les habitants de la paroisse, qui avaient transformé en une triomphale allée de verdure le chemin qui conduit du presbytère à l'église.

L'installateur était M. l'abbé Juillet, vicaire général, aujourd'hui protonotaire apostolique et doyen du Chapitre. En quelques mots, il résuma les qualités du nouveau pasteur et les services qu'il avait déjà rendus à l'Administration par ses talents, sa prudence et son éloquence, etc...

Après ces paroles empreintes de la plus cordiale bienveillance, M. Baye parut en chaire. Avec sa parole chaude, sa belle prestance et sa tête déjà blanche avant l'âge, il allait tout de suite conquérir les sympathies de son auditoire.

Pouvait-on, du reste, parler avec plus d'à-propos? Quel plus beau langage eût pu traduire les pensées si nobles et si distinguées du nouveau pasteur? Qu'on en juge par soi-même :

Pax vobis.

« Que la paix soit avec vous. »

« Vous n'ignorez pas, Mes Frères, à qui j'emprunte ces premières paroles que je prononce devant vous. Je les ai trouvées d'abord sur les lèvres de Notre-Seigneur qui, apparaissant à ses apôtres après sa résurrection, les aborda avec ce salut.

« Je les ai encore recueillies sur les lèvres mourantes de ce vénérable pasteur que vous pleurez et que toute la ville a pleuré avec vous. Ah! Mes Frères, vous n'oublierez jamais ce tragique et douloureux événement! Celui que, depuis trente ans, vous aimiez à considérer comme votre ami et votre père est frappé subitement au milieu de vous. Du haut de cette chaire que j'occupe, il vous parlait avec cette affection du cœur qui lui donnait une si belle et si aimable physionomie; lorsque, tout à coup, sa langue s'embarrasse, il chancelle, il sent venir la mort et, à la hâte, il vous dicte son testament spirituel, qu'il résume dans ce mot : *Pax vobis.* Il y ajoute sa bénédiction et il meurt.

« Eh bien! Mes Frères, j'ai tenu à recueillir ces paroles de mon vénérable prédécesseur et à les prononcer devant vous pour vous montrer que je viens renouveler dans cette paroisse les traditions de son ministère. Sa vie sera la mienne. Il vous aimait, je vous aimerai.

« Ah! sans doute, je n'ignore pas jusqu'à quel héroïsme ce saint prêtre s'est élevé. On a tout dit sur cette belle vie ; j'ajoute que c'est l'affirmation actuelle, opportune du Christianisme lui-même. Ainsi, il en est qui disent chaque jour que la religion est inutile et que le prêtre est impopulaire; et voilà que, répondant sans le savoir à ces objections, M. l'abbé Aubert devient la providence de toute une population; il nourrit, par sa charité, des milliers de pauvres, et meurt entouré de la plus glorieuse et de la plus incontestable popularité.

« Je le répète, Mes Frères, la vie de M. l'abbé Aubert, voilà mon programme ; vous aimer comme lui, vous faire du bien comme lui, telle est ma seule ambition !

« Je viens de vous dire mon programme et mon ambition. Et maintenant, vous êtes en droit, Mes Frères, de me demander qui je suis pour les réaliser. A cette question, je ne crains pas de répondre que, par moi-même, je ne suis rien, et cet aveu, soyez-en sûr, ne me coûte nullement. Non, je ne veux pas me reconnaître dans ce portrait trop flatteur qui a été fait de moi tout à l'heure. Recevez, Monsieur le Vicaire général, l'expression publique de ma reconnaissance pour vos bienveillantes paroles ; si je ne les accepte pas comme un éloge mérité, du moins, elles me seront toujours chères à titre d'encouragement.

« Néanmoins, malgré mon insuffisance personnelle, je viens en confiance au milieu de vous, parce que je m'appuie sur le Dieu qui m'a envoyé ! Membre de cet antique sacerdoce catholique, qui date de Jésus-Christ et qui s'étendra jusqu'à la fin des siècles, je veux travailler, parmi vous, à cette grande œuvre que Dieu fait homme a commencée par lui-même et qu'il continue par son Église. Je viens au nom du Seigneur et je m'appuie sur Celui qui m'a envoyé.

« J'apparais encore au milieu de vous, Mes Frères, au nom de notre illustre archevêque, qui m'a confié le soin de vos âmes. Je sais de quels sentiments paternels et tout affectueux son cœur est animé à votre égard ; plusieurs fois déjà et pas aussi souvent qu'il l'eût désiré, il est venu prendre part et présider à vos belles cérémonies ; et vous l'avez accueilli avec magnificence ; vous avez décerné au premier pasteur de véritables triomphes, et il vous en est reconnaissant ; l'illustre Pontife s'intéresse surtout à la population indigente et pauvre de Reims. Il a vu cette grande cité de Reims : d'un côté, beaucoup de richesse; de l'autre, beaucoup de pauvreté, et son âme magnanime a conçu le projet de rapprocher les deux extrêmes par la charité et l'amour. Pour ma part, je n'ai pas d'autres ambitions que de consacrer ma vie à cette grande œuvre, digne d'un apôtre.

« Permettez-moi encore de vous le dire, Mes Frères, c'est d'ailleurs le seul jour où, du haut de la chaire, je vous parlerai de moi, peut-être ne vous suis-je pas tout à fait inconnu. Depuis onze ans, j'exerce le ministère à Notre-Dame. Ah ! laissez-moi, en cette circonstance solennelle, envoyer à cette grande église métropolitaine, qui est sœur de la vôtre, un salut et un regard du cœur qui soit pour elle un témoignage de sympathie et de fidélité !...

« Toutefois, si je ne puis dès aujourd'hui avoir la prétention d'être complètement connu de vous, du moins, moi, je vous connais, je sais toutes les ressources qu'offre pour le bien, cette grande paroisse qui est la vôtre, et tous les heureux éléments qu'elle renferme.

« C'est d'abord cette splendide basilique, rivale de nos plus somptueuses cathédrales, qui se prête si bien aux grandes fêtes et aux solennelles neuvaines que vous célébrez chaque année.

« C'est, ensuite, le plus précieux de tous les trésors, cette châsse ou tombeau qui renferme les restes de l'apôtre des Francs. O illustre saint Remi, ô grand apôtre, je me tourne vers vous, j'abrite sous votre puissante protection le ministère que j'entreprends aujourd'hui ; communiquez-moi quelque chose de votre sainteté, de votre surnaturelle influence sur les peuples. Aujourd'hui, comme dans votre siècle, il y a encore des faux dieux et des idoles à briser. Ah ! faites que, continuant votre œuvre, j'aie, moi aussi, la puissance de faire briser toutes les divinités mensongères et de prosterner tous les cœurs aux pieds du vrai Dieu.

« Je n'ai pas tout dit sur les éléments de bien que je trouve parmi vous. Qu'il me soit donc permis d'être reconnaissant à l'égard de l'autorité municipale et de l'administration de la Fabrique de leur bienveillance, dont j'ai déjà eu des preuves incontestables et ressenti les effets.

« Dans ce champ béni que je suis appelé à cultiver, je vois encore un grand nombre d'œuvres qui s'épanouissent, semblables à des fleurs célestes. C'est l'Œuvre des Dames de Miséricorde, qui se font auprès des pauvres les messagères de Dieu et de la charité... A côté de l'Œuvre de la Miséricorde, je vois la pieuse Association des Enfants de Marie, qui renferme les espérances de l'avenir et de la paroisse ; et puis, ces diverses confréries, souvenirs pieux d'un autre âge que, plus que toute autre ville de France, Reims a conservées ; je veux dire les Sociétés de Saint-Eloi, de Saint-Fiacre, de Sainte-Macre, de Saint-Louis, de Saint-Jean. Il m'est doux aussi de compter sur la coopération des instituteurs et des institutrices dévoués qui s'occupent de l'enfance, car c'est là que se trouve la véritable espérance de la Patrie et de l'Église.

« Avec des éléments de bien si nombreux et si féconds, comment pourrais-je douter de l'avenir de mon ministère parmi vous, Mes Frères ? Mon âme est donc tranquille et c'est avec une joyeuse confiance que je commence ma mission parmi vous.

« Cependant, je le sais, il doit y avoir dans le cœur du prêtre des affections qui priment les autres. Je veux parler ici du malade, du faible, des pauvres. On a dit que l'on voyait se grouper autour de la Religion toutes les misères et toutes les douleurs ; c'est pourquoi, et je pense que personne ne s'en offensera, il y aura dans mon cœur des préférences pour les malades et les affligés, pour les petits et les faibles, les pauvres...

« Je dis les pauvres ! Ah ! c'est l'honneur et la gloire de la paroisse Saint-Remi d'en compter un grand nombre... Vous aurez toujours des pauvres parmi vous, a dit Notre-Seigneur. Je ne suis pas de ceux qui considèrent cette parole comme un anathème ou une menace ; je l'accepte, au contraire, comme une promesse, car, malheur à la cité, à la paroisse qui n'aurait pas de pauvres ! elle manquerait d'une précieuse bénédiction de Dieu.

« Le pauvre, en effet, c'est un enseignement ; le spectacle de son indigence et de sa misère instruit le riche et lui apprend qu'il ne faut pas s'endormir dans les fragiles félicités de ce monde.

« Le pauvre, quand il est chrétien, c'est un réparateur. Comme le Christ cloué sur le Calvaire, dans son indigence, il expie et il souffre pour le salut du monde . . . Combien de fois la Société n'a-t-elle pas été sauvée par la misère volontairement acceptée du pauvre...

« O pauvres, soyez fiers de votre dignité. Mais, sachez-le, la pauvreté n'est grande qu'à la condition d'être chrétienne . . . Quand le pauvre sait s'inspirer des principes de ce divin pauvre qui est né à la crèche et qui est mort sur une croix de bois, alors il peut devenir un saint que l'Eglise place sur les autels et auquel elle donne l'immortalité . . .

« Nobles indigents de cette paroisse, je m'incline devant vous, je vous vénère. J'irai comme vous, de porte en porte, demander l'aumône du riche ; j'irai partout sur les traces de mon charitable prédécesseur ; je veillerai à tous vos besoins, je les exposerai, et il me semble que la charité dont mon cœur est rempli me rendra éloquent et me fournira des paroles persuasives.

'« O pauvres de Saint-Remi, vous serez dignes de cet intérêt si puissant qui s'attache à vous. Vous êtes à Reims les privilégiés ; plus que les autres, on vous plaint, on vous soulage.... mais, plus que les autres aussi, vous êtes en spectacle. Soyez donc nobles et fiers malgré votre indigence ; faites-vous une âme riche si le corps est pauvre, et faites oublier les haillons par le riche vêtement de vertu dont vous vous parez.

« Je ne veux pas, Mes Frères, prolonger outre mesure cette cérémonie déjà longue par elle-même. Je n'ajoute donc qu'un mot, qui jaillit spontanément du fond de mon cœur : Merci pour tout ce que vous venez de faire pour moi, merci pour votre concours si empressé, merci pour la splendeur que vous avez su donner à cette belle fête... Par ce mouvement irrésistible, impétueux, qui fait communiquer les âmes entre elles, je sens que vos âmes et la mienne se sont rencontrées ; l'entente sera complète entre nous ; je suis vôtre, sachez compter sur moi ; et en retour de tout ce que je m'efforcerai de faire pour vous, accordez-moi votre sympathie ; quand je vous tendrai la main, acceptez-la dans une cordiale étreinte, comme la main d'un ami ; quand je frapperai à la porte de vos demeures, puisse-t-elle s'ouvrir comme devant ceux que l'on aime et à qui l'on permet de s'asseoir au foyer... Vos sympathies seront ma force ; c'est ainsi que nos âmes et nos cœurs seront unis et qu'ensemble ils monteront vers Dieu. Ainsi soit-il. »

Il n'appartenait guère au *Bulletin du Diocèse*. dont l'abbé Baye restait le directeur, de publier le récit de la brillante réception que la paroisse de Saint-Remi venait de faire à son nouveau curé.

Toutefois, dans le numéro du 19 mars 1870, on pouvait lire ceci : « Les sympathies qui nous ont été accordées en cette circonstance solennelle feront à l'avenir notre force et nous n'hésitons pas à nous proclamer le débiteur de ceux qui, en ce jour, ont acquis des droits incontestables à tout notre dévouement et à toute notre reconnaissance. »

A-t-il failli à ses promesses, le curé qui a écrit ces lignes ? Si quelqu'un osait l'affirmer, nous lui dirions : Regardez, étudiez son pastorat de plus de trente-et-un ans dans cette grande paroisse de pauvres et d'ouvriers, et vous serez obligé de constater que toujours l'abbé Baye a été à la hauteur de sa tâche et de sa noble mission.

C'est un fait historique qu'il prenait la succession du curé le plus populaire de tout le diocèse. A ce propos, comme un de ses amis lui demandait un jour comment il allait faire pour réussir dans un milieu aussi difficile, il trouva tout simple de lui répondre, avec ce ton un peu goguenard qui lui allait si bien : « Ne t'inquiète nullement pour moi.... j'ai mon plan. »

Oui, il avait son plan ; et avec cet esprit logique qu'il mettait dans ses idées, il allait administrer sa paroisse en organisateur consommé, avec la prudence et la sagesse du vieillard auquel il succédait, à peine âgé de 40 ans, dans tout l'épanouissement de sa jeunesse sacerdotale.

Le bon M. Aubert avait prodigué l'or et l'argent dans la distribution de ses aumônes. Pour remédier aux nombreux abus qui s'étaient glissés dans cette manière de faire la charité, notre nouveau pasteur songe tout d'abord à lui donner un fonctionnement plus régulier. Il lui faut pour cela des aides et de bons auxiliaires.

Il ira les chercher chez les sœurs de Saint-Vincent de Paul.

Après bien des démarches, ses efforts sont enfin couronnés de succès. Les filles de la charité vont donc faire leur apparition dans la ville de Reims, dans la paroisse Saint-Remi, où des légions de vieillards, d'infirmes et d'enfants vivaient demi-nus et affamés dans des réduits obscurs et malsains.

Elles devront distribuer le pain, les vêtements et les consolations spirituelles à tous les déshérités de la fortune, recueillir dans un ouvroir les jeunes filles indigentes, auxquelles elles enseigneront le travail, confectionner des vêtements pour les indigents qui n'ont pas même le temps de réparer les tristes haillons qu'ils portent, etc...

Telle est la mission que leur assigne le Curé de Saint-Remi. Et aujourd'hui, après trente ans d'existence, l'œuvre est toujours debout. Elle a fait plus ; elle s'est répandue dans les paroisses de Saint-André et de Sainte-Geneviève, si bien que partout elle marche en pleine prospérité.

C'est là un résultat qui fait honneur à l'intelligence de M. Baye. La charité a de ces coups d'audace. Dieu la bénit toujours. Encore fallait-il un homme d'initiative pour lui donner cette nouvelle forme.

Dès le début de son ministère, M. Baye veut aussi assurer la bonne organisation de la fabrique paroissiale. Jusqu'alors, le casuel n'était guère réglé que par un tarif, basé plutôt sur le bon cœur du curé que sur un prix uniforme. Et cependant, il fallait bien procurer des ressources à une église qui en avait si besoin. La tâche sera rude, et M. l'abbé Bonnaire, autrefois vicaire à Saint-Remi, pourrait nous dire quelle somme de labeur persévérant il a fallu dépenser pour aboutir à un résultat pratique. Mais quelle œuvre entreprise par notre Curé de Saint-Remi pouvait bien résister à ses efforts ! Celle-ci méritait d'être signalée. J'ai connu plusieurs curés qui sont venus prendre des leçons auprès de leur ami, et qui n'ont eu qu'à se louer d'avoir réglé chez eux la comptabilité telle qu'ils l'avaient apprise à Saint-Remi.

C'est en 1870, le 7 août, que Mgr Landriot, quelques jours après son retour du Concile du Vatican, proclame au milieu d'une foule considérable, les nouveaux et glorieux privilèges accordés par le Souverain Pontife à l'église de Saint-Remi. L'antique abbatiale des Bénédictins, érigée en Basilique mineure, jouira désormais des droits attachés à ce titre réservé.

Ces privilèges sont déterminés, soit par le droit commun, soit par un acte spécial du Saint-Siège. Ainsi, toutes les basiliques ont l'usage du *conopée*, sorte de petit pavillon que l'on porte aux processions, et celui du *tintinnabulum* ou *sonnette* : ces insignes accompagnent toujours le clergé de la basilique, soit dans l'église, soit lorsqu'il paraît en corps avec tout le clergé de la ville ou du diocèse.

Les basiliques ont aussi la préséance sur toutes les autres églises, à l'exception de l'église cathédrale, dont le clergé seul précède ceux des basiliques dans les processions et réunions générales.

L'habit de chœur est pendant l'hiver la cape ornée de peau d'hermine, et le surplis sur le rochet pendant l'été.

En ce qui concerne Saint-Remi de Reims, l'acte pontifical, daté du 28 juin 1870, permet au curé de porter tous les insignes des chanoines de l'église métropolitaine, dans son église et *ailleurs*, toutes les fois que les chanoines eux-mêmes peuvent le faire. C'était donc une faveur spéciale que le Souverain Pontife accordait au curé de la nouvelle basilique. Sans doute, Pie IX voulait honorer l'église, qui avait été consacrée autrefois par Léon IX, un des grands Pontifes de l'église romaine, et dans laquelle le même Pape avait tenu un Concile, et présidé à la cérémonie de translation des reliques de saint Remi ; mais félicitons-nous de ce qu'en raison de ces titres de parenté glorieuse avec l'église romaine, Saint-Remi reçoive aussi pour son curé le droit spécial de porter la croix et les insignes des chanoines titulaires de l'église métropolitaine (1). Il en était bien digne. N'est-il pas toujours le *Dilectus Deo* dont je parlais au début de cette notice ? Et puis, lui qui devait revêtir un jour avec tant de distinction la pourpre prélatice, n'allait-il pas inaugurer magnifiquement la série des curés de basilique dans notre diocèse !

. . . . Mais déjà, la France, notre bien-aimée patrie, se trouve en présence de graves événements. La défaite de nos armées est venue jeter l'anxiété dans tous les cœurs français, si bien qu'à ce moment suprême, soldats et prêtres,

---

(1) Près de douze ans après cette cérémonie qui, dans l'histoire de l'église de Saint-Remi, doit rester une date glorieuse, presqu'au début de mon vicariat, j'étais prié de demander l'avis des professeurs de droit canon des Instituts de Lille et de Paris, concernant les privilèges particuliers qu'on disait n'avoir pas été conférés au curé de Saint-Remi.

Mais la bulle était là et le droit aussi. Muni de telles références, notre vénéré curé n'eut pas de peine à réduire au silence des confrères plutôt taquins que malveillants. Il faudrait lire sa réponse. Elle a la note gaie, mais combien mordante !

religieux et laïques n'ont plus qu'une seule pensée : le salut de la patrie.

Hélas ! c'était pour des mois que la vie nationale allait être suspendue par la force d'événements aussi douloureux qu'inattendus !

Quand les ruines eurent été amoncelées de toutes parts, que le sang français eut coulé par toutes les veines de la patrie, qui, étendue à terre, semblait sur le point d'expirer, on vit les gens de cœur se ressaisir et songer au relèvement de notre pays. L'abbé Baye n'appartenait pas surtout à cette catégorie d'hommes qui ne savent que gémir au coin de leur feu, ni même retenir les leçons que le Seigneur, quand il lui plaît, donne aux peuples déshabitués de compter sur sa Providence. « Dieu, écrivait-il alors, a fait acte de souveraineté et veut reprendre son domaine ; il est donc nécessaire au salut de la France que nous revenions à Dieu, c'est-à-dire à la foi religieuse, à la saine morale, à la droite raison, au simple bon sens ; il faut rétablir l'ordre et la subordination dans la société, dans la famille aussi bien que dans l'armée ; il faut comprendre que l'homme ne vit pas seulement de *pain*, c'est-à-dire de bien-être matériel, mais qu'il a besoin de principes, et que c'est faute de principes et non par le manque de canons Krupp que nous avons succombé (1). »

Ce n'était pas assez pour le pasteur de prêcher par la plume, il voulait encore enseigner par le verbe de ses lèvres, c'est pourquoi il évangélisait non seulement ses paroissiens, mais encore ceux de la cathédrale et les différentes commu-

---

(1) *Bulletin* du 15 Avril 1871.

nautés religieuses de la ville, toujours avides d'entendre sa parole si éclairée et si spirituelle à la fois.

C'est lui qui, à la première Neuvaine de Saint-Remi à laquelle il devait présider comme curé, en 1870, avait été obligé de remplacer le prédicateur empêché. Ses sermons sur Dieu, dont je n'ai retrouvé que les plans et les idées principales, sont tous tirés d'instructions données précédemment à la cathédrale. L'exposition des sujets, les développements, sont d'un maître qui a beaucoup lu, beaucoup étudié et qui a le talent de faire goûter les sujets les plus arides.

Voici, par exemple, comment il entre en matière :

« Semblable à l'artiste qui se peint lui-même dans ses tableaux et qui appose son nom au bas de son chef-d'œuvre, les vouant ainsi l'un et l'autre à une commune immortalité, Dieu, après avoir fait l'univers, a signé son œuvre en y semant partout des traits frappants de ses infinies perfections. Le nom de l'éternel Architecte qui a créé le monde, on peut le lire dans la voûte des Cieux écrit en lettres de feu, et l'astronome, en étudiant et en nommant les astres, ne fait qu'épeler les lettres qui composent ce nom mystérieux de la Divinité. Un brin d'herbe, une simple fleur révélaient à l'immortel naturaliste Linné la puissance et la bonté du Créateur. Galien trouvait une magnifique démonstration de la Divinité dans la merveilleuse structure du corps humain..

« Plus que tous les autres êtres d'ici-bas, notre âme porte la signature du Dieu qui l'a faite. Quelles que soient les fanges qui la souillent, elle possède toujours un certain air de famille qui trahit sa descendance divine et qui fait reconnaître cette noble fille du Ciel... Quoi qu'il en soit, on s'applique de nos jours à travestir la notion vraie de Dieu. Faut-il le dire ?

Beaucoup de catholiques, même instruits et sincères, n'ont pas de Dieu une idée assez haute et assez large ; et de là vient ce qu'on peut quelquefois nous reprocher, à nous, catholiques pratiquants, certaines étroitesses d'idées par rapport au dogme et certaines mesquineries quant à la pratique.

« C'est pourquoi, Mes Frères, je crois faire une œuvre utile et actuelle en vous offrant une série d'instructions sur Dieu et sur ses attributs. »

Justement appréciées par son auditoire, ces instructions vont stimuler encore son ardeur à parler au peuple dont il a la charge. Aussi ne néglige-t-il aucune occasion de l'attirer autour de la chaire de vérité.

Œuvres de persévérance, associations pieuses, mois de Marie, il emploie tous ces moyens pour évangéliser les âmes. Ses allocutions sont chaudes, paternelles, vibrantes, souvent irrésistibles. Le lecteur en trouvera dans ce volume quelques-unes qui l'édifieront beaucoup. Il faut les lire ; prêtres et laïques, tous nous pouvons en tirer grand profit.

J'ai retrouvé, parmi ses sermons, quelques détails sur ceux qu'il prêchait encore à la Cathédrale, quoique curé de Saint-Remi. De l'un d'eux, prononcé le 21 juin 1872, à l'occasion de la fête de saint Louis de Gonzague, il ne reste qu'un plan esquissé à grands traits de plume. Le voici :

« ...Je désire, Mesdemoiselles, que cette instruction soit simple et pratique...

« Qu'est-ce qu'une œuvre ?

« C'est le produit extérieur d'une faculté humaine, de la pensée ou du sentiment de l'homme s'incarnant dans un acte quelconque.

« Et voilà pourquoi il y a des œuvres d'intelligence, quand

c'est l'intelligence qui les enfante... des œuvres de volonté, des œuvres d'imagination, des œuvres d'amour et, hélas ! des œuvres de haine, suivant qu'elles sont le produit de l'une ou de l'autre de nos facultés.

« Or, il y a parmi les œuvres une distinction profonde et essentielle à faire. Parmi elles, en effet, il y a celles qui sont dues à l'initiative privée ; ce sont des œuvres solitaires, entreprises par le zèle individuel. Il y a, en outre, les œuvres collectives et communes, qui sont le résultat des efforts combinés de plusieurs personnes réunies et fondées en association.

« Disons en passant que, de nos jours, il nous faut des œuvres collectives, des associations. L'action individuelle peut être héroïque, elle est insuffisante ; l'action collective est requise. Voyez nos ennemis, comme ils s'organisent et s'associent ; c'est par là qu'ils sont forts.... »

Tel fut le thème intéressant que développa cette fois le savant conférencier, aux pieuses et jeunes associées de l'œuvre de Saint-Louis de Gonzague.

C'était l'aurore qui s'annonçait. Cette idée de l'*association*, en effet, germe déjà dans son intelligence.

Plus tard, une lumière jaillira plus étincelante qui lui révélera qu'à toute association, il faut d'abord la bénédiction de Dieu, puis une misère à soulager et le zèle d'un cœur apostolique. Et c'est à ses Enfants de Marie de Saint-Remi qu'il exposera dans la suite la puissance d'une association ainsi organisée. « Alors, dit-il, elle aura la puissance d'enseigner, celle de sanctifier et enfin celle d'exercer une action sociale. »

Ainsi parlait M. l'abbé Baye. C'est donc pas à pas qu'il coordonnait ses idées avec une énergie et une persévérance admirables.

Observateur attentif, il avait la perception nette des besoins de ses contemporains. A tout prix, il voulait secouer leur indifférence. C'est pourquoi il s'y prend logiquement, simplement, en préparant par sa prédication, l'emploi des moyens qu'il utilisera plus tard dans l'organisation de ses œuvres.

Cela ne l'empêche pas d'exercer son zèle partout où on lui demande un service. Outre l'œuvre du *Bulletin* qu'il continue jusqu'en 1874, il accepte de prêcher souvent à l'*Hôtel-Dieu*, dans les circonstances les plus solennelles.

Un jour, c'était en 1871, parlant à l'occasion de la profession de deux religieuses, il insistait sur la nécessité de la vie religieuse.

« J'ai lu quelque part, disait-il, cette remarquable parole qui m'a frappé et que j'ai retenue : « Il faut des moines dans une religion, comme des héros dans une armée. » Voyez, en effet, cette armée composée de soldats valeureux sans doute, mais dont aucun ne porte les vertus militaires jusqu'à l'héroïsme, facilement elle peut être vaincue ; qu'un bataillon vienne à faiblir, la défaillance d'un seul homme peut amener une déroute complète. Si, au contraire, cette armée compte dans ses rangs un héros, ce magnanime guerrier peut conjurer la défaite ; quand tous lâchent pied, il marche seul à l'ennemi. Enflammés par son exemple, les plus pusillanimes retournent au combat ; ils deviennent eux-mêmes des héros, et bientôt un désastre se change en un éclatant triomphe.

« Ainsi en est-il d'une religion. Compterait-elle des milliers de disciples répandus sur la surface du globe, si aucun dans sa vie ne peut donner l'exemple d'une héroïque vertu, bientôt cette religion qui ne renferme rien de grand et de beau, tomberait sous l'indifférence ou le mépris des peuples.

« Dans ce qui précède se trouve la justification des ordres religieux et l'apologie de ces âmes généreuses qui, semblables à l'aigle, etc... »

Cette manière de présenter les choses à son auditoire avec ce cachet de simplicité qui n'avait d'égal que celui d'une originalité charmante, faisait grande impression partout où M. le Curé de Saint-Remi montait en chaire. Car son langage était toujours très distingué et parfaitement approprié à la circonstance.

Le Curé de Saint-Remi aime les fêtes grandioses ; il voudrait surtout donner plus de relief à la Neuvaine du mois d'octobre.

Après nos désastres de 1870, il s'était produit un mouvement catholique et français qui allait emporter des milliers de pèlerins vers nos sanctuaires vénérés. Saint-Remi ne pouvait pas être oublié. C'est pourquoi, dans l'année 1873, dès le premier jour de la Neuvaine, plusieurs paroisses des environs de Reims, entre autres Montigny, Jonchery et Prouilly, faisaient pieusement leur pèlerinage à Saint-Remi.

C'est avec une satisfaction marquée que M. Baye signale la chose dans son *Bulletin* : « Ce pèlerinage, dit-il, ne sera pas un fait isolé ; car la ville de Laon viendra aussi faire son pèlerinage au tombeau du grand apôtre. »

Malheureusement, les circonstances n'ont pas permis de donner suite à l'idée qu'avait eue notre pasteur de créer un pèlerinage national à Saint-Remi. Si les temps redeviennent meilleurs, il faudra reprendre ce projet, du moins pour ce qui est du pèlerinage régional. Moi qui ai habité la banlieue de

Reims de 1886 à 1894, j'ai pu me convaincre qu'il était facile à un curé des environs, d'organiser un groupe paroissial et de le conduire à Reims aux pieds de saint Remi, toujours si populaire parmi nous.

L'embellissement de sa magnifique basilique préoccupe aussi M. le Curé. Il a trouvé un sage conseiller, un donateur généreux dans la personne de M. Charles Givelet, qui va adopter Saint-Remi comme son église de prédilection et, pendant près de trente ans, y faire des dépenses vraiment royales.

On commence d'abord la restauration et la remise en bon état, des verrières de l'abside. Les vitraux du portail, ceux des chapelles de Saint-Fiacre, de Saint-Joseph, des Saintes-Reliques, et des autres chapelles latérales sont remplacés successivement par des œuvres d'art qui, en vieillissant, prendront un cachet de très grande distinction. Les autels en bois disparaissent ; le marbre et la pierre les remplacent avantageusement. A signaler aussi la chapelle des Reliques, ornée de splendides mosaïques et de reliquaires, chefs-d'œuvre d'art.

La Commission des Monuments historiques proteste bien un peu contre tous ces changements ; mais les choses vont si vite, qu'elle semble ne pas remarquer toutes ces transformations successives.

Une fois, pourtant, elle intervient. Elle prétend que la tour n'est plus assez solide pour recevoir le bourdon qu'a légué à l'église, par testament, Son Excellence Monseigneur Landriot.

Le 27 juin 1876, Monseigneur Langénieux vient bénir la nouvelle cloche, dont il est le parrain, et Mme A. Werlé la marraine.

« Alors, dit M. l'abbé Mimil, le curé réfléchit pendant

quelques jours, se disant avec tristesse : Comment, notre archevêque mourant donne à la basilique et au peuple de Saint-Remi une belle cloche en souvenir de lui, son successeur vient la bénir solennellement et la cloche ne sonnerait pas, elle demeurerait par terre, inutile, attristée et attristante ! Cela ne se peut ! » (1).

Avec sa prudence ordinaire, le curé consulte des gens compétents, qui lui disent que la tour peut supporter le poids de la cloche et que sa sonnerie ne l'ébranlera nullement. Une belle nuit, donc, le curé, entouré de gens et servi par des ouvriers discrets, fait éventrer la muraille intérieure de la tour. Le bourdon passe; pierre par pierre, on remet tout en place ; un peu de poussière mise habilement sur les joints des pierres dissimule l'endroit de l'ouverture. L'homme qui était chargé d'empêcher le bourdon de monter dans la tour n'a jamais su par où il était entré.

Depuis vingt-cinq ans, il sonne là-haut, et la tour solide n'en est nullement ébranlée.

Cependant, M. l'abbé Baye est plus qu'un pasteur vigilant qui vaque aux soins matériels de la paroisse. Il n'y a qu'une voix pour reconnaître qu'il a été à cet égard au-dessus même de sa tâche. Il se préoccupe aussi de tout ce qui touche au spirituel.

La pensée qui le domine durant tout son pastorat, c'est qu'il faut décentraliser le service paroissial. C'est pourquoi ses vicaires, pour la visite des malades, pour les catéchismes et l'exercice de la confession des fidèles, ont eu, de tout temps, la

---

(1) *Bulletin du Diocèse :* Août 1901.

plus grande liberté de remplir leur ministère auprès des âmes. Ils pouvaient lui consacrer tout le zèle que leur inspirait leur jeunesse sacerdotale. Et c'est précisément, parce qu'à cause de leur inexpérience, tout n'y a pas été parfait, qu'on a soulevé quelques critiques.

Que l'on veuille bien se rappeler que dans cette première période de son pastorat, M. l'abbé Baye a sur les bras une paroisse de plus de 20,000 habitants, et qu'il a pour collaborateurs trois vicaires surchargés de besogne matérielle. Qu'on ajoute à cela tous les travaux auxquels est obligé de prendre part le Curé de Saint-Remi, et on devra convenir qu'un homme n'est cependant pas universel. Et fût-il un administrateur consommé comme l'abbé Baye, il est impossible que quelques détails ne puissent lui échapper.

Au surplus, celui qui, comme nous, a vu fonctionner de près les rouages de ce vaste ministère qu'a exercé à Saint-Remi le zélé M. Baye, sait justement reconnaître qu'un prêtre de cette trempe est un homme de Dieu, et par là même un pasteur modèle, l'honneur de tout un diocèse.

Outre ses travaux intellectuels que nous énumérerons plus au long dans la suite de cette histoire, en plus de l'administration spirituelle de la paroisse, M. l'abbé Baye avait aussi à s'occuper des soins à donner aux indigents.

Chaque hiver, il fait son parcours des pauvres. Il y a là huit cents familles à soulager, il les visite l'une après l'autre avec une Dame de Charité. Bons de pain, vêtements, chauffage, tout est distribué largement et avec discernement.

Ah ! qu'il a dû plus d'une fois faire appel à sa foi sacerdotale pour ne pas se sentir découragé au milieu de toutes ces misères du quartier Saint-Remi ! Lui si fier, si aristocrate par goût, si minutieux dans son vêtement, comme il a dû souvent recourir à sa vertu pour serrer la main calleuse de l'ouvrier, et pour pénétrer dans ces taudis qui, aujourd'hui, n'existent plus dans la paroisse.

Je touche ici à la question principale du ministère du Curé de Saint-Remi : la Charité.

C'est lui sans contredit qui lui a donné à Reims la forme la plus intéressante.

Par nature, l'abbé Baye était bon et généreux. Son hospitalité était large, tout à fait cordiale. Tant que sa santé a été florissante, sa table était tous les jours, ouverte à ses amis, et surtout à ses anciens vicaires.

Avec son esprit vif et primesautier qu'éclairaient si souvent un fin sourire et un œil malin, il avait vite fait de mettre son monde à l'aise. D'un ton familier, quelque peu gaulois, il peignait d'un mot les travers et les défauts des autres ; mais c'était toujours pour donner de la vie à ses réunions du presbytère. Très ferme sur les principes, il était bon et conciliant envers les personnes : car il trouvait aisément le moyen d'excuser leurs fautes.

On l'a dit : c'était un homme sûr dans son amitié. Ses vicaires ont pu apprécier comment il leur restait fidèle, et s'intéressait à tout ce qu'il savait leur être utile et agréable. Il était si accueillant pour nous, que beaucoup d'entre nous ne s'habitueront pas facilement à ne plus monter à Saint-Remi.

Aussi, que n'a-t-il pas fait pour obliger ceux qui lui demandaient un service !

Lui, si raide parfois pour les importuns et les quémandeurs peu intéressants qui l'arrêtaient dans la rue, ouvrait largement sa porte au solliciteur qui lui exposait loyalement sa misère et ses embarras financiers. C'est par *cent* et *deux cents* francs qu'il donnait à la fois à certaines familles qui eussent perdu leur honorabilité sans ses largesses, souvent renouvelées.

Que de fois il est descendu en ville pour intéresser ses amis au triste sort de ses paroissiens ! Et quand il avait réussi dans ses démarches, il remontait à Saint-Remi d'un pas alerte, oubliant ses fatigues, tout heureux d'être à même de soulager le lendemain tant d'indigents sans travail et sans ressources.

On ferait un chapitre intéressant avec le récit de ses actes de charité. Le bien qu'il a fait à ceux qu'on est convenu d'appeler les pauvres honteux, est incalculable. Dieu le sait ; et la récompense ne peut pas manquer aux services rendus.

Ce qui est plus admirable encore, c'est qu'il savait faire l'aumône. Il avait en cette matière un véritable esprit d'orgasation, secondé par sa nature généreuse et son cœur d'apôtre.

De là toutes ses œuvres qui s'épanouissent autour de la basilique.

C'est prodigieux, en effet, l'argent qu'il a dépensé d'abord en constructions pour leur donner un abri. Citons entre autres le vaste établissement des Sœurs de Saint-Vincent de Paul, où plus de cent orphelines sous la direction de Mme Baye, la Sœur Eugénie, sont hospitalisées et élevées avec une distinction qui n'est pas en-dessous de l'éducation reçue dans nos meilleurs pensionnats de la ville. C'est là aussi que l'éminente supérieure, digne émule du zèle de son frère, recueille les jeunes filles sans place, les domestiques étrangères, et dirige, bien secondée par la vaillante sœur Stéphanie, les ouvroirs externes des Dames de Charité et des jeunes filles de la paroisse.

Au moment des laïcisations, le charitable Curé cède une partie de ses terrains achetés sur la place Saint-Remi, en réservant l'autre partie pour la construction d'un magnifique patronage de garçons.

A côté, voici tout un pâté de maisons qu'il acquiert en plusieurs fois, et à force d'économies. Pour diminuer les charges de la Fabrique, il y loge son sacristain et fait valoir le reste au profit de ses œuvres, en attendant qu'il puisse leur donner une autre destination.

Sur la place de l'Hôtel-Dieu, il achète, dans le même but, les trois maisons vicariales, modèles du genre, et dépense en même temps pour l'entretien de toutes ses œuvres des sommes considérables. Et tout cela se fait sans bruit, sans ostentation, avec une idée qui prédomine dans sa vie pastorale : *Faire le bien.*

' On se tromperait en effet si on imputait à un simple sentiment chevaleresque cette ardeur qui le pousse à donner ses biens, sa personne et sa vie. Non, le secret de tout ce dévouement, c'est qu'il est prêtre. C'était une âme sacerdotale. Il aurait pu faire grande figure dans le siècle. A cela, il a préféré le sacerdoce. C'est pourquoi il a senti le besoin de se dévouer.

Vous qui ne l'avez pas perdu de vue pendant les 31 ans de son pastorat, je vous appelle en témoignage : Ces paroles renferment-elles de l'exagération ?

CHAPITRE DEUXIÈME

Monseigneur L. BAYE

L'homme d'action. — Notre-Dame de l'Usine : aperçu historique de cette œuvre
1875-1892

Quand on étudie la féconde existence de M. l'abbé Baye, par rapport au zèle qu'il a déployé dans la création des œuvres pastorales, on constate aisément qu'il est du nombre de ces hommes que l'Ecriture sainte recommande expressément de louer (1).

« Oui, nous dit-elle, célébrons leur mémoire; car, riches en vertus, ayant eu le culte de la beauté et de la justice, ils ont été compatissants aux maux de leurs frères; ayant passé dans le monde en y faisant un bien durable, ils ont mérité que leur mémoire soit bénie par leur postérité. »

De cette étude, il ne nous est pas moins facile de conclure que les entreprises auxquelles le zélé Curé a appliqué les ressources si variées de son intelligence éclairée par la foi, se

---

(1) Eccl., Ch. xliv. Laudemus viros gloriosos et parentes nostros in generatione suâ, quia divites in virtute, pulchritudinis studium habentes, viri misericordiæ sunt, quorum pietates non defuerunt, cum semine eorum permanent bona.

trouvent précisément indiquées dans les paroles de N.-S. Jésus-Christ : « Venez, les bénis de mon Père ; j'avais faim, vous m'avez nourri ; je manquais de vêtements, vous m'en avez donné, etc ... (1) »

J'en appelle à votre témoignage, malheureux de Saint-Remi ; non, il ne vous a jamais délaissés ; ni vous, les pauvres de son quartier : pour vous, il a fondé et entretenu un fourneau économique ; ni vous, ouvriers chrétiens : pour vous, il a encouragé l'œuvre du cercle Saint-Remi-Saint-Maurice ; ni vous, religieux et religieuses : pour vous, il écrivit et se dévoua aux heures mauvaises ; ni vous, petits enfants : pour vous, il suscita et créa des écoles chrétiennes ; ni vous, âmes pieuses, Dames de charité et Enfants de Marie : pour vous, il fonda des ouvroirs ; ni vous, adolescents : pour vous, il fit un patronage modèle ...

Aucune sollicitude ne lui demeure donc étrangère. Les plus humbles affaires l'intéressent comme les plus graves : « C'était, disait-il, sa besogne. » Cela lui suffisait pour qu'il l'accomplît.

Cependant, au milieu de ces soucis incessants, le substantiel de l'homme reparaît à chaque détour du chemin. *L'action*, voilà surtout sa vie.

Nous allons, en effet, juger par nous-mêmes que, dans ses fonctions de pasteur vigilant, il se montre prodigieusement actif. Il écrit toujours beaucoup ; sa correspondance, en particulier, lui prend son temps le plus précieux.

Observateur sagace des besoins de son temps, il recueille dans l'intime de son âme, tous les projets d'œuvres qu'on met à l'étude dans les premiers congrès. C'est dans la méditation des systèmes divers et des théories quelquefois les plus contraires

---

(1) Saint Mat., xxv.

qu'il découvre la vérité, ajoutant, retouchant et façonnant le tout suivant la doctrine de l'Eglise.

Mais il lui fallait une occasion de faire briller cette vérité. La Providence la lui avait ménagée; c'est toujours l'enfant gâté du Bon Dieu, *Dilectus Deo*. Notre-Dame de l'Usine, en effet, allait faire son apparition dans le diocèse.

Pendant l'année 1874, un violent incendie avait éclaté dans l'usine de M. Harmel, au Val-des-Bois. Les flammes, qui avaient déjà fait beaucoup de ravages, menaçaient de tout détruire, lorsqu'elles s'arrêtèrent subitement en présence d'une statue de la Sainte-Vierge. Les pieux patrons virent, dans cet événement, un signe non équivoque de la protection de l'auguste Mère de Dieu, et ils résolurent de placer leur établissement sous la sauvegarde de Marie, invoquée sous le nom de Notre-Dame de l'Usine.

Année 1875. — C'est le 24 août 1874, au lendemain du Congrès catholique tenu à Reims, qu'a lieu l'accomplissement de ce généreux dessein.

Mgr Langénieux, archevêque de Reims, s'est rendu au Val-des-Bois. Il est entouré de 400 congressistes, des patrons et des ouvriers de l'usine. Avant de bénir la statue de Marie, dressée sur son trône comme une souveraine, le Pontife tient à donner la signification de la cérémonie. Il le fait avec une grande éloquence.

« N'est-il pas bien juste, dit-il, de décerner à la Vierge bénie le titre de Notre-Dame de l'Usine, à l'époque où nous sommes? L'usine, n'est-elle pas la grande institution du temps? N'est-ce pas notre siècle qui a créé ces vastes ateliers, où s'entasse la famille ouvrière? C'est bien à nous, enfants du XIXe siècle, qu'appartient l'usine où le travailleur moderne consume ses jours et ses nuits, l'usine où s'agitent les plus redoutables problèmes . . .

« L'usine, c'est le champ de bataille où l'ennemi nous provoque, nous devons l'y suivre; l'usine, disons tout en un mot, menace de devenir révolutionnaire et impie, faisons-y rentrer Notre-Seigneur Jésus-Christ.

« Marie doit donc désormais régner sur l'industrie et le travail; mais parce que son règne est destiné à devenir très vaste, elle ne peut rester plus longtemps confinée dans une petite chapelle. C'est pourquoi nous avons songé à l'établir auprès du tombeau de saint Remi de Reims . . . »

Année 1876. — Le 9 Avril 1876, la Reine de l'Usine doit faire son entrée dans la basilique de Saint-Remi.

Mais notre infatigable Archevêque n'avait pas voulu que l'événement se passât sans une certaine solennité. Dans ses conférences du Carême aux Dames de Saint-Remi, il prépare le terrain en traitant les sujets les plus édifiants. « Il m'est bien permis, leur disait un jour son Excellence, d'avoir une préférence pour vous. Ne suis-je pas le successeur de saint Remi, et n'êtes-vous pas les gardiennes fidèles de son tombeau ? » Dans une de ses instructions, Monseigneur leur disait aussi en parlant de M. l'abbé Baye : « Il est l'un des meilleurs curés que je connaisse. (1) » Paroles flatteuses assurément pour le Curé de Saint-Remi, mais qui, paraît-il, furent surtout agréables à l'auditoire et soulignées par son assentiment visible.

Bientôt, Son Excellence commence à faire allusion à la

---

(1) *Bulletin du Diocèse,* année 1876.

nouvelle confrérie qu'Elle se propose d'ériger à Saint-Remi. Et c'est pendant le temps qui s'écoule entre cette instruction et la suivante, que bien des noms se font inscrire sur le registre des associés ; si bien que le jour des Rameaux, lorsqu'après les Vêpres, Monseigneur bénit la nouvelle statue, l'œuvre de Notre-Dame de l'Usine se trouve déjà fondée.

Date à jamais mémorable dans les fastes de la vie de M. l'abbé Baye ; car c'est à partir de cette époque que jusqu'à la fin, il va mettre sa prodigieuse activité au service et au développement d'une œuvre à laquelle il a été heureux de consacrer les vingt-cinq dernières années de son pastorat à Saint-Remi.

Retraçons ici l'histoire de cette œuvre et, après en avoir expliqué le but et le fonctionnement, nous apprécierons ses résultats dans le chapitre suivant. Ils seront tout à l'honneur du vaillant Curé.

Année 1877. — « Il faut battre le fer pendant qu'il est chaud », nous répétait souvent notre vénéré Curé de Saint-Remi.

Et c'est bien ainsi qu'il s'y prenait toutes les fois qu'il avait à organiser quelque chose et à lui donner une marche à suivre.

Dans l'organisation de la nouvelle Confrérie, il déploie tous ses talents si variés, pour lui donner le plus d'extension possible. Aussi bien, ses efforts méritent-ils d'être pleinement couronnés.

On constate en effet, pendant cette année, que la jeune Confrérie a obtenu droit de cité et étendu ses racines non seulement dans notre diocèse, mais dans plusieurs régions de la France. Fondée et bénie par Mgr l'Archevêque, elle reçoit bientôt la haute approbation du Saint-Père. Dans le Congrès du Puy, on la recommande à tous les catholiques généreux qui veulent se dévouer au salut de l'ouvrier.

Ses associés se comptent par milliers dans le Nord. De grands industriels lui ont confié leurs intérêts matériels. Et dans le Midi, on a été jusqu'à lui consacrer un nouveau sanctuaire en présence de plusieurs évêques.

A Saint-Remi, M. le Curé veut que chaque corporation paroissiale ait la statue de son patron placée dans la chapelle de Notre-Dame de l'Usine. Et voilà pourquoi, au jour de la fête, le 8 septembre, à la procession des Vêpres présidées par M. le Vicaire général, les diverses corporations, jardiniers, dégraisseurs, tisseurs, apprêteurs, etc., portent déjà les bannières et les statues de leurs saints protecteurs. Notre-Dame de l'Usine, escortée par les cercles catholiques, ferme la marche et apparaît comme la reine à qui l'on décerne un triomphe.

L'œuvre, quoique jeune, donnait donc des preuves palpables de sa vitalité et de sa force. C'était d'un bon augure.

Année 1878. — Au jour de la fête, troisième anniversaire de sa fondation, on remarque de nombreux ouvriers venus pour honorer leur divine patronne. D'autres corporations sont représentées par de nouvelles statues dans la chapelle de Notre-Dame de l'Usine. A signaler celles des verriers et des musiciens.

Année 1879. — La Confrérie est érigée en Archiconfrérie par le Souverain Pontife. C'est un événement qui réjouit le cœur du Pasteur et dont il est heureux de parler au banquet organisé chez les Frères de la rue de Venise, le jour de la fête de Notre-Dame de l'Usine. Il y a là 350 délégués venus des cercles de Soissons, Laon, Charleville, Suippes et du Val-des-Bois. Il les enthousiasme par sa parole vibrante de foi et de patriotisme.

Année 1880. — La fête de l'Archiconfrérie tend à devenir une petite Saint-Remi.

Les ouvriers, chez les Frères, sont plus nombreux que jamais.

A la procession des vêpres à Saint-Remi, on se montre la nouvelle statue de Notre-Dame de l'Usine, dont le type est définitivement fixé. Marie est debout, ayant à ses pieds la famille ouvrière et celui qui représente la classe dirigeante. Elle, qui est leur commune mère, s'incline vers eux, portant comme symbole de paix, l'Enfant-Dieu, que l'Eglise appelle le « Prince de la paix ».

Année 1881. — La solennité n'est pas moins belle que celle des années précédentes.

J'ai eu l'honneur d'y donner le sermon aux vêpres, et je me rappelle encore avec bonheur que j'avais pour auditeurs de nombreux ouvriers très attentifs et dont la masse remplissait l'immense vaisseau de la basilique.

Année 1882. — Jusqu'alors, l'Archiconfrérie semblait limitée à la France et à la Belgique.

Dans son dernier voyage à Rome, Monseigneur l'Archevêque ayant exposé au Saint-Père la rapide propagation de Notre-Dame de l'Usine, et l'opportunité de grouper l'armée des travailleurs de tous les pays sous la bannière de Marie, Léon XIII daigne accéder aux désirs exprimés par Son Excellence.

C'est pourquoi, passant par-dessus tous les usages et toutes les règles de la Chancellerie romaine, qui n'admet pas de confrérie universelle ayant son centre ailleurs qu'à Rome, le Saint-Père daigna étendre à l'univers entier, les privilèges précédemment accordés à l'Archiconfrérie pour la France et la Belgique.

La Basilique de Saint-Remi, déjà célèbre à tant de titres, devenait donc, par un privilège presque unique, le centre et le siège d'une Archiconfrérie, dont les branches, comme celles d'un grand arbre, allaient couvrir le monde entier.

« Voilà votre œuvre, disait M. le Curé à son Archevêque en le recevant au seuil de son église, le jour de la fête de Notre-Dame de l'Usine, et il me semble que votre cœur de Pontife et de Père trouve déjà une récompense dans la belle solennité de ce jour, dans ce vaste concours de fidèles réunis au nom de Notre-Dame de l'Usine, et où il nous est donné de voir de nobles représentants de la richesse et de l'industrie, d'illustres apôtres de la propagande catholique se confondre avec les plus pauvres, les plus obscurs ouvriers. »

Année 1883. — L'œuvre prend de grands développements. Angers a organisé sa fête de l'Usine comme à Reims ; et c'est Mgr Freppel qui daigne la présider.

Les Etats-Unis, l'Allemagne et la Belgique ont demandé leur affiliation à l'Archiconfrérie.

A Rome et à Jérusalem, on voit flotter l'étendard de Notre-Dame de l'Usine.

Voilà ce qu'est devenue la petite confrérie inaugurée le 9 avril 1876.

Année 1884. — L'allocution de M. le Curé à Monseigneur l'Archevêque, prononcée à Saint-Remi, le jour de la fête de Notre-Dame de l'Usine, résume mieux que nous ne pourrions le faire, les progrès de l'œuvre :

« Enrichie des bénédictions que votre Excellence lui a données, et des faveurs qu'elle lui a obtenues du Saint-Père, l'Archiconfrérie de Notre-Dame de l'Usine suit sa marche progressive ; son nom n'est maintenant inconnu nulle part, et grâce aux nouvelles adhésions qui lui sont venues jusque dans ces derniers temps, son domaine s'est beaucoup agrandi, et sa bannière flotte à tous les points de l'horizon.

« C'est ainsi qu'il y a quelques semaines à peine, Notre-Dame de l'Usine étendait ses conquêtes, prenait possession : au nord, des vastes établissements d'Armentières ; au sud, des grands ateliers de Saint-Chamond ; à l'est, des usines d'Haironville et du cercle Saint-Dizier. Dans ces divers endroits comme dans ceux qu'elle occupe depuis longtemps, la Patronne du travail et des ouvriers compte des légions de fidèles serviteurs, qui sont aujourd'hui unis de cœur avec nous et qui, comme nous, célèbrent cette belle fête.

« Ces précieux résultats sont dus à l'intelligence plus complète que l'on a de la nature et du but de l'Archiconfrérie...

« Voilà, Monseigneur, ce que votre Excellence peut constater à cette heure, en cette insigne basilique. Il faut en conclure, Monseigneur, que vos bénédictions ont été fécondes, que vos encouragements, aussi bien que la paternelle protection que vous accordez à toutes les œuvres ouvrières, ont eu les plus heureux effets... »

Année 1885. — Le 16 août 1885 est une date glorieuse dans l'histoire de Notre-Dame de l'Usine. Jamais, en effet, la sainte patronne du travail n'avait vu à ses pieds autant de respectueux ouvriers et de pieux pèlerins.

De nombreuses députations sont venues de Soissons, Châlons, Saint-Dizier, Ribemont, Sains, Saint-Quentin, Laon, Liesse, Cousances-aux-Forges, du Val-des-Bois, etc. On signale aussi la présence de plusieurs patrons et directeurs de cercles, tels que MM. de la Tour du Pin, André Lemutz et Harmel. Mgr l'Évêque de Soissons accompagne ses diocésains. Ajoutons que les membres des cercles et patronages de Reims s'étaient joints à leurs frères du dehors : ce qui formait une foule très imposante. Aux vêpres, disait-on, il y avait sans exagération cinq mille personnes.

« De nombreuses adhésions, dit M. le Curé à Mgr l'Archevêque, sont venues de Saint-Quentin, de Limoges, de Bordeaux, de Toulouse, de Pont-Sainte-Maxence, de l'Horme, de Châteauvillain, et d'ailleurs encore. Notre œuvre a été acclamée dans de solennelles assemblées. A Troyes, le Congrès des catholiques a émis le vœu que les industriels s'affilient à notre Archiconfrérie, et conformément à cette résolution, les principaux chefs d'usine de cette ville ont signé un acte public qui devra être la charte de tous les patrons et par lequel ils s'engagent à placer leurs établissements sous la protection de Notre-Dame de l'Usine.

« A Lille, dans le Congrès dont vous avez été, Monseigneur, le président, la nombreuse assemblée des industriels catholiques a acclamé la sainte Patronne du travail, en même temps qu'elle vous proclamait le Pontife de Notre-Dame de l'Usine, c'est-à-dire le Père et le Pasteur des ouvriers et des patrons . . . »

C'est dans cette journée, célèbre dans l'histoire de Notre-Dame de l'Usine, qu'au banquet chez les Frères, où 700 ouvriers étaient groupés autour de Nos Seigneurs de Reims et de Soissons, M. le Curé de Saint-Remi annonce dans un toast plein d'humour, la prochaine publication des *Annales de Notre-Dame de l'Usine*.

Voici, d'après ses notes, le texte à peu près complet de sa belle allocution :

« Je viens, Messieurs, vous entretenir très brièvement, car le temps nous presse, d'un projet qui a été accueilli avec empressement par plusieurs d'entre vous, et que Son Excellence Monseigneur l'Archevêque a daigné approuver et bénir. Je me dispenserai donc de plaider longuement une cause qui est gagnée d'avance.

« Il s'agit, Messieurs, de créer pour notre Archiconfrérie de Notre-Dame de l'Usine un organe de publicité, un journal qui paraîtrait avec le titre : *Annales de Notre-Dame de l'Usine*. Notre Archiconfrérie est déjà une vaste institution qui a sa tête, son cœur, ses membres, mais elle n'a pas de voix : c'est une lacune. Il lui manque ce que possèdent à peu près toutes les associations de nos jours, un journal. Il n'y a pas que les gouvernements qui aient leurs journaux officiels ; chaque association veut avoir son organe de publicité ; il y a de simples sociétés de gymnastique qui ont leur bulletin.

« Et cela est nécessaire, Messieurs, pour toute œuvre qui veut posséder une histoire, la faire connaître et la propager.

« Il y a des dates que l'on ne doit pas laisser tomber dans l'oubli, celle de ce jour, par exemple, où nous célébrons une grande et belle fête qui est tout à la fois la fête de la religion, la fête de la fraternité chrétienne, la fête de l'éloquence qui vient de couler à flots dans les toasts que nous avons entendus. Que d'émotions salutaires, Messieurs, pour vos cœurs d'homme et pour vos âmes de chrétien! Eh bien! il ne faut pas laisser s'évanouir ces douces impressions que nous devons à Dieu et à nos frères, et il est nécessaire que nos *Annales* les enregistrent afin que, plus tard, nous puissions nous les rappeler par la lecture et les savourer de nouveau… Et c'est ainsi qu'après quelques années, notre petit journal nous offrira de notre œuvre de l'Usine, une histoire vraiment palpitante d'intérêt…

« Et quel sera le messager bienveillant qui ira leur parler de nous, leur faire connaître nos efforts, leur porter nos paroles, les faire vivre de la même vie que nous?… Ce sera nos *Annales*.

« Et puis, Messieurs, nous-mêmes, soyez-en sûrs, et j'en ai acquis la conviction par la correspondance que j'ai entretenue avec les diverses confréries de l'Usine, nous aurons nous-mêmes, quoique situés au centre même de l'Œuvre, beaucoup à apprendre de nos frères du dehors : il y a des confréries qui ont un zèle admirable, une intelligence complète des ouvriers. Notre journal vous dira ce qui se fait ailleurs et, je ne crains pas de l'affirmer, vous en serez grandement édifiés. Mais je n'insiste pas : je crois la cause du journal suffisamment plaidée.

« Un mot sur la périodicité des *Annales* et sur leur abonnement. Notre journal ne sera pas importun. Il n'ira pas chaque jour frapper à votre porte et réclamer de vous une audience. Il ne paraîtra que tous les trois mois. C'est ce qui a lieu aussi, je crois, pour le *Bulletin de Notre-Dame de Liesse*. Pour notre part, nous ne nous plaindrons pas de cette périodicité : on a dit qu'un journaliste était obligé d'avoir de l'esprit tous les jours; pour nous, Messieurs, nous ne serons obligés que d'en avoir tous les trois mois. Cela nous sera plus facile, d'autant plus que nous comptons bien trouver parmi vous des collaborateurs, et, dès aujourd'hui, nous faisons appel à la bonne volonté de tous ceux qui, parmi vous, savent tenir une plume.

« Quant à l'abonnement, nous l'avons fixé à deux francs. Les bourses les plus modestes pourront s'associer et si l'on se groupe par dizaine, comme pour la Propagation de la foi, l'abonnement reviendra pour chacun à vingt centimes par an.

« Si toutefois quelqu'un voulait insister et soutenir que le prix de l'abonnement est trop élevé, nous lui dirions qu'il ne doit pas nous en vouloir, car nous avons porté le prix de nos *Annales* à deux francs pour vous être agréable et pour vous faire plaisir. En effet, Messieurs, plus tard, bientôt peut-être, il nous faudra augmenter la matière du journal, rendre plus fréquente sa publication ; alors, nous n'augmenterons pas le prix. Il est d'expérience que c'est une chose dangereuse pour un journal d'élever un prix ; c'est aussi désagréable pour l'abonné. Vous voyez, nous avons pris nos précautions pour vous éviter cette peine.

« Et maintenant que vous avez accueilli avec bienveillance notre projet et que vous avez accepté la création de nos *Annales*, bientôt le premier numéro ira vous surprendre. »

Année 1886. — Les *Annales de Notre-Dame de l'Usine* ont fait leur apparition. Partout, elles ont rencontré le meilleur accueil, chez l'ouvrier et le patron. M. le Curé de Saint-Remi, qui les dirige, n'en est plus à ses premiers essais. Nul n'est plus autorisé à les rédiger que celui qui est passé maître dans l'art d'écrire et surtout dans la science d'économiste chrétien.

Ecoutons-le ; il va nous dire lui-même le bien qu'il attend du développement de son œuvre. Ses *Annales* traceront leur modeste sillon dans le vaste champ de l'Église ; elles seront le porte-parole de celui qui s'efforce avec tout le désintéressement possible d'apporter une pierre à l'édifice religieux qui doit abriter l'avenir.

« La question ouvrière est à l'ordre du jour, dit-il (1). C'est peut-être le plus redoutable de tous les problèmes contemporains. Que de solutions n'a-t-on pas proposées! Que de torrents d'encre ont fait couler les écrivains qui ont traité cette question saisissante dont ne peuvent se débarrasser les cœurs généreux !

« Des penseurs, plus ou moins dignes de ce nom, ont voulu résoudre le problème par les principes de l'économie politique : jusqu'ici il ne paraît guère que leurs efforts aient abouti à quelque résultat sérieux. Des politiques sont venus à leur tour qui ont nié la question sociale et ouvrière : c'était plus court, mais ce n'était pas plus efficace, et la voix des travailleurs affamés n'en dominait pas moins celle des théoriciens qui niaient la souffrance.

« La question ouvrière existe : elle se dresse redoutable devant nous! Il faut avoir la franchise de le reconnaître, en présence du malaise de l'industrie, des grèves qui nous menacent, de la division des classes, des ferments de discorde qui existent entre patrons et ouvriers, et de mille autres symptômes que l'observateur impartial peut enregistrer chaque jour.

« Qui donc pourra résoudre le problème? Disons-le de suite : Le catholicisme affirme que cette glorieuse mission lui est

____

(1) *Bulletin du Diocèse*, année 1885.

réservée, et qu'il peut l'accomplir par deux moyens que lui seul possède et que signalait naguère le Souverain-Pontife, savoir : la prière et l'association chrétienne. En effet, la prière élève l'homme au-dessus de lui-même, elle le moralise, elle le fait monter vers la région des principes supérieurs, jusqu'à Dieu, c'est-à-dire jusqu'à la justice, la vertu et le sacrifice. Et l'association chrétienne, autrement dit la charité, réunit les hommes en une immense famille, avec une force de cohésion que ne possèdent pas les intérêts toujours dissolvants. La prière et l'association, voilà la raison d'être de *Notre-Dame de l'Usine*. Aussi ne faut-il pas s'étonner si cette œuvre si pleine d'actualité, est devenue rapidement populaire, et si elle a conquis de suite l'approbation et les encouragements de l'Église. De grands industriels ont accueilli comme une reine et comme une mère, la sainte Patronne du Travail dont ils n'ont pas craint de placer la statue dans leurs ateliers; en de nombreux endroits, des confréries particulières se sont établies, et partout se produit un admirable élan de prière et un riche épanouissement d'œuvres charitables.

« *Notre-Dame de l'Usine* a ses fêtes solennelles, et aucun de ceux qui ont pu le contempler n'oubliera le spectacle grandiose qu'offre, chaque année, au jour de la fête patronale de l'Archiconfrérie, la basilique de Saint-Remi de Reims.

« On peut conclure de ce qui précède qu'il y a une vie nouvelle, une résurrection religieuse qui tend à se manifester dans le monde du travail; il y a des créations, des œuvres inconnues jusqu'ici; des efforts généreux faits par des hommes d'intelligence et de cœur; de magnifiques résultats obtenus.

« C'est à redire ces choses que sont consacrées les *Annales de Notre-Dame de l'Usine.* »

Au jour de la fête de Notre-Dame de l'Usine, qui se passe avec son éclat accoutumé, c'est M. le Curé de Saint-Remi lui-même qui prêche sur *le Travail*.

Année 1887. — C'est l'année dans laquelle la statue de Notre-Dame de l'Usine se trouve sous les scellés du gouvernement à Châteauvillain, où se passèrent des événements de si triste mémoire.

A Solesmes, l'Archiconfrérie établie par le Père Curé de la paroisse, est sous la protection de deux gendarmes qui gardent le monastère.

Tourcoing et Roubaix, deux villes ouvrières, ont chacune leur chapelle de Notre-Dame de l'Usine.

Limoges et sa grande paroisse de Sainte-Thérèse, Chamillé (Maine-et-Loire), Montboucher (Drôme), ont demandé et obtenu des diplômes d'affiliation.

C'est donc le petit grain de senevé qui s'est levé ; il est devenu un grand arbre pour la gloire de la religion et la joie des ouvriers et des patrons chrétiens.

La fête patronale se célèbre à Saint-Remi avec la plus grande solennité. M. le Vicaire général Peltier y prononce le discours d'usage, reproduit par les *Annales* du 1er octobre suivant.

Année 1888. — Rien d'extraordinaire à signaler durant le cours de cette année.

L'œuvre semble un peu stationnaire. Les Cercles catholiques ont tenu à Reims leur assemblée générale dans les journées du 31 mai au 3 juin. C'est à dessein sans doute qu'on n'y parle pas de Notre-Dame de l'Usine. Et cependant, les Cercles n'ont pas à s'émouvoir des progrès de l'Archiconfrérie.

C'est pour dissiper toute crainte à cet égard, qu'à quelque

temps de là, l'infatigable directeur, dans une assemblée d'ouvriers, tient à les édifier sur le but qu'il poursuit. Il plaide sa cause avec tout son talent, avec un zèle vraiment apostolique. « Non, dit-il, l'Archiconfrérie ne veut pas tout accaparer. C'est dans les Cercles catholiques, véritables pépinières d'ouvriers honnêtes, qu'elle va chercher ses meilleures recrues. C'est là qu'elle choisit ses dizainiers, ses chefs de quartier, etc. Venez donc à nous, ouvriers chrétiens, et tous, la main dans la main, marchons pour la cause de Dieu et la gloire de la sainte Eglise. »

Année 1889. — Nous allons voir que les événements n'ont pas tardé à lui donner gain de cause. Car il y a comme un revirement qui se manifeste dans la vie de l'œuvre. Il est vrai que M. le Curé met toutes les ressources de son esprit au service de son zèle pour amener au bercail de nouvelles brebis.

Il organise la solennité de Notre-Dame de l'Usine avec un soin tout particulier. Sur son invitation, M. l'abbé Garnier, pendant plusieurs jours, se multiplie dans les paroisses de la ville pour exposer ses idées sur l'organisation chrétienne du travail et de la société moderne.

Sa parole si loyale trouve écho dans tous les cœurs des gens qui ont le bonheur de l'entendre.

Ainsi préparée, la fête de Notre-Dame de l'Usine brille d'un nouveau lustre sur toutes les autres solennités.

Le banquet offert aux ouvriers par les Frères de la rue de Venise, comprend cinq à six cents ouvriers. Au moment du dessert, M. le Curé de Saint-Remi prend le premier la parole et porte ce toast à Notre-Dame de l'Usine :

Éminence, Messieurs,

Il y a dans l'Évangile deux scènes différentes que nous pouvons contempler aujourd'hui avec profit.

C'est d'abord celle où Notre-Seigneur nous apparaît assis à table avec ses disciples, mangeant le même pain et buvant avec la même coupe.

Le Sauveur, que j'appelle volontiers le premier et le plus noble des patrons, partage les joies d'un banquet avec ses apôtres, sublimes ouvriers qui avaient comme matière première à travailler les âmes et, comme atelier, l'univers. Que l'on me passe ces expressions que j'emprunte plutôt à l'industrie qu'à la philosophie. Ce premier tableau n'est-il pas l'image de la société réconciliée, telle que la religion veut la refaire, et où patrons et ouvriers ne forment qu'une seule et même grande famille ? Et comme M. Harmel le disait tout à l'heure avec éloquence, n'est-ce pas aussi l'image de ce qui se passe ici en ce moment, où un prince de l'Église, représentant de Jésus-Christ, n'hésite pas à s'asseoir à un même banquet avec les ouvriers, montrant par là que la pourpre romaine s'allie bien avec l'habit du travailleur, et que la Religion seule sait pratiquer la saine et vraie démocratie.

L'autre scène, différente de la première, est celle où l'Évangile nous montre le mauvais riche, assis à une table somptueuse et ne s'inquiétant nullement du pauvre, de Lazare affamé, étendu sur le seuil de la porte et respirant le parfum d'un banquet auquel il ne sera pas convié.

N'est-ce point l'image de la société, non plus comme la religion veut nous la faire, mais comme la Révolution nous l'a faite : dislocation de la famille industrielle, antagonisme des intérêts, égoïsme d'une part, délaissement et révolte de l'autre, malentendu entre patrons et ouvriers ?

Nous vivions depuis longtemps dans cette situation, et, en présence de cet état douloureux, que faisait la Religion ? Hélas, comme une mère dont les deux fils se sont séparés par une haine irrémédiable, la Religion se lamentait. Elle prêchait la concorde à ces frères ennemis, mais sa voix n'était pas entendue.

On disait bien à la Religion : Choisissez entre vos deux enfants, entre le patron et l'ouvrier, adoptez l'un et abandonnez l'autre ; l'un vous procurera la richesse et le bien-être, l'autre vous donnera la force qui, tôt ou tard, dominera le monde. Non, répondait la Religion, je ne puis faire ce sacrifice trop dur à mon cœur, tous deux sont mes enfants et je les veux tous deux ! Et alors, la Religion a voulu, si je puis parler ainsi, se faire plus séduisante, plus aimable, pour rappeler plus sûrement à elle les déserteurs de son foyer. Elle a apparu au patron et à l'ouvrier avec les traits et la douce physionomie de Notre-Dame de l'Usine et de l'Atelier. Et tout à coup, comme par enchantement, tous semblent la reconnaître ; patrons et ouvriers reviennent à Elle. Elle leur ouvre les bras, elle les presse contre son cœur et leur dit : N'oubliez donc pas que vous êtes frères ; les intérêts ne sont pas opposés ; que ferait l'intelligence sans la force et la force sans l'intelligence ? vous êtes nécessaires l'un à l'autre. Si vous voulez, nous ferons nous trois une sorte de trinité, le patron sera la tète, l'ouvrier sera le bras, et moi je serai le cœur pour vous aimer tous les deux.

Voilà le programme, Messieurs, qui vous est proposé et qu'il est inutile de développer davantage après les paroles élégantes que notre infatigable apôtre, M. l'abbé Garnier, a fait entendre ces jours-ci ; c'est un programme de paix sociale, de prospérité pour les patrons, de gloire pour l'Eglise.

Donc, à Notre-Dame de l'Usine et de l'Atelier, qui procure l'union indivisible entre le patron et l'ouvrier.

A l'entrée de l'église, où il complimente Son Eminence le Cardinal, M. le Curé ne manque pas de faire le récit des merveilles accomplies dans les centres industriels par Notre-Dame de l'Usine :

« Elle a planté son drapeau, dit-il, à Bagnères-de-Bigorre, à Lyon et à Amplepuis dans le Rhône, à Signy-l'Abbaye dans nos Ardennes, à Bord dans la Corrèze, à Dorgny dans le Nord, à Saumur dans le Maine-et-Loir, et à Aubusson dans la Creuse.

« A Reims, grâce aux principes féconds de l'apostolat de l'ouvrier par l'ouvrier, et des groupements par dizaines, nous avons dans ces temps recueilli plusieurs centaines de nouveaux adhérents dont la fidélité ne peut être mise en doute. Il y a ici un mouvement profond qui s'accentue progressivement. Cet état de l'opinion nous est révélé par d'indiscutables symptômes. N'avons-nous pas vu dimanche dernier, dans cette basilique de Saint-Remi, six cents ouvriers et leurs familles, toute une grande usine de verriers, célébrer pour la première fois sa fête patronale ? ... »

Ce qui me frappe le plus à cette époque dans l'organisation de l'œuvre de Notre-Dame de l'Usine, c'est l'insistance que met son directeur à exiger que toute corporation ouvrière ait à sa base la Confrérie, c'est-à-dire la piété qui règle tout. Le Psalmiste royal l'a dit : *Nisi Dominus ædificaverit . . .* Rien n'est stable ici-bas que ce qui s'appuie sur Dieu.

A l'âme de l'ouvrier, la Confrérie donne l'aliment divin qui le nourrit, l'éclaire et le dirige dans les sentiers du devoir et de l'honnêteté. De même, toute corporation ouvrière devra s'abriter dans la Confrérie.. C'est pour cela que Notre-Dame de l'Usine vient bien à son heure. Elle apporte au peuple la vérité et son pain quotidien.

Année 1890. — La fête de l'Archiconfrérie revêt un éclat qu'elle n'a pas encore eu. Il y a à Saint-Remi une foule compacte qui remplit l'église. L'Œuvre proprement dite est constituée. L'organisation en comités paroissiaux a multiplié les centres d'action; chaque paroisse possède ainsi son œuvre propre qui se groupe sous la bannière de l'Archiconfrérie.

En dehors de Reims, des confréries se sont établies à Cousances-aux-Forges, à Lille, à Lodève, à Pourru-Saint-Remi, etc. Il y a *vingt-neuf confréries canoniquement établies et 75,000 associés.*

Année 1891. — Plusieurs confréries nouvelles ont été fondées durant le cours de cette année. Diverses associations ont demandé leur affiliation. En France, on compte trente-sept confréries.

A Reims, il y a 7,000 associés. Les comités paroissiaux sont partout organisés. Dans chaque paroisse, des apôtres, sous le nom de dizainiers, travaillent à faire des recrues.

. . . . Que M. le Curé de Saint-Remi ait à cette époque encouragé l'idée de fonder des établissements économiques pour les ouvriers affiliés à Notre-Dame de l'Usine, c'est une chose qui ne fait pas de doute pour personne. Avec son esprit pratique, il avait jugé qu'il y avait là une œuvre matérielle à rattacher à la Confrérie. Mais ce que l'on ne sait pas, c'est que jamais il n'eût voulu consentir à prendre la direction de cette institution économique.

Du reste, nous avons, dans le toast qu'il porte au banquet de la fête du 16 août 1891, l'expression nette de sa pensée sur cette question. La voici :

« Messieurs,

« Vous le voyez par les discours qui viennent d'être prononcés, nous acclamons aujourd'hui nos protections et nos gloires ; c'est pourquoi je viens acclamer à mon tour notre glorieuse et puissante patronne Notre-Dame de l'Usine et de l'Atelier, patronne du Travail et des Corps d'Etats.

« L'Archiconfrérie représente dans nos œuvres la Religion. Or, ce que je veux dire en ce moment, c'est que sans la Religion pour base, nos œuvres, quelles qu'elles soient, n'auront ni fécondité, ni durée. Faisons d'abord une confrérie fervente, nombreuse ; et Dieu nous donnera le reste par surcroît.

« Certes, nous applaudissons sans réserve aux institutions économiques faites en faveur du peuple ; mais elles sont le corps, tandis que l'Archiconfrérie c'est l'âme ; or, chaque chose à sa place : l'âme au-dessus de tout après Dieu, le corps ensuite.

« S'il est heureux de voir les bureaux de nos caisses de dépôts bien fréquentés, nos succursales pleines, il est bien plus nécessaire de voir nos églises remplies. On aime à voir une longue liste d'actionnaires ; je préfère une liste plus longue encore d'associés à la Confrérie.....

« Tous nous avons accueilli avec bonheur la nouvelle de la

fondation parue : ce *Syndicat* nouveau, qui est une sorte d'édifice destiné à abriter le patron et l'ouvrier.

« A Reims, la nouvelle fondation vivra, car elle est l'inspiration d'un sentiment chrétien. Nous en avons ici la preuve. Nous voyons dans cette enceinte patrons et ouvriers assis à la même table, unis par la plus grande bienveillance d'un côté et par le respect le plus affectueux de l'autre ; un banquet comme celui-ci est une très agréable manifestation syndicale. Or, nous devons ce touchant spectacle à la Religion ; ôtez le sentiment religieux, vous ne serez plus des frères assis à la même table, sous la présidence d'un père vénéré, vous serez simplement des convives déjeunant dans un hôtel quelconque et qui, après avoir satisfait leur appétit, prennent leur chapeau et s'en vont sans se soucier les uns des autres.

« La Religion et la Confrérie doivent être le but de toutes nos œuvres. Donc, honneur à tous ceux qui concourent à la propager : aux comités paroissiaux, aux délégués, aux associés ; ce sont les apôtres de la régénération sociale.

« A nous donc aussi de saluer, je ne dirai pas les étrangers, mais nos frères venus du dehors, des Ardennes, de l'Aisne, des Vosges, sous la conduite de leur vénérable pasteur. Envoyons notre salut plus loin encore, c'est-à-dire, à toutes les confréries qui portent notre nom sur tous les points de la France et qui sont, en ce jour, en communauté d'idées et de joie avec nous.

« Ici je ne puis, sans une émotion que vous partagerez, songer aux associés de la Confrérie de Notre-Dame de l'Usine, fondée à Mulhouse. Salut à nos confrères de la malheureuse Alsace ! Et laissez-moi croire que si l'amitié nationale a été brisée par l'intérêt et la politique, l'Archiconfrérie contribuera à la refaire.

« Permettez-moi aussi d'acquitter en votre nom et au mien

une dette de reconnaissance que nous devons à l'infatigable apôtre, M. l'abbé Garnier, qui se dépense sans compter pour nous, depuis plusieurs jours. C'est lui qui a guidé nos premiers pas sur un terrain encore incertain. Il veut bien propager notre œuvre partout dans le monde du travail et de l'union. Si la chose dépendait de moi, je donnerais à M. Garnier le droit de cité à Reims ; il l'a dans l'Archiconfrérie et dans nos cœurs.

« Dans quelques jours l'un d'entre vous, pèlerin de Dieu, avec beaucoup d'autres d'ailleurs, portera la bannière de l'Archiconfrérie aux pieds du Saint-Père et notre bien-aimé pèlerin a promis de solliciter pour elle, de Léon XIII, une large bénédiction qui s'étendra sur toutes les bannières des Confréries particulières. Quand elle nous reviendra, nous nous presserons tous autour de cette bannière sacrée qui, avec le drapeau de la Patrie, sera notre étendard et que nous suivrons, même, s'il le faut, au prix de mille sacrifices. A Rome il sera à l'honneur, ne l'abandonnez pas si un jour il doit aller à la peine ; il vous conduira aux victoires les plus glorieuses et les plus douces, celles que l'on remporte sur les cœurs et qui ne font verser ni sang, ni larmes. Et si, un jour, quelqu'un vous demande quelle est cette bannière que vous avez prise pour vôtre, quel est le mot de ralliement auquel vous obéissez, vous répondrez : Notre bannière, c'est le drapeau de l'honneur et du travail ; notre mot de ralliement, c'est Dieu et Patrie. »

Année 1892. — En suivant la marche progressive de l'Archiconfrérie, on se rend compte que M. le Curé de Saint-Remi s'est servi de toutes les indications que lui ménageait la Providence pour donner à son œuvre cet esprit de suite qui va en faire un tout parfaitement organisé. C'est le moment de dire à nos lecteurs comment, après un travail de plus de quinze ans, après mille difficultés, il voit enfin ses efforts couronnés de succès.

Ce que nous allons lire va nous édifier amplement. C'est un rapport fait de main de maître par M. le Curé lui-même, et lu à l'Assemblée diocésaine des Œuvres dans les journées des 18-21 août 1892.

1° Organisation de l'Œuvre de Notre-Dame de l'Usine. — Le mécanisme de l'Œuvre, déjà connu d'ailleurs, peut se décrire en peu de mots, car les rouages ne sont nullement compliqués. Un Comité (je vise spécialement les hommes) existe dans chaque paroisse, ayant un président laïque, un curé pour directeur spirituel, et pour membres, des représentants des classes dirigeantes, des ouvriers et particulièrement les délégués dont il va être parlé. Le Comité étudie les questions religieuses et économiques, décide les admissions, règle toutes les affaires concernant le groupe paroissial.

Chaque paroisse est divisée en plusieurs circonscriptions ayant à leur tête des délégués qui sont sous la direction des dizainiers. Délégués et dizainiers sont de véritables agents de l'Œuvre : ils recueillent les adhésions, encaissent les cotisations, se tiennent continuellement en rapport avec les membres de l'association, transmettent les décisions et les avis du Comité.

Le directeur spirituel a la charge de dresser la liste des associés avec la date de l'admission, les nom et prénoms, la profession et le domicile de chacun.

Des délégués des divers comités paroissiaux forment un Comité central auquel sont déférées les questions les plus importantes, et qui, par son influence et l'autorité dont il est investi, maintient dans les divers groupes l'uniformité d'esprit et d'action.

Voilà, dans ses grandes lignes, l'organisation de l'Archiconfrérie ; étudions-en les caractères principaux. Les développements qui vont suivre seront une sorte d'étude philosophique de notre Œuvre, qui en fera connaître la nature et la raison d'être.

2° Caractères principaux de l'Œuvre. — Le caractère principal de l'Archiconfrérie, *c'est d'être l'action*, et c'est ce qui lui donne son actualité et sa puissance.

Tous en effet le comprennent : l'heure présente est à l'action ; les anarchistes font de la propagande par les faits ; toutes les sectes déploient une activité fébrile, et il nous a été donné d'en avoir personnellement les preuves, en dépouillant une correspondance socialiste, qui nous a été confiée :

« Je bûche comme un nègre, écrit à ses camarades de France un sectaire, Français aussi, retiré à Liége. Je tiens à vous dire que j'ai bien souffert à cause de nos idées ; je suis toujours et partout le militant qui propage les idées socialistes, malgré l'expulsion et la misère qui s'ensuivent. A vous et à la révolution sociale. Par dessus les frontières, poignées de mains fraternelles. »

Le signataire de cette lettre est maintenant des nôtres......

Il faut reconnaître, d'après ce que nous avons dit, que l'Archiconfrérie est merveilleusement organisée pour l'action ; son mécanisme n'est jamais en repos ; ses rouages sont toujours en mouvement, Le Comité se réunit tous les quinze jours ; là, les délégués prennent le mot d'ordre qu'ils transmettent, avec le concours des dizainiers, à tous les associés de la circonscription.

Quelle différence entre cette action multiple, non interrompue, et l'action individuelle, isolée, du patron dans son usine et du curé dans sa paroisse ! La parole de l'un ne s'adresse que par intermittence à quelques individualités ; la prédication de l'autre s'arrête aux murs de son église ; grâce aux dizainiers, la voix du patron et du curé aura mille échos qui la transmettront partout.

Ceci nous remet en mémoire une scène pittoresque de l'Écriture où nous voyons Moïse aux prises avec les difficultés de sa mission. Les enfants d'Israël s'étaient multipliés, et Moïse était devenu impuissant à les écouter tous et à répondre à leurs demandes, et il s'en allait, s'écriant comme un homme découragé : « Je ne puis y suffire, vous êtes trop nombreux ! » Aaron, qui entendait les plaintes de son frère, lui dit, sans user de grandes précautions oratoires : « Vous vous y prenez mal ! Choisissez des collaborateurs sérieux et confiez-leur, à celui-ci, mille hommes, à celui-là cent, à l'un cinquante, à l'autre dix, et avec ce concours vous pourrez suffire à la tâche. »

Par ce trait, l'on voit que l'institution des délégués et des dizainiers remonte à une haute antiquité. Moïse suivit le conseil d'Aaron et il s'en trouva bien. A leur tour, patrons et curés ne peuvent mieux faire que d'imiter Moïse.

Il faut conclure de ce qui précède que la formation des délégués et dizainiers est de la plus haute importance ; il faut en faire autant d'apôtres. C'est pourquoi, dans l'Archiconfrérie, on leur donne pour ainsi dire une éducation à part, soit en les convoquant à des réunions spéciales, soit en les admettant tour à tour dans le comité paroissial, soit encore en les faisant passer par une retraite qui les transforme complètement.

a) **L'Action de l'Archiconfrérie est essentiellement religieuse.**
— Sans doute, l'association n'exige pas de ses membres la
pratique immédiate des devoirs du christianisme, mais elle
veut pouvoir l'espérer à bref délai.

Recruter des adhérents au nom d'une science sociale quelconque, les grouper par l'appât du plaisir ou des intérêts
matériels, c'est, l'expérience en a été plusieurs fois faite,
provoquer de regrettables malentendus et exciter des convoi-
tises auxquelles on ne peut donner satisfaction. Créée sur ces
bases, une association risque d'être longtemps stérile pour le
bien et d'être même, un jour ou l'autre, confisquée par un
libre-penseur ou un juif. Tel est le résultat fatal de toutes les
œuvres qui débutent par la philanthropie......

L'Archiconfrérie a conscience d'obtenir des résultats féconds
par l'action franchement chrétienne. L'Évangile a converti et
sauvé le monde autrefois; c'est l'Évangile seul qui sauvera
notre dix-neuvième siècle. Tel est le terrain sur lequel il faut
attirer nos adhérents les plus rebelles.

Mais par quelle habile stratégie obtenir ce résultat, et
comment prendre contact avec certaines âmes si éloignées de
nous? Évidemment la tactique doit varier suivant les circonstances, mais il est une considération dont le développement
peut servir de point de départ et frappe les plus obstinés. Cette
considération, la voici : c'est que la religion bien comprise et
fidèlement pratiquée est le principe économique le plus fécond
et le plus sûr. Nos maux individuels, le malaise social ne
sont-ils pas la conséquence de nos fautes, de l'égoïsme, de la
cupidité, du sensualisme qui nous rongent, et le plus sûr
remède à ces maux ne se trouve-t-il pas dans la justice, dans
la charité et toutes les vertus prêchées par l'Évangile?... Cette

thèse est tangible; elle comporte les détails historiques et moraux les plus intéressants, et celui qui l'adopte est bien près d'avoir la foi.

C'est sur ce terrain que l'apôtre de l'Archiconfrérie, le délégué ou dizainier, peut le plus sûrement se rencontrer avec ceux qu'il veut conquérir. Anarchistes et socialistes trouvent même beaucoup d'attrait dans la discussion de cette thèse : ce qui les amène à étudier l'ancienne organisation du travail basée sur la religion, et à la comparer à l'état de choses actuel.

b) **L'Action de l'Archiconfrérie est paroissiale.** — Je ne veux pas être téméraire en affirmant, d'une manière absolue, que la paroisse soit le seul terrain favorable à l'épanouissement de l'association; car je sais qu'à côté de l'église proprement dite, il se rencontre d'autres enceintes où peut pénétrer un public large, où tous les membres de la famille se réunissent, et qui semblent préparées pour être le siège d'une florissante confrérie.

Ce que nous pouvons affirmer, c'est que la paroisse est le terrain le plus solide, le plus aimé et le plus large.

Si la révolution triomphante continue à accumuler ruines sur ruines, la paroisse sera la dernière institution à disparaître. L'église paroissiale, c'est le temple aimé par dessus tous les autres; n'est-ce pas l'église du baptême, de la première communion, du mariage, des obsèques? c'est le véritable foyer de l'âme et du cœur.

La paroisse est aussi le terrain le plus large, car elle permet l'organisation de toutes les catégories sociales. L'Archiconfrérie, en effet, comporte en son plein épanouissement, à côté du comité des hommes, le comité des dames, ceux des demoiselles et des jeunes gens, en un mot l'enrôlement de la société tout entière; et c'est ce qui existe au moins dans quelque paroisse de Reims. Mais où pourra-t-on réunir tous ces groupes, si ce n'est dans l'église paroissiale, où chacun se trouve et se sent chez soi ...

Ici, l'on serait peut-être tenté de réclamer en faveur de l'usine ou de l'établissement industriel existant sur le terrain paroissial. Loin de nous la pensée de vouloir nuire à leur autonomie et à leur droit que chacun possède de s'organiser comme il le juge convenable ; toutefois, qu'il nous soit permis de répéter ici ce que nous avons dit ailleurs : « Il est bon de faire entrer, autant que possible, le personnel de l'usine dans les cadres de l'organisation paroissiale. Mais l'incorporation de l'usine à la paroisse n'empêche pas celle-là d'avoir son règlement à part, ses œuvres lui appartenant en propre, ses comités, délégués et dizainiers ; et l'expérience prouve que ce dernier fonctionnement peut avoir lieu, sans aucun conflit, pour le plus grand bien de la paroisse et de l'usine. »

Cette théorie a prévalu à Reims, où elle est en voie d'application.

c) **L'Action de l'Archiconfrérie est l'action commune du clergé et des laïques.** — On a beaucoup parlé, à une certaine époque, du laïcisme et de ses prétendus empiétements dans l'Église. La question est aujourd'hui résolue pour tous les bons esprits ; l'on sait que le laïque ne peut rien créer de durable en dehors du clergé, et que le clergé, surtout dans les circonstances actuelles, ne peut se passer du concours des laïques. Prêtres et laïques doivent donc s'unir dans une commune action ; et c'est ici que l'Archiconfrérie nous paraît avoir pratiquement résolu ce problème délicat et donné un exemple fécond. Dans les comités paroissiaux et dans les autres assemblées de l'Œuvre, prêtres et laïques se trouvent fréquemment réunis. Le prêtre apporte les lumières de sa doctrine; le laïque fournit les données de la vie pratique. Or, chacun gagne à cet enseignement mutuel.

Sans doute, les traditionnelles industries du zèle pastoral ont conservé leur puissance et leur vertu surnaturelles; mais à d'autres temps il faut d'autres méthodes, et celle que nous venons d'indiquer et qui a été mise en honneur par l'Archiconfrérie, nous paraît admirablement appropriée à notre époque.

d) L'action de l'Archiconfrérie est l'action commune des classes dirigeantes et du peuple, du patron et de l'ouvrier. — Chacun sait comment diverses causes que nous n'avons pas à énumérer ici ont créé, entre les patrons et les ouvriers, les classes élevées et le peuple, des divisions profondes qui parfois se révèlent par les crises les plus violentes. La situation devient à certaines époques tellement critique, que l'on voit les partis rivaux s'organiser pour la lutte et sur le point d'engager une guerre fratricide.

Qui donc éteindra ces haines et comprimera ces colères? On a dit : le gendarme surveillera les adversaires et maintiendra l'ordre; mais on a très bien répondu que bientôt il faudrait quelqu'un pour garder le gendarme lui-même. D'ailleurs, la force n'a jamais été une solution.

Remarquez que dans le camp des libres-penseurs et des sectaires de toutes nuances, l'on ne croit pas à un rapprochement possible entre les diverses catégories sociales, et un publiciste fameux écrivait dernièrement avec le style qui lui est propre : « On entend par classe bourgeoise celle qui exploite et par classe ouvrière celle qui est exploitée, et le jour où l'on trouvera moyen de faire cesser cette lutte entre ces deux classes-là, appartiendra certainement à la semaine des quatre jeudis. »

Pour nous, nous ne renvoyons pas la paix sociale à cette date fantaisiste, car nous voyons chaque jour l'Archiconfrérie y travailler avec une persévérance que semble devoir couronner le succès.

Avec les prêtres dont nous parlions tout à l'heure, le patron et l'ouvrier, le riche et le modeste artisan se rencontrent dans nos comités paroissiaux et dans les nombreuses réunions de l'association.

III. **Résultats de l'Œuvre.** — D'abord les *adhésions* que l'Archiconfrérie a recueillies.

Nous ne passerons pas en revue toutes les confréries proprement dites ou sociétés affiliées qui s'étendent en France dans toutes les directions, du Nord, comme à Lille, Tourcoing, Roubaix, Armentières, jusqu'au Midi, comme à Bagnères et Périgueux, en passant par Angers, Limoges, etc.

Nous voulons consigner ici une observation qui a son importance. C'est que le titre canonique et officiel de notre Archiconfrérie est celui-ci : *Notre-Dame de l'Usine et de l'Atelier, patronne du Travail et des Corps d'état.* Or, grâce à ses appellations diverses, l'Archiconfrérie peut abriter sous sa bannière toutes les populations, quelles qu'elles soient, et s'implante dans tous les milieux.....

A Reims, le nombre des associés dépasse huit mille, dont trois mille hommes de l'âge mûr.

Nous avons recueilli les adhésions les plus inattendues. Leurrés par les fausses promesses des sectes, écœurés par l'égoïsme des meneurs, plusieurs socialistes et anarchistes sont venus à nous. En toute sincérité, ils affirmaient ne pas avoir la foi (nous verrons bientôt quel chemin ils ont parcouru depuis), ils réclamaient simplement un local où ils pussent se réunir et étudier nos doctrines et nos méthodes. Pour conserver leur liberté de parole et d'allure, ils ne voulaient avec eux ni patrons, ni bourgeois, et ils s'organisaient suivant les traditions et avec la prudence des sectes ; ils n'ont, en effet, ni président, ni trésorier, ni règlement, tout au plus un secrétaire pour tenir quelques notes ; l'œuvre peut vivre ainsi et rester insaisissable.

Avec de pareilles recrues, il fallait prendre ses précautions et une forte discipline était indispensable. Il fut donc convenu qu'aucun des votes qui pourraient intervenir à chaque séance ne serait définitif qu'après avoir subi le visa de M. le Curé.

La condition une fois acceptée, nos néophytes d'un nouveau genre se mirent à l'œuvre, et résolûment ils se placèrent sur le terrain que nous avons indiqué plus haut et qui convient à tout débutant, c'est-à-dire l'influence sociale de la religion et la fécondité de l'Évangile comme principe économique.

Chez ces hommes de bonne foi et déjà instruits par les luttes de la vie, la lumière devait se faire vite ; elle se fit, en effet, et bientôt fut constitué le *Cercle chrétien d'études sociales*, où continuent d'affluer les désabusés des sectes. A son début, le groupe se composait de quelques membres ; ils sont aujourd'hui, dans la seule paroisse de Saint-Remi, environ cent.

Ajoutons que l'exemple a été contagieux, et que des Cercles chrétiens d'études sociales se sont formés ou sont en voie de formation dans les paroisses Sainte-Geneviève, Saint-Jean-Baptiste, Saint-Thomas. Ce sont autant de vestibules de l'Archiconfrérie où l'on ne séjourne pas longtemps avant d'entrer dans l'association.

Il suffit de parcourir les notes du secrétaire pour voir que les séances sont bien remplies ; l'ordre du jour comporte ordinairement l'étude d'une vérité religieuse, une petite conférence sur l'ancienne organisation du travail, sur les confréries et les corporations, ou sur une œuvre économique à créer.

Nous aurons occasion de revenir sur le Cercle.

a) **Résultats religieux de l'Archiconfrérie.** — Nous pourrions écrire ici un chapitre des plus attrayants, car l'influence religieuse de l'Archiconfrérie a été considérable, grâce à ses réunions fréquentes, à son action continue, à l'émulation qui résulte du groupement, à la culture morale donnée aux associés.

Le premier résultat à obtenir, c'était évidemment la sanctification du dimanche ; de là est née la fondation de la messe du mois, où les associés exécutent eux-mêmes les chants et entendent une instruction spéciale.

On a dit que la messe mensuelle de l'association faisait concurrence à la messe paroissiale et tendait à faire le vide à l'office principal de la journée. L'expérience prouve tout le contraire ; la messe de confrérie, où l'associé est formé à la piété par une prière plus intime, des exhortations plus personnelles et souvent par la communion, est l'acheminement le plus sûr vers la grand'messe. Dans une des paroisses les plus populeuses de Reims (et ce n'est pas la seule), les hommes, formés en chorale, chantent chaque dimanche le *Credo* à la messe et souvent même le *Magnificat* aux vêpres. C'est une grande nouveauté dans une église où l'on rencontrait à peine quelques hommes.

De la messe aux sacrements, la transition est naturelle. Dans la même paroisse dont nous parlions tout à l'heure, l'on a pu voir, le jour de Pâques, après une mission solennelle, plus de 3oo hommes associés à l'Archiconfrérie se présenter à la table sainte, lorsque précédemment on les comptait par rares unités (1). Dans les autres paroisses de la ville où la confrérie est florissante, l'on constate le même développement de la piété.

Le respect humain, cette plaie de notre pays, tend à disparaître ; il a cédé devant les grandes démonstrations de l'Archiconfrérie. Les associés portent vaillamment sur leurs poitrines les insignes de l'Œuvre, c'est-à-dire la médaille à l'effigie de la Vierge. Les membres du Cercle d'études ont même adopté comme signe distinctif un christ placé sur le ruban de leur décoration. Ils veulent montrer par là, disent-ils, qu'ils ne reconnaissent plus qu'un maître, Jésus-Christ. Ajoutons que ces christs sont un don de Son Eminence que, dans sa reconnaissance, le Cercle a acclamée comme président d'honneur. Des socialistes et des anarchistes d'hier décernant la présidence à un prince de l'Eglise, n'est-ce pas significatif?

Comme il a sa décoration dont il est aussi fier que le chevalier de la Légion d'honneur peut l'être de sa croix, le Cercle a voulu avoir aussi son drapeau ; il a choisi une sorte d'oriflamme aux couleurs nationales, portant le Sacré-Cœur sur la bande blanche ; et, au mois de juin dernier, quatre-vingts ouvriers, sortis des milieux que vous savez, sont venus, bannière en tête, portant le Sacré-Cœur sur leurs poitrines, assister solennellement à la messe, demander la bénédiction pour leur étendard ; et l'un d'eux, agenouillé dans le sanctuaire, au moment de la communion, prononça, au nom de tous, un acte de consécration au Sacré-Cœur. Je vous affirme qu'il y a

---

(1) En 1880, il n'y avait pas dix hommes qui faisaient leurs Pâques à Saint-Remi. *(Note de l'auteur.)*

quelques années, l'on n'aurait pas osé rêver un tel spectacle.

L'on sait l'usage que l'on a fait en France du droit d'association. Combien sont nombreuses les sociétés de chant, de gymnastique et autres dans lesquelles se trouve enrôlée presque toute la jeunesse française. Or, sans rechercher ici à quel mot d'ordre obéissent ces diverses sociétés, nous pouvons constater qu'elles semblent avoir formé entre elles une sorte de conjuration contre le respect du dimanche : ce jour, en effet, est adopté de préférence par elles, pour leurs fêtes et leurs excursions.

L'Archiconfrérie cherche, dans la mesure de ses forces, à réagir contre ces mœurs nouvelles, mais peu chrétiennes ; à cet effet, afin de soustraire ses membres à l'influence des sociétés que nous venons d'indiquer, elle crée sous son patronage d'autres sociétés de musique et de chant ; déjà elle compte plusieurs chorales ; deux fanfares sont formées.

On l'a dit, le peuple est bon logicien et il va jusqu'au bout de ses principes. L'ouvrier n'est pas arrêté en chemin par les considérations personnelles, le décorum obligatoire que l'on subit dans d'autres milieux sociaux ; il est chrétien, il va d'un bond vers la piété.

C'est pourquoi nos associés ouvriers ont un attrait particulier pour des pratiques de zèle que l'on croirait réservées aux âmes qui ont reçu une culture religieuse plus intense. Avec un joyeux entrain, ils vont en retraite à Braisne, à Saint-Walfroy et à Igny, d'où ils nous reviennent tout transformés.

Dans nos adorations nocturnes, les ouvriers forment maintenant les groupes les plus nombreux.

Je dépasserais de beaucoup les limites d'un rapport, si je voulais énumérer tous les symptômes de la rénovation reli-

.gieuse opérée par l'Archiconfrérie. Il faudrait rappeler ces grandes démonstrations qui ont lieu chaque année dans notre cathédrale, devenue trop petite aux Quarante-Heures et à la Fête-Dieu, et dans lesquelles les associés de Notre-Dame de l'Usine et de l'Atelier occupent une large place; et puis la fête patronale de l'Archiconfrérie elle-même, qui se célèbre chaque année d'une manière grandiose, avec son banquet de mille couverts, avec son immense procession et les louanges de la Patronne du Travail chantées par 6,000 voix sous les voûtes de la basilique Saint-Remi (1)!

Il nous faudrait rapporter les pèlerinages qui ont eu lieu cette année au sanctuaire de Notre-Dame de l'Usine, durant tout le mois de mai. Chaque jour du mois a vu affluer aux pieds de la sainte Patronne des groupes parfois très nombreux : chefs d'usine avec leur personnel, syndicats, corporations d'ouvriers en bâtiments, délégations paroissiales, communautés religieuses, colléges et pensionnats.

Enfin, il faudrait rappeler nos morts édifiantes, car l'Archiconfrérie a la confiance d'avoir envoyé au ciel des âmes qu'elle a rendues meilleures ou qu'elle avait arrachées à leur perte.

J'en ai dit assez, je pense, pour faire apprécier les résultats religieux obtenus par l'Archiconfrérie.

b) **Résultats au point de vue social.** — L'action sociale de l'Archiconfrérie découle de son principe, de son organisation, des œuvres qui naissent sous son influence.

Il serait déplacé de vouloir prouver devant une assemblée

---

(1) En *1892*, à la fête de Notre-Dame de l'Usine, il y a *1,200* ouvriers au banquet, chez les Frères de la rue de Venise. Les associations sont au nombre de *31*. *(Note de l'auteur.*

comme celle-ci l'efficacité du principe chrétien, et de montrer qu'il est l'agent civilisateur le plus puissant, tendant à remplacer une société rongée par tous les vices, par une société solidement établie sur la base de la vertu.

En faisant des chrétiens, l'Archiconfrérie fait donc de bons citoyens, des ouvriers et aussi des patrons fidèles à leurs devoirs professionnels.

Nous ne voulons pas nous permettre de personnalités, mais nous connaissons tel patron qui, pour les mesures à prendre dans son atelier, disons le mot, pour la fixation du prix de revient d'une importante commande, ne trouva de concours que chez les membres de l'Archiconfrérie. Ailleurs, mais toujours à Reims, dans un établissement considérable, au moment d'une grève générale qui se préparait, lorsque beaucoup d'ouvriers avaient déjà quitté leur travail. tous les associés de l'Archiconfrérie étaient restés fidèles au poste. à l'exception d'un jeune homme qui s'était laissé surprendre. Il y a dix-huit mois à peu près que cette chose se passait ; je ne puis interpréter la manière de voir des patrons, mais je sais qu'ils ont officiellement constaté le fait et en ont été frappés.

Etendez la sphère d'action de l'Archiconfrérie, et bientôt la transformation sociale frappera les regards les plus obstinés.

Nous l'avons déjà indiqué plus haut, l'organisation de l'Archiconfrérie, comme résultat social, prépare le rapprochement des classes. Patrons et ouvriers, bourgeois et artisans se rencontrent dans nos comités et dans nos réunions diverses, et tous apprennent à se connaître et à s'estimer.

« On a beau dire, s'écriait un ouvrier, dans l'Archiconfrérie nous sommes en rapport avec les honnêtes gens ! »

Tout le monde n'a pas pu contempler cette grande scène qui

a eu lieu dans Saint-Pierre, lors du pèlerinage ouvrier à Rome, lorsque Léon XIII tint unies pendant de longs moments, dans sa main de Pontife et de Roi, les mains d'un patron et d'un ouvrier. Toutefois, nous pouvons voir quelque chose de touchant aussi. C'est lorsqu'au sortir de nos réunions, nous voyons riches et pauvres, patrons et ouvriers, bourgeois et artisans, se saluer en échangeant de cordiales poignées de mains.

Il y a là pour nous les indices d'un travail social qui se fait lentement, mais sûrement, et qui aboutira, si on a l'intelligence et le courage de le poursuivre jusqu'au bout.

Mais ce sont surtout les études qui se font au sein de l'Archiconfrérie qui semblent devoir produire les conséquences sociales les plus considérables.

Tous apprennent à juger avec plus d'impartialité l'ancienne société que les révolutions ont fait disparaître ; nos artisans et ouvriers du XIXe siècle comprennent que tout n'était pas mauvais autrefois et que tout n'est pas bon aujourd'hui ; ils ont appris que l'édifice construit sur la base du Christianisme, comme jadis le corps d'état sur la confrérie, est plus favorable pour abriter les travailleurs et les riches eux-mêmes, que la construction chancelante dressée sur l'égoïsme. Sans doute, ils ne nient pas en aveugles les transformations survenues et les progrès réalisés, mais ils sont convaincus que pour le nouvel édifice social à élever, il faudra tenir compte des données et du plan de l'ancien qui a disparu.

Déjà l'on est entré dans la voie pratique, et les ouvriers, ceux des Cercles d'études surtout, se divisent en groupes professionnels pour aboutir, sous forme de syndicats mixtes, à une organisation honnête et chrétienne du travail.......

Disons que le syndicat mixte chrétien, c'est l'association substituée à l'isolement et à la concurrence ; c'est la solution amicale, l'arbitrage pacifique au lieu des moyens violents et des grèves ruineuses ; c'est la production réglée et mieux répartie ; c'est le salaire fixé d'un commun accord ; c'est la qualité des produits assurée et l'intérêt des clients sauvegardé ; c'est l'ouvrier assisté aux jours de maladie et de besoin ; c'est le patron protégé contre les agissements des meneurs, c'est, en un mot, la justice et la charité chrétiennes remplaçant, dans le monde commercial, la cupidité et l'égoïsme.

Déjà, de nombreux ouvriers appartenant à des professions similaires se sont groupés, à Reims, en corporation ou syndicat du bâtiment ; les ouvrières en habillement ont leur syndicat aussi.......

Dans l'industrie lainière, entre plusieurs établissements parmi lesquels il y en a des plus importants de notre ville, un syndicat vient de se former. Après de longs tàtonnements, l'on a enfin abouti ; donc le mouvement s'accentue, et la nouvelle fondation que nous sommes heureux d'annoncer sera le point de départ d'une marche en avant qui ne se ralentira plus, nous l'espérons.

c) **Résultats économiques.** — Dieu est dans toutes ses œuvres, et ceux qui savent ouvrir les yeux le rencontrent partout ; ainsi en est-il du principe chrétien : il est au fond de toutes les questions ; ne nous étonnons donc pas qu'il se présente encore à nous, lorsque nous voulons parler des résultats économiques de l'Archiconfrérie.

Nous pouvons affirmer comme un axiome que, de toutes les œuvres économiques que peut créer une confrérie quelconque, la plus féconde, c'est la remise en honneur des principes chrétiens et des vertus évangéliques. Et ici, je veux céder la parole à un ouvrier qui faisait, il y a quelques jours, à ses camarades une petite conférence à ce sujet.

L'ouvrier dont il s'agit est de ceux qui ont vécu longtemps au milieu des sectes, dont il était un membre actif ; il est revenu à la religion par la lecture, et son livre privilégié a été la *Vie de Jésus-Christ*, par L. Veuillot, qu'il a lue trois fois de suite.

C'est de là probablement qu'il tirait son inspiration lorsque, s'adressant à ses compagnons, il leur disait : « Jésus-Christ a fait un grand miracle qui s'appelle la multiplication des pains. Eh bien ! l'homme, quand il veut, peut renouveler ce prodige ; il peut, lui aussi, multiplier son pain : il lui suffit pour cela d'être bon chrétien. »

En effet, si le patron et l'ouvrier pratiquent les vertus évangéliques, le premier sera plus charitable et plus juste ; il fera, quand il le pourra, la part plus large à ses ouvriers ; et si de leur côté ceux-ci sont vraiment chrétiens, ils seront plus économes, ils auront moins de vices ruineux. Donc, recevant plus d'un côté, c'est-à-dire augmentant ses recettes, et de l'autre diminuant ses dépenses, l'ouvrier sera plus au large, il aura vraiment multiplié son pain.

Sous l'influence de Notre-Dame de l'Usine, diverses œuvres ont été fondées dans l'intérêt du peuple. Citons en première ligne la *Caisse des Prêts gratuits*, si appréciée par les ouvriers qui y ont recours dans leurs moments de détresse, quand le propriétaire ou le fournisseur font entendre de sévères, mais justes réclamations, et quand derrière eux apparaît l'huissier menaçant.

Beaucoup de familles ouvrières ont été ainsi sauvées du

déshonneur et d'une ruine complète ; aussi, la Caisse des Prêts gratuits jouit-elle d'une popularité incontestée.

A côté de la Caisse des Prêts gratuits, d'autres œuvres, comme la *Caisse de Dépôts*, la *Caisse des Loyers*, sont encore à l'état d'ébauches ; nous remettons à en parler quand le fonctionnement de ces institutions aura reçu la sanction de l'expérience.

L'Archiconfrérie met aussi le dévouement de ses membres au service du *Secrétariat du Peuple*, qui est une véritable providence pour la population ouvrière de notre ville. Une consciencieuse étude sur ce sujet recevra la publicité qu'elle mérite.

Je m'arrête, croyant avoir répondu à toutes les indications du programme proposé. Puissé-je n'être pas resté trop au-dessous de ce que l'on demandait de moi .et de ce que je dois à *Notre-Dame de l'Usine et de l'Atelier, patronne du Travail !* »

Pouvons-nous terminer la lecture de ce travail sans joindre nos applaudissements à ceux de toute l'Assemblée, et surtout sans envoyer le salut de notre admiration à ce vaillant athlète, qui aujourd'hui est en possession de la récompense que son labeur opiniâtre a conquise ?

Sa plume ne s'est-elle pas changée en un sceptre d'honneur ! Oui, honneur à vous, vénérable pasteur ! Quiconque relira et méditera ce rapport sur votre œuvre de Notre-Dame de l'Usine, ne pourra vous refuser son témoignage de reconnaissance pour les résultats qu'elle a déjà produits.

Une prose de notre vieille liturgie, faisant au jour de la Toussaint la revue des Bienheureux qui peuplent le Ciel, parle ainsi des docteurs de l'Eglise :

Doctores lucidi
Victis erroribus
In Deo placidi
Puris de fontibus
Verum exhauriunt.

« Les docteurs dans leur vêtement lumineux, après avoir vaincu l'erreur, paisibles près de Dieu, boivent à longs traits aux pures sources du vrai. »

Oui, il est bien calme aujourd'hui dans sa lumière ambiante, celui que la passion de la vérité et l'agitation des luttes ne lassèrent jamais. Sa soif de voir, de connaître et d'agir est donc enfin satisfaite.

Salut à lui.

CHAPITRE TROISIÈME

MONSEIGNEUR L. BAYE

L'homme d'action (suite).— Aperçu historique de l'Œuvre de Notre-Dame de l'Usine depuis 1893 jusqu'en 1902. — Jugement porté sur cette Œuvre.

Si nous nous donnons la peine de suivre année par année, les progrès de l'Archiconfrérie, depuis son début jusqu'à la fin de 1892, nous devrons convenir qu'on ne sait ce que l'on doit le plus admirer de la Providence qui bénit visiblement les efforts du pasteur de Saint-Remi, ou de la persévérance de celui-ci à donner à son œuvre une organisation si sage et si éclairée.

N'est-ce pas merveille de voir ce prêtre discuter en économiste écouté et suivi, toutes les idées, quelquefois les plus hardies, ayant trait à la question sociale, sans jamais amoindrir le domaine de la foi, ni celui des grandes vertus morales de l'Évangile!

Il a passé la soixantaine, et, avec la vigueur d'un jeune homme, il travaille sans relâche. Berger vigilant, il a l'œil sur toute l'administration de sa paroisse. Tout lui passe par les mains. A temps perdu, il rédige seul ses *Annales de Notre-Dame de l'Usine*, si admirablement écrites, toutes pleines des idées de son bon sens pratique.

Il est en correspondance avec tous les directeurs d'œuvres. Il soutient les uns et reprend les autres, sans jamais dévier des doctrines qu'il s'est faites et qu'il a mûries au jour le jour, d'autant mieux qu'il les sait vraies . . . . .

Mais, continuons notre récit. Nous ne connaissons encore qu'une partie du programme de l'Archiconfrérie. Il faut du temps, en effet, pour le réaliser en entier. N'en faut-il pas au soleil, dans un jour brumeux d'automne, pour percer les brouillards qui obscurcissent l'horizon, et pour avoir été plus lente, sa douce irradiation n'en est-elle pas plus désirée et plus chère ? Ne nous plaignons pas. Déjà la plupart des nuages sont dissipés. L'heure approche où l'œuvre nous apparaîtra en plein épanouissement.

Année 1893. — On n'a pas chômé, cette année. Pendant que notre éminent Cardinal fait son entrée solennelle à Jérusalem, comme légat du Pape, Reims ne reste pas inactif dans la marche des œuvres catholiques.

Au mois de mai, les ouvriers se sont réunis en Congrès. On s'aperçoit déjà que la démocratie chrétienne commence à trouver sa véritable voie et s'organise peu à peu. Parmi les vœux qui y sont formulés, nous devons noter celui-ci :

« Considérant que le Souverain-Pontife recommande instamment la création des Confréries pour la régénération du monde du travail, et que, d'un autre côté, Léon XIII a comblé de faveurs et étendu à l'*univers entier l'Archiconfrérie de Notre-Dame de l'Usine et de l'Atelier, patronne du travail et des corps d'état . . .*

« Le Congrès émet le vœu que l'Archiconfrérie de Notre-Dame de l'Usine soit établie dans les usines, les ateliers, les associations ouvrières, avec la faculté de choisir parmi les titres de l'Archiconfrérie, celui qui conviendra le mieux aux traditions, au langage de la population.

« Si une association locale existe sous un vocable accepté de tous, mais qu'elle ne jouisse pas de faveurs spirituelles et n'ait pas l'existence canonique, le Congrès émet le vœu qu'elle garde son autonomie complète et qu'elle s'affilie à l'Archiconfrérie de Notre-Dame de l'Usine, afin de resserrer les liens qui doivent unir toutes les associations chrétiennes... »

Nous n'avons pas à rappeler ici les autres vœux de ce Congrès d'ouvriers chrétiens, dont l'initiative revenait aux Cercles d'études sociales. Pendant tout l'hiver, en effet, sous la présidence du Curé de Saint-Remi, des ouvriers s'étaient réunis en comités, pour former ce qu'on appelait alors des Cercles d'études. On a dit beaucoup de mal de cette institution.

On lui a reproché, en effet, d'émanciper imprudemment l'ouvrier, de l'improviser docteur ès-sciences catholiques, d'attendre de lui des solutions auxquelles ne l'avaient préparé ni ses études, ni sa condition... C'était à tort. Les membres des Cercles d'études sociales étaient tout simplement des ouvriers de toutes catégories qui, n'ayant qu'une connaissance très insuffisante de la religion, se réunissaient pour étudier ensemble les doctrines de l'Église, surtout au point de vue social. Afin de s'entourer de toute la lumière désirable, ils appelaient dans leurs assemblées le prêtre, qui possède la science religieuse, et aussi le patron, qui a la compétence industrielle et économique (1).

---

(1) C'est à cette occasion qu'un jour, M. le Curé me demanda de lui faire un travail sur la doctrine de saint Thomas au point de vue de la question sociale.

Dans ces conditions, les Cercles d'études sociales pouvaient donc délibérer avec prudence et sagesse. Ils avaient, de plus, cet avantage : c'est que, dans leurs réunions, on admettait tous les ouvriers, *sans distinction de secte, et d'opinion*. D'où l'on peut conclure que cet apostolat de l'ouvrier par l'ouvrier pouvait être très utile et très avantageux pour le recrutement des autres œuvres catholiques.

De ces réunions hebdomadaires, auxquelles ne manquait pas d'assister M. le Curé de Saint-Remi, était donc sortie l'idée de ce Congrès qui devait être un événement considérable dans l'histoire de la démocratie. Là encore, on avait pu voir l'ouvrier, entre le prêtre et le patron, délibérer avec sagesse et dignité, exposer ses légitimes revendications sans amertume et sans menaces, et cherchant l'amélioration de son sort, non comme d'autres, dans des révolutions criminelles ou des spoliations injustes, mais dans les ressources du travail honnête et de la solidarité chrétienne.

C'était, certes, un pas en avant qui venait d'être franchi; il fallait maintenant entrer dans la voie pratique.

Qu'allait-on imaginer? La création d'un syndicat ouvrier de l'industrie lainière.

Le syndicat mixte qu'on avait essayé de fonder quelques années auparavant n'avait pas eu grand succès. Pour assurer l'avenir de la nouvelle œuvre, M. le Curé adjurait ses chers ouvriers d'y mettre surtout du dévouement, de la persévérance, et d'en faire un instrument de paix et non une arme de guerre.

Pendant le cours de ses conférences, il commence à les préparer à l'idée de suppléer à l'insuffisance du salaire, par la fondation d'œuvres d'épargne, de secours, de coopération et de mutualité. « Ouvriers et patrons, dit-il, doivent concourir à la prospérité de ces œuvres ; car ils sont tous solidaires, et je ne sais lequel des deux est plus nécessaire à l'autre. »

Et de fait, n'est-ce pas là que se trouve la solution de la grosse question du salaire ?

C'est donc une année féconde que celle qui se termine par la célébration de la fête de Notre-Dame de l'Usine. Aussi, quelle belle et imposante manifestation de foi et d'amour nous offre cette réunion de deux mille ouvriers venus à Saint-Remi pour y prier leur auguste patronne !

A la grand'messe, la basilique est pleine ; que sera-ce aux vêpres ?

La Chorale de l'Archiconfrérie de Notre-Dame de l'Usine de Saint-Remi chante le *Credo* ; puis, à l'offertoire, accompagnée par la Fanfare du Val-des-Bois, elle exécute le *Chant des Cercles chrétiens d'études sociales*, qu'on a appelé la *Marseillaise des travailleurs chrétiens*.

En effet ce chant, qui a pour devise : Dieu et Patrie, travail et liberté, est de toute beauté, enlevant comme un chœur guerrier, populaire et facile à retenir par les masses (1).

Au banquet, chez les Frères, il y a plus de mille couverts et tous sont occupés. La série des toasts est terminée par celui de Son Eminence le Cardinal, dont la présence est saluée par les cris répétés de : Vive le Cardinal-Légat ! Vive le Cardinal des Ouvriers.

A l'heure des Vêpres, Mgr le Cardinal est là pour rehausser la fête de l'éclat de sa pourpre.

Après le sermon, la belle procession se met en marche. En

---

(1) Il a pour auteur l'éminent organiste de Saint-Remi, M. Mailfait.

tête, la bannière de Saint-Remi, portée par un pèlerin de Rome ; derrière, celles du Patronage, Saint-Louis, du Val-des-Bois, de la Ligue de l'*Ave Maria*, de Saint-Eloi, de Saint-Pierre, de Saint-Laurent, des Cercles chrétiens d'études sociales, des différents Cercles catholiques ; puis viennent celles des Confréries de Mohon, Signy-l'Abbaye, Saint-Jean-Baptiste, Sainte-Geneviève, Saint-Thomas, la Cathédrale, Saint-Remi ; ensuite, ce sont les statues de saint Laurent, sainte Cécile, saint Fiacre, saint Jean, saint Maurice, saint Louis et Notre-Dame de l'Usine..... Et toutes ces bannières et ces statues savamment espacées par des groupes nombreux d'hommes que l'on peut évaluer à *deux mille....*

C'était vraiment beau, et très consolant ! Pourtant, à la vue de cette belle cérémonie, ne pouvait-on pas regretter que cette Archiconfrérie, si vivace cependant, ne fût pas encore plus connue et plus universellement adoptée dans les paroisses ! Que de paroisses, en effet, ont des confréries établies, qui ne jouissent cependant pas de privilèges ! Ne serait-ce pas rendre service à toutes ces sociétés que de les affilier à l'Archiconfrérie de Notre-Dame de l'Usine et de l'Atelier ? Sans abdiquer, ni leurs traditions, ni leurs titres, elles pourraient ainsi s'enrichir facilement de faveurs spirituelles.

Ce vœu, c'était un désir bien souvent exprimé par M. le Curé de Saint-Remi. Pourquoi n'y avons-nous pas mieux répondu dans l'exercice de notre ministère paroissial ? Avouons-le : nous ne savons pas assez nous unir pour le bien des âmes !!!

Année 1894. — L'œuvre progresse toujours. Les réunions des Comités ont été très fréquentes. L'infatigable Directeur préside chaque séance, quelquefois après toute une journée de labeur et de ministère paroissial. Plusieurs règlements sont élaborés concernant les œuvres de secours et de mutualité.

Outre le Secrétariat du Peuple qui fonctionne depuis plusieurs années *(Voir Congrès 1892)*, on s'occupe de réglementer aussi les œuvres de mutualité, telles que les *Caisses de Secours, d'assistance, d'accidents, de décès et de prêts gratuits.*

On y décide aussi de récompenser les ouvriers les plus zélés dans la pratique de leurs devoirs. C'est à ce genre d'encouragement que M. le Curé de Saint-Remi fait allusion, dans la vibrante allocution qu'il prononce à la fin du banquet des ouvriers, au jour de la fête de Notre-Dame de l'Usine.

« Chers Messieurs, leur disait-il, le Comité central a décidé de décerner des diplômes d'honneur et des prix aux membres de l'Archiconfrérie qui seraient fidèles à leurs devoirs professionnels et aux obligations de l'Association. Les termes mêmes de cette décision vous révèlent un des principaux buts de notre œuvre : c'est de créer l'ouvrier modèle, vraiment digne de ce nom. Certes nous connaissons l'ouvrier tel que l'ont fait les sectes, les prédicateurs d'anarchie et de socialisme. Celui-là a pour devise : ni Dieu, ni maître ; il rêve le nivellement universel, il trouve plus facile de briser le métier, que de le faire monter, il s'empare avec violence du salaire qu'il n'a plus le courage de gagner ; peu soucieux de l'honneur de sa famille, il céderait volontiers ses enfants à l'Etat qu'il rêve ; c'est enfin un sans-patrie qui tend la main par dessus les frontières à nos pires ennemis.

« Cet ouvrier-là, l'Archiconfrérie le repousse, ou plutôt elle l'accueille, mais à la condition de le transformer complètement. L'ouvrier que nous voulons, Léon XIII nous le dépeint de deux traits : il est sobre et honnête. Il n'est pas de ceux que l'on cherche souvent en vain à la maison ou à l'usine, mais que l'on est presque toujours sûr de trouver au cabaret, et qui, insensible aux privations de sa famille, dit hautement, avec une désinvolture cruelle, qu'à ses enfants et à sa femme, passez-moi le mot, il préfère son petit verre et même sa pipe.

L'ouvrier modèle est sobre, il est aussi honnête, c'est-à-dire qu'il demande au travail consciencieux sa subsistance et celle de sa famille. On parle beaucoup du salaire, de nos jours ; or, il y a un aspect de cette question que l'on n'envisage pas assez ; c'est qu'il ne suffit pas de toucher son salaire, il faut le gagner ; c'est de l'honnêteté.

« Voilà l'ouvrier, tel que le veut et tel que le forme l'Archiconfrérie : sobre et honnête, réclamant sans doute, quand les affaires sont florissantes, sa part légitime de la prospérité générale, mais quand le commerce languit, sachant par une touchante solidarité, souffrir avec son patron et attendre des jours meilleurs, aimant son église et son foyer, son atelier, sa patrie et son Dieu, et aux jours du péril national, déposant l'outil et, de ses bras nerveux, saisissant le fusil pour voler à la frontière ; catholique et français, voilà l'ouvrier accueilli de l'Archiconfrérie. Des diplômes d'honneur vont être distribués à ceux d'entre vous qui réalisent l'idéal que nous venons d'indiquer. Beaucoup d'autres auraient mérité ces témoignages flatteurs, mais leur tour viendra : qu'ils nous fassent un peu crédit.

« Je laisse la parole à Monsieur le Secrétaire de l'Archiconfrérie, qui va proclamer les noms des lauréats et ceux-ci viendront chercher leurs diplômes d'honneur qui ont pour eux d'autant plus de prix qu'ils les reçoivent de la main de Son Eminence..... »

A l'Eglise de Saint-Remi, où l'on se rend pour la cérémonie des Vêpres, M. le Curé reçoit Son Eminence le Cardinal, en lui souhaitant la bienvenue. Il Lui parle en particulier de l'existence d'un Syndicat ouvrier à base religieuse qui vient de se former à Saint-Remi et qui compte déjà 150 membres.

L'Archiconfrérie par ses œuvres, montre donc sa vitalité. Elle donne les plus consolantes espérances dans le résultat final.

Année 1895. — Outre les groupes paroissiaux de la ville et les délégués des associations affiliées à Notre-Dame de l'Usine, on remarque, au jour de la fête de l'Archiconfrérie, des représentants de toutes les œuvres chrétiennes du Val-des-Bois.

On signale aussi la présence de plusieurs membres du Syndicat agricole de la Champagne, lequel fonctionne aujourd'hui en pleine prospérité (1).

Année 1896. — Le Centenaire du baptême de Clovis, célébré si magnifiquement dans la ville de Reims, a encore donné plus de relief à l'Archiconfrérie de Notre-Dame de l'Usine.

Plusieurs Congrès tenus dans le cours de l'année s'occupent de son importance pour le groupement des œuvres catholiques.

Aussi, quand vient le jour de la solennité, les délégations sont-elles plus nombreuses que jamais. On signale celles d'Angers, Troyes, Romilly, Roubaix, Châlons, Charleville, Mouzon, Cons-la-Grandville et du Val-des-Bois, etc.

Dans le toast que porte M. le Curé au banquet de 1200 couverts, chez les Frères, il insiste sur l'union qui existait autrefois entre la religion et la profession.

---

(1) Le Syndicat a célébré sa fête annuelle en mai 1902, au Val-des-Bois.

Le lendemain de la fête, un Congrès des associations et confréries religieuses se tient au patronage de Saint-Remi, sous la présidence de Mgr Péchenard, vicaire général.

M. le Curé de Saint-Remi y parle de l'existence des caisses rurales, dont le but est d'enrichir les habitants des campagnes qui offrent aux administrateurs des garanties de conduite et de travail.

La question des syndicats chrétiens occupe aussi une large part dans le travail de la journée. « Il faut se contenter, dit-il, des syndicats ouvriers, parce que trop peu de patrons catholiques veulent entrer dans cette voie. Mais ces syndicats doivent toujours s'appuyer sur la Confrérie. C'est la base essentielle à la vitalité d'une œuvre sociale. »

Année 1897. — La fête de Notre-Dame de l'Usine se célèbre le 22 août à Charleville.

Après les solennités si nombreuses dans l'année du Centenaire, il fallait trouver le moyen de donner un nouvel attrait à la fête de l'Archiconfrérie. Son directeur l'avait compris ; c'est pourquoi il avait eu l'heureuse idée de la transférer à Charleville. M. l'Archiprêtre ne pouvait qu'encourager une pareille initiative. Aussi, au jour fixé, peut-on constater dans cette ville si hospitalière, la présence des représentants des confréries de Fumay, Nouzon, Boulzicourt, Cons-la-Grandville et Mohon. Les neuf groupes paroissiaux de Reims avaient aussi envoyé une centaine d'ouvriers.

Le banquet a lieu au petit Séminaire. Mgr Baye y porte un toast que nous sommes heureux de pouvoir mettre ici sous les yeux de nos lecteurs :

« Il m'est très agréable, Messieurs, de saluer, réunis ici, les membres de votre Archiconfrérie, appartenant aux groupes de Reims et des Ardennes.

« Dans une fête comme celle de ce jour, dans ces agapes fraternelles, l'on peut comprendre les liens forts que crée notre association, l'influence féconde qu'elle peut exercer autour d'elle.

« Chaque jour, on s'en va répétant que l'idéal à poursuivre et à atteindre, c'est la fusion des classes, l'union des patrons, des ouvriers et du clergé. Que de théories n'a-t-on pas faites à cet égard, et je dirai volontiers que de variantes l'on a exécutées sur ce thème? Ici, Messieurs, tandis qu'ailleurs on est encore à l'abstraction, nous en sommes arrivés à un résultat pratique, à des conséquences palpables.

« Pourquoi cela, Messieurs ? Parce que nous empruntons notre méthode à l'Évangile, parce que nous appuyons notre œuvre sur la base solide qui est Jésus-Christ; en un mot, parce que nous sommes une association franchement chrétienne. Nous ne nous égarons pas dans de vaines discussions économiques et philosophiques; nous travaillons pratiquement à remettre en vigueur parmi nous la religion méconnue.

« Sans doute, nous n'ignorons pas les besoins matériels de l'existence, nous compatissons à la misère des peuples et nous tâchons de la soulager suivant nos moyens; mais nous savons que quand nous aurons rendu la vérité et la vertu à notre société aveugle et corrompue, nous aurons beaucoup fait pour la soulager de ses souffrances physiques.

« Je salue donc tous les chrétiens sincères et courageux qui se rencontrent ici dans les mêmes pensées et qui savent se dépenser chaque jour pour les mettre en pratique.

« Nous avons pu nous réunir ici, Messieurs, grâce à une double hospitalité qui mérite notre sincère reconnaissance. Le digne Archiprêtre de Charleville nous offre l'hospitalité de l'âme en nous recevant dans son église, avec toutes les cérémonies et tout l'appareil des grands jours. Nous lui disons un chaleureux merci pour son intelligente et féconde initiative ; et nous admirons toutes les générosités et toutes les délicates prévenances de son grand cœur.

« M. le Supérieur du Petit Séminaire nous reçoit dans son établissement et nous fait asseoir à sa table. Merci à M. le Supérieur (M. l'abbé E. Neveux), qui s'est souvenu que nous ne sommes pas tout à fait des anges et que, si nous avons une âme qui se nourrit de vérité, nous avons aussi un corps qui réclame des aliments moins angéliques !

« Puisque nous remercions nos bienfaiteurs, je me rendrais coupable d'une impardonnable omission que, d'ailleurs, notre cœur ne nous laisserait pas commettre, si je n'acclamais avec vous le Souverain Pontife Léon XIII, qui a institué Notre-Dame de l'Usine et l'a enrichie des plus précieuses faveurs. C'est Léon XIII qui nous trace notre voie et nous enseigne que notre action sociale doit être avant tout, chrétienne pour être efficace.

« Acclamons ce grand Pontife qui, dans sa sollicitude paternelle, enveloppe la société tout entière mais spécialement les petits et les déshérités de la terre.

« Oui, acclamons-le en ce jour de sa fête patronale et envoyons-lui d'ici, l'expression de notre inaltérable fidélité à ses enseignements et notre filial et tendre respect pour son auguste Personne : Vive Léon XIII !

« Pouvons-nous ne pas réunir ici à Léon XIII, dans les sentiments de notre respectueuse et filiale affection, l'illustre Cardinal que nous sommes si fiers d'avoir à notre tête. Sa gloire rejaillit sur nous, et c'est avec bonheur que nous entendons redire partout ses grandes œuvres. Dieu nous l'a conservé et nous l'a rendu aussi plein de vie que jamais, pour être notre guide dans les temps difficiles que nous traversons. C'est une grande sécurité pour nous d'avoir à notre tête un Pontife en qui l'on retrouve les sages directions et les larges vues de Léon XIII et auquel Dieu accordera, nous le demandons chaque jour, la longue vie et la vigoureuse vieillesse du Souverain Pontife : Vive le Cardinal !

« Jusqu'ici, Messieurs, la fête de l'Archiconfrérie se centralisait à Reims qui semblait en avoir le privilège exclusif. L'essai de décentralisation que nous essayons aujourd'hui me semble avoir un plein succès. Il y a là une question, n'est-il pas vrai, qu'il faudra étudier sérieusement. Cette année, nous ne sommes encore ici que Champenois et Ardennais. L'on dit les premiers plus calmes, les seconds plus vifs. Je ne veux pas me prononcer, car j'ai du sang ardennais plein les veines et depuis bientôt 40 ans, je respire l'air de Champagne à pleins poumons. Ce que je veux constater, c'est que Champenois et Ardennais ne font ici qu'une famille bien unie parce qu'ils sont tous les associés d'une Archiconfrérie qui prêche la fraternité chrétienne et qui confond tous nos cœurs dans les sentiments d'une commune foi et d'un même patriotisme. J'acclame donc avec un égal élan Champenois et Ardennnais. »

A l'heure des vêpres, l'église se trouve trop petite pour contenir la foule qui l'envahit. C'est encore Mgr Baye qui doit y prêcher. Son sermon est remarquable par la précision de la pensée et la justesse de l'expression.

En voici un résumé très succinct : « Gladstone, dit-il, a appelé notre siècle, le siècle des ouvriers ; d'autres, le siècle du progrès, le siècle des lumières. Quoi qu'il en soit du nom que l'histoire lui donnera, on ne peut nier que la question sociale ne se soit posée de notre temps d'une façon impérieuse.

« Qui la résoudra? Les économistes? Non, ils ne tiennent pas assez compte de l'homme et de sa dignité, ils tiennent trop compte des faits matériels. C'est le laisser faire, le laisser passer.

« Les socialistes la résoudront encore moins, car, en s'attaquant aux bases de la propriété, ils sapent la famille, et, si on les laissait faire, ils détruiraient la religion et la patrie.

« Ceux qui, de nos jours, ont pris le nom de démocrates chrétiens, sont-ils appelés à rendre à notre siècle le service de trancher cette redoutable question? Certes, nous les aimons, et ils sont à nous, puisqu'ils sont et s'appellent chrétiens. Mais ils ne sont qu'un corps particulier, une aile de l'armée des gens de bien. Leur action est une action séparée; ils veulent se recruter uniquement parmi les ouvriers, et s'occuper spécialement des revendications qui concernent seulement la classe ouvrière. Si utile qu'elle puisse être, leur action a un champ trop restreint pour que nous attendions d'elle le salut social. Nous ne pensons pas d'ailleurs qu'ils aient ces visées ambitieuses. Nous avons pour preuve le pieux pèlerinage qu'ils viennent de faire à Rome, où leur vaillant chef a sollicité tout spécialement du Saint-Père une bénédiction pour les groupes dans lesquels se trouvent réunis patrons et ouvriers.

« Le salut social viendra d'un grand mouvement d'union entre tous, clergé, membres des classes dirigeantes et aisées, patrons, ouvriers. Or, qui peut créer ce mouvement, sinon la religion?

« La religion dispose, pour faire cette union entre tous les fils d'une même patrie, d'un grand nombre de moyens. En tête viennent les associations qui, mettant la religion à leur base, appellent dans leur sein tous les chrétiens sans distinction de classe et d'état. L'Archiconfrérie de Notre-Dame de l'Usine et de l'Atelier, patronne du travail, est l'une des plus propres à créer cet heureux mouvement d'union. »

L'orateur profite de l'exemple qu'il a sous les yeux pour montrer ce que l'action religieuse a déjà réalisé par l'Archiconfrérie, et ce qu'elle pourrait réaliser pour la paix sociale, si tous lui apportaient leur concours, ainsi qu'aux autres associations animées du même esprit.

A la réunion du soir, l'infatigable Mgr Baye clôture l'assemblée ; mais il ne veut pas se séparer des groupes ouvriers venus de loin sans leur adresser la parole et réconforter leurs âmes dans la pratique du bien qu'ils ont à accomplir dans la suite.

« Au commencement d'août 1889, dit-il, se tenait déjà à Charleville une assemblée d'œuvres d'un caractère un peu différent de la nôtre de cette année, mais où il fut beaucoup question de notre Archiconfrérie ; votre serviteur, en sa qualité de directeur de l'œuvre fit un rapport sur l'association ; il en dit la nature, le développement, en affirmant que l'on pouvait concevoir de son avenir les plus belles espérances.

« Des industriels s'étaient donné rendez-vous pour la circonstance et, parmi eux, on pouvait citer M. B..., du Nord, l'homme de cœur et de foi, qu'une mort soudaine devait enlever quelque temps après. Or, M. B... parlait de l'Archiconfrérie avec un véritable enthousiasme et nous disait le bien qu'elle avait fait dans son usine. Il employait dans son établissement plusieurs centaines d'ouvriers et il avouait que c'était pour lui, à certaines époques, un véritable supplice de les visiter en raison des réclamations dont il était accablé. Il avait fini par déserter son usine. Or, un jour, il établit la confrérie avec dizainiers qui faisaient l'office des juges de paix, arrangeant les différends, écoutant les griefs de chacun et, comme on dit, arrangeant les affaires sans que le patron eût à intervenir. Depuis lors, celui-ci regardait comme une de ses plus douces récréations de visiter ses ouvriers au milieu desquels il se plaisait, comme au sein d'une grande famille. Patrons et ouvriers fondaient donc les plus belles espérances en Notre-Dame de l'Usine et de l'Atelier.

« Ces espérances se sont-elles réalisées ? Certes elles n'ont pas été déçues et elles renaissent aujourd'hui plus vives que jamais, mais il faut avouer que l'on s'attendait à mieux..... Pourquoi ce ralentissement dans le développement de notre œuvre ? Nous sommes ici en famille et je crois pouvoir dire toute ma pensée. C'est que l'on n'a pas été tout à fait fidèle aux intentions du Souverain Pontife et l'on n'a pas donné à l'action religieuse la première place dans ses occupations ; l'on s'est occupé trop exclusivement du côté économique de la question sociale. Dès lors les présomptions, les études, tous les efforts des ouvriers et de leurs guides se sont portés vers les revendications matérielles.

« On pourrait dire le moment où ces préoccupations matérielles ont commencé à absorber l'attention de certaines catégories d'ouvriers et d'hommes d'œuvres. Or, c'est précisément le même moment où l'action religieuse et tout à la fois le développement de notre Archiconfrérie se sont ralentis.

« Je fais des vœux pour que la date de notre fête et de nos études soient aussi la date d'une action plus conforme aux idées du Saint-Père, qui nous rappelle avec instance que le but principal de nos efforts doit être l'amélioration morale et religieuse.

« A l'occasion de ce Congrès dont je parle, il y eut une réunion à la table si hospitalière de M. l'Archiprêtre de Charleville ; c'était alors le vénérable M. Garot qui a laissé dans cette ville un impérissable souvenir. Aujourd'hui c'est son successeur qui nous accueille. C'est vous dire que les honneurs nous sont faits avec la même délicatesse et la même grâce. Car le privilège de Charleville est d'avoir à sa tête des hommes éminents. Les qualités intellectuelles et physiques peuvent être différentes, mais les caractères sont également nobles, les cœurs également grands et comme il est impossible de préférer l'un à l'autre, on les entoure tous deux de la même admiration, d'une même affection respectueuse. »

On ne pouvait pas faire, avec plus de délicatesse, l'éloge si mérité des deux Archiprêtres de Charleville.

Le lendemain de cette fête, le 23 Août, Mgr Baye préside toute la journée des réunions d'études dans lesquelles on s'entretient surtout des moyens de propager l'Archiconfrérie.

Dans la matinée, il n'y a que les hommes qui se réunissent. La note dominante des résolutions de l'assemblée, c'est de convoquer les Confrères des Ardennes pour la fête annuelle tantôt dans un centre, tantôt dans un autre.

A midi, prêtres et patrons sont assis à la même table du petit Séminaire. Les agapes y sont frugales et tout à fait fraternelles. Mgr Baye y prononce ces quelques mots :

« Hier, dans cette même enceinte, nous étions entourés de plusieurs centaines d'ouvriers ardennais et rémois. Tous ces braves gens sont retournés à leur travail et c'est pour nous une douce pensée que, dans leurs usines ou ateliers, ils ne sont ni les moins laborieux, ni les moins honnêtes ! Cette constatation nous fait toucher du doigt l'heureuse influence de notre Archiconfrérie. Nous restons ici tous, à part un ou deux ouvriers, appartenant au clergé ou aux classes élevées de la société, et nous représentons deux influences sociales que je veux saluer ici.

« Je salue le clergé dans la personne de ces zélés et intelligents confrères, venus ici pour nous encourager et nous aider par le secours de leur lumière et de leur expérience.

« Je salue les représentants des classes aisées qui savent les responsabilités que Dieu a imposées à la richesse et à l'autorité et qui veulent, dans des réunions comme celles d'aujourd'hui, s'instruire de leurs devoirs pour les remplir en bons catholiques et en bons Français. Prêtres et patrons, membres des classes élevées, nous ne pouvons rien les uns sans les autres; notre union doit donc être étroite. Le patron et l'ouvrier sont impuissants à faire une œuvre durable sans le prêtre. Le prêtre et l'ouvrier ne peuvent rien également sans le patron. Le prêtre et le patron, en s'unissant, mettent en commun l'influence de la religion, les influences de la richesse et de la position sociale, et alors ils sont puissants pour le bien.

« Donc, à l'union du patron et du prêtre pour travailler au bien-être moral et matériel de l'ouvrier et refaire la grande famille chrétienne et française. »

A deux heures, la réunion est générale, les dames y sont admises et Mgr Baye, qui y préside, est heureux d'ouvrir la séance par ce petit discours, écrit tout entier de sa main, comme du reste, tout ce qu'il a dit dans ce Congrès, qu'il avait si soigneusement préparé.

« Mesdames,

« Je vous remercie et je vous félicite d'avoir si bien entendu l'invitation de votre zélé archiprêtre et d'y avoir répondu avec autant d'empressement. Oui, vous avez compris que vous avez votre place marquée dans nos œuvres religieuses et sociales et que l'Eglise et la Patrie réclament votre concours. L'Église ne vous montre-t-elle pas l'auguste Vierge comme la coopératrice de Notre-Seigneur pour le salut du monde ? Notre histoire nationale n'a-t-elle pas gardé le nom des saintes femmes qui ont contribué à fonder ou à sauver la France. Sainte Clotilde, sainte Geneviève, Jeanne d'Arc, voilà la tradition catholique et française qui révèle à la femme de notre xixe siècle, la mission qu'elle doit remplir. Nos ennemis eux-mêmes se chargeraient au besoin de vous le rappeler, et nous l'avons constaté il y a quelques jours à Reims, nous autres rémois.

« La Ligue de l'enseignement a tenu à Reims ses séances annuelles. Là se trouvaient les sommités de la Ligue, des personnages marquants de l'Université et du gouvernement. Plusieurs sujets ont été traités ; mais on s'est spécialement occupé de l'enseignement de la femme et de son rôle dans la société.

« Il a été reconnu, après mûre délibération, que la femme devait être l'égale de l'homme au point de vue de la science et des droits et que, pour que la femme pût remplir sa véritable mission, il fallait émanciper sa conscience et l'affranchir de toute influence étrangère à la raison. Il est facile de comprendre ce que cela signifie ; on veut faire de la femme une libre-penseuse qui renie, comme tant d'hommes, la religion de nos ancêtres.

« Eh bien, l'Église qui a rendu à la femme sa dignité, qui a toujours protégé son honneur, veut garder la femme. Elle veut trouver en elle une coopératrice vaillante.

« Et voilà pourquoi, Mesdames, vous avez été convoquées ; c'est pour vous rappeler la sublime mission qui est la vôtre, afin que, nouvelle Geneviève, nouvelle Clotilde, nouvelle Jeanne d'Arc, vous travailliez au salut commun.

« Par vous, par votre influence, l'action de l'Église peut prendre une extension immense. Sainte Gertrude disait qu'il est impossible de mesurer jusqu'où peut aller le bien que peut faire une mère de famille. Notre intention est de faire à vos âmes beaucoup de bien afin que vous en fassiez vous-mêmes aux autres... »

Après ces quelques mots pleins d'à-propos, la parole est donnée successivement à plusieurs conférenciers qui traitent la question du Dimanche et de la Messe.

J'ai tenu à détailler les cérémonies et les réunions qui ont eu lieu à Charleville à l'occasion de la fête de Notre-Dame de l'Usine. Car elles font honneur au zélé Directeur de l'Archiconfrérie, qui les avait organisées et présidées avec tant de tact et de distinction.

Année 1898. — Pendant l'hiver de 1897-1898, des conférences aux ouvriers de l'Archiconfrérie sont données dans toutes les paroisses de Reims, par les RR. PP. Jésuites, qui sont devenus des collaborateurs justement appréciés par Mgr Baye.

Celui-ci, malgré sa santé qui s'ébranle, est toujours sur la brèche. La direction des comités qu'il préside dans les soirées d'hiver, occupe une partie de son temps ; car il faut préparer les matières de ces réunions, et l'on sait que Mgr Baye ne s'aventurait jamais à parler pour ne rien dire et surtout sans avoir au moins jeté sur le papier les grandes lignes du sujet qu'il traitait.

Entre temps, il s'occupe de la question des Jardins ouvriers.

C'est une œuvre moralisatrice et bienfaisante qu'il greffe sur celle du Secrétariat du Peuple (1).

Au mois de Juillet, Fumay célèbre pour la première fois sa fête de Notre-Dame de l'Usine, qui, établie depuis un an à peine, compte déjà plus de cent soixante associés.

A cette cérémonie étaient venues prendre part des délégations des différentes confréries de Reims avec Mgr Baye ; de Charleville avec M. Gillet, archiprêtre de cette ville ; de Mohon et de Nouzon également avec leurs curés. L'église de Fumay, pourtant si grande, était trop petite pour contenir les flots de la foule qui se pressait dans son enceinte. A l'issue de la messe, M. l'abbé Goblet, doyen de la paroisse, avait organisé un banquet d'ouvriers au nombre de deux cent cinquante. Selon son habitude et avec le même humour, Mgr Baye y prend la parole. Son toast donne la physionomie de la solennité du jour. Le voici à peu près en entier :

« Levez-vous, M. le comte, car vous avez de grandes choses à faire aujourd'hui. »

« C'est par ces paroles que, dès l'âge de 17 ans, le comte Henri de Saint-Simon, se faisait réveiller tous les matins.

« Il m'a semblé, ce matin, qu'une voix mystérieuse m'adressait un peu la même parole : Levez-vous, me disait-elle, car vous avez aujourd'hui de grandes choses à voir.

« Et en effet, cette parole n'a pas menti. Car je suis ici.......

« Et maintenant qu'il me soit permis d'adresser mes sincères félicitations à tous ceux qui sont ici, et en particulier à M. le Doyen de cette paroisse. Je ne sais pas, Messieurs de Fumay,

---

(1) *Annales de Notre-Dame de l'Usine,* 1898.

si votre curé sera jamais canonisé, mais s'il prend jamais rang dans le calendrier, ce sera parmi les saints que l'on nomme de doux entêtés, et qui sans rien heurter, sans froissement, mais par une douce obstination arrivent à leurs fins. Ils se rapprochent de la Providence qui agit *suaviter et fortiter*.

« Je salue les Confréries présentes ; l'Archiconfrérie, dont le siège est à Reims, leur a donné naissance par des affiliations canoniques. Elle les aime comme ses filles. On dit qu'il y a des mères qui sont jalouses de leurs filles.

« Il n'en est pas ainsi de Notre-Dame de l'Usine, elle considère ses filles comme sa parure, et si celles-ci deviennent mères, par la naissance, de confréries nouvelles, l'Archiconfrérie fera comme les grand'mères, elle aimera ses petites-filles d'un amour plus tendre encore.

« Je salue spécialement la Confrérie de Fumay, qui nous donne aujourd'hui la preuve de sa vitalité et de sa bonne organisation.

« Je salue les diverses délégations, nommément celles de Charleville, de Mohon, de Nouzon..... Je vous salue avec d'autant plus de bonheur, qu'en vous je vois le parti de l'avenir. Et pourquoi ? Parce que vous avez des croyances, une doctrine et du dévouement......

« Mais je m'arrête, car j'ai encore beaucoup de choses à voir et à *vous dire*. »

Il est trois heures en effet, et il faut se rendre aux Vêpres où, devant un auditoire magnifique, Mgr Baye monte en chaire pour développer le programme social de son Archiconfrérie.

« Elle fait, dit-il, l'*union*, elle donne la *science*, elle rend les *hommes* vertueux. »

La foule reste sous le charme de cette parole, si éloquente et si simple à la fois, et peu s'en faut qu'elle n'applaudisse quand, dans sa péroraison, l'illustre conférencier nous montre Notre-Dame de l'Usine comme un moyen providentiel de sauver la société actuelle.

A l'issue de ce beau sermon, se déroule aussitôt sous les voûtes de la belle église une magnifique procession de plus de 3oo associés avec leurs bannières. Spectacle édifiant et réconfortant à la fois pour les bons paroissiens de Fumay.

La cérémonie terminée, on se rend dans la salle du banquet pour y entendre la lecture du compte-rendu des travaux de l'année. C'est là aussi que M. Buiron, président du conseil de fabrique de Saint-Remi, lit son rapport sur les œuvres de mutualité établies à Reims, par l'Archiconfrérie de Notre-Dame de l'Usine. Mgr Baye cloture la séance en disant qu'il faut toujours avoir confiance et faire comme Christophe Colomb, dans les moments difficiles, se tourner vers Marie.

Voilà, je pense, encore une belle et bonne journée à l'honneur et à la gloire de la sainte Vierge et de Saint-Remi.

Au mois d'août, la fête de Notre-Dame de l'Usine, qui n'est plus seulement celle de l'Archiconfrérie, mais celle aussi de toutes les œuvres rémoises, est célébrée à la cathédrale au milieu d'un grand concours de fidèles.

Chez les Frères, au banquet, c'est Mgr Baye qui préside à la place de Son Eminence le Cardinal. Autour de lui se rangent M. l'Archiprêtre de la Cathédrale, MM. Léon Harmel, Henri Mennesson, Ed. Rogelet, de Boham, etc....

Après la série des toasts, Mgr Baye se lève. Les ouvriers commencent par lui faire une ovation. Alors il porte la santé des différents groupes d'hommes représentés à la cérémonie : membres de la Confrérie, des Cercles catholiques, les chers

Anciens, toujours aimés, les Syndicats, celui de l'Industrie lainière, le Syndicat agricole de la Champagne, les Cercles d'études sociales, etc. Il rappelle, avec cet esprit qu'on lui connaît, qu'en 1900, la Confrérie aura vingt-cinq ans; il exprime le désir qu'elle aille célébrer ses noces d'argent au lieu même de sa naissance, au Val-des-Bois. « Volontiers, s'écrie M. Harmel, avec un banquet de 5,000 hommes. »

Le reste de la journée se passe à Saint-Remi, dans le recueillement de la prière et des chants en commun en l'honneur de Notre-Dame de l'Usine.

Vers la fin de cette année 1898, Mgr Baye sentait le besoin de réchauffer le zèle de ses chers ouvriers.

Il y avait eu, sinon des défections parmi eux, du moins un ralentissement dans la marche des œuvres abritées sous la bannière de Notre-Dame de l'Usine.

Le zélé directeur semble y faire allusion quand, dans son toast au banquet chez les Frères, il disait aux délégués des œuvres que l'Archiconfrérie leur ouvrait toujours bien large son giron. « On dirait, ajoutait-il, que certains d'entre vous ont fait quelque escapade, comme ces jeunes canards, couvés par une poule, qui se jettent tout-à-coup dans une mare, au grand désespoir de leur mère couveuse. »

Hélas! c'est l'histoire de toutes les œuvres humaines. Tout s'use, ici-bas, au frottement des choses. C'est pourquoi, nous disait souvent ce vénéré ami, il faut savoir au moment opportun, sonner le ralliement et, si cela est nécessaire, par un coup d'audace, réveiller les pusillanimes et les endormis.

C'est donc dans la solitude qu'il se prépare à donner du renouveau à son œuvre de Notre-Dame de l'Usine. « On ne la connaît pas assez, disait-il, il faut que dans une petite brochure, qui sera répandue dans tous les centres industriels, je condense en quelques pages, la manière dont elle s'organise et fonctionne dans les milieux ouvriers. »

Ce projet ne devait pas tomber à l'eau. Car, au mois de novembre 1898, il faisait paraître une brochure, intitulée : *Archiconfrérie de Notre-Dame de l'Usine et de l'Atelier, patronne du travail et des corps d'état*, dans laquelle il résumait, dans un style irréprochable et avec une lucidité parfaite, toutes ses idées sur l'Archiconfrérie en question (1).

Ce travail, Mgr Baye l'a soigné tout particulièrement. Il me disait un jour, dans une des promenades que nous faisions ensemble dans la forêt de Compiègne : « Cette petite brochure, ce sera comme le guide du directeur de la Confrérie. »

Je la donne ici dans ses grandes lignes ; elle nous fera connaître mieux encore les diverses phases historiques de l'œuvre que nous étudions avec tant d'intérêt.

1° *Définition de l'Archiconfrérie.* — C'est une association qui a pour but de mettre en vigueur le christianisme pratique dans la société et particulièrement dans le monde du travail, de rapprocher les classes et de contribuer au bien-être matériel et moral de tous ses membres.

2° *Son organisation.* — Elle s'organise dans les paroisses, à l'usine, dans l'atelier, partout où il y a des travailleurs.

Elle est administrée par un comité dont fait partie de plein droit un ecclésiastique qui en est le directeur spirituel. Le comité se compose en outre de délégués. Ceux-ci se partagent

---

(1) Imprimerie Dubois-Poplimont, 1898.

le territoire ou le personnel de la Confrérie ; avec l'aide de leurs dizainiers, ils inscrivent les associés avec leurs noms, leurs adresses et leurs professions ; ils reçoivent, s'il y a lieu, les cotisations ; en un mot, transmettent toutes les communications et sont les agents de l'œuvre.

Si l'on veut s'emparer de toute une population, on ne se contentera pas de constituer un comité d'hommes ; on créera des comités similaires de dames et aussi de demoiselles et de jeunes gens. Et l'on comprend combien une telle organisation peut être puissante et féconde en heureux résultats.

3° Obligations et moyens d'action de l'Archiconfrérie. — Sans leur imposer aucune obligation stricte de conscience, l'Archiconfrérie réclame de ses associés leur présence aux réunions de l'œuvre et la récitation quotidienne d'un *Ave* avec une courte invocation à Marie : *Notre-Dame de l'Usine et de l'Atelier, patronne du travail, priez pour nous.*

Une formalité imposée à tous, c'est l'inscription sur le registre de l'œuvre, moyennant quoi l'on est officiellement admis à en faire partie.

Toutefois, une confrérie qui a accepté une mission sociale et qui veut la remplir, ne devra pas se contenter d'obtenir de ses membres quelques simples pratiques de dévotion, elle demandera au moins aux plus dévoués, leur concours actif pour atteindre son but.

Voici quels seront les moyens d'action : les *groupements,* l'*enseignement,* les *industries du zèle,* les *œuvres économiques.* Nous n'entrerons pas dans les détails que comporte ce vaste sujet, nous nous contenterons de quelques rapides indications, suffisantes pour faire apprécier notre méthode.

(A). *Le groupement.* — Dans une société émiettée comme la

nôtre par un faux libéralisme, que peut-on faire sans groupement ? Le groupement n'est-il pas nécessaire pour l'action religieuse et sociale dans la paroisse et dans l'usine, et dans chaque profession, au point de vue économique ?

Grâce à l'organisation des délégués et dizainiers dont nous avons parlé plus haut, Notre-Dame de l'Usine et de l'Atelier, patronne du travail, a opéré, dans plusieurs grandes villes industrielles de France, des groupements considérables où la séduction de l'exemple a fait entrer bien des gens indécis et même hostiles ; et combien ont réappris ainsi la science et la pratique d'une religion depuis longtemps oubliée !

Dans l'usine, le groupement est facile quand le patron est chrétien et se trouve à la hauteur de sa mission providentielle. Mais quand le chef d'industrie abdiquant son autorité, subit lui-même l'influence d'un contre-maître ou d'un directeur anti-religieux, l'ouvrier chrétien doit se résigner à vivre isolé et même à dissimuler ses plus chères convictions sous peine de persécution et de renvoi ! Et combien de patrons qui passent pour avoir des convictions religieuses, et créent cette situation pénible à leurs ouvriers, par leur propre faiblesse !

Et pourtant, on ne réclame ni privilège ni faveur pour ces nobles travailleurs qui ont le courage de ne pas sacrifier leur foi ; ce que l'on demande pour eux, c'est ce qui se doit à tous, c'est-à-dire la liberté ! Et d'ailleurs, quand un chef d'usine ou d'atelier fait respecter la liberté de ses ouvriers, il en reçoit, bientôt sa récompense.

Je me rappelle avoir entendu un patron qui occupait plusieurs centaines d'ouvriers raconter lui-même sa propre histoire. Quand il pénétrait dans son usine, il lui semblait, suivant ses expressions mêmes, entrer dans un enfer, car de toutes parts, il était assailli de réclamations, de plaintes, et presque d'injures. Or, un jour, il prit la résolution d'introduire dans son vaste établissement l'organisation de Notre-Dame de l'Usine ; et sans exercer de contrainte sur personne, d'en exiger de tous le respect. Et voici ce qui arriva : les délégués et dizainiers s'établirent, en véritables chrétiens qu'ils étaient, les pacificateurs de l'usine, s'efforçant de prévenir les conflits, d'enrayer les différends, de calmer les colères et les haines, de sorte que le patron visitant ses ouvriers ne recevait plus d'eux que des marques de respectueuse confiance ; l'enfer, suivant une de ses expressions, était devenu le paradis. On cherche depuis longtemps la véritable formule pour établir des conseils d'usine : sans aller plus loin, notre Archiconfrérie peut la fournir.

Certes, Notre-Dame de l'Usine et de l'Atelier n'est pas la seule qui proclame les avantages de l'association ; des groupes nombreux se forment chaque jour autour d'elle sous des dénominations diverses : syndicats, comités d'études, cercles et groupes de la démocratie, associations professionnelles, etc.

L'Archiconfrérie ne se reconnaît pas le droit d'intervenir dans le fonctionnement de ces groupes qui sont tout à fait indépendants et ne relèvent que d'eux-mêmes ; elle respecte donc leur autonomie.

Mais le danger de ces diverses institutions, et nous pourrions en citer des exemples, c'est de voir la sève chrétienne se tarir en elles, c'est de se dénaturer par une infiltration lente d'opinions dangereuses, et enfin de se laisser accaparer par des meneurs qui les compromettent et qui les perdent.

Dans la crainte de ces décadences qui peuvent atteindre les meilleures œuvres, l'Archiconfrérie n'a-t-elle pas le devoir d'attirer individuellement à elle les membres, surtout les plus influents des divers groupes, afin de conserver très robustes en eux la foi et la conscience du chrétien et de préserver de la ruine l'institution tout entière?

La réponse à cette question ne saurait être douteuse pour ceux qui, étudiant de près les moindres incidents de la vie populaire, savent comment les groupes composés de ce qu'on appelle simplement des honnêtes gens, subissent l'influence des sectaires et obéissent parfois sans le savoir à leur mot d'ordre, jusque dans les circonstances les plus décisives pour nos destinées nationales, spécialement les élections.

Or, ce ne sont pas les lois qui nous préserveront de ces défaillances et de ces aveuglements; pour cela, il nous faut des hommes de conscience et de foi qui ne séparent pas ce que les traditions de notre pays ont toujours uni : le patriotisme et la religion! C'est à former de tels hommes que travaillent nos confréries.

в). *L'enseignement.* — Autant l'ignorance des questions religieuses et sociales est grande, autant la mission de l'éducateur du peuple est importante. L'Archiconfrérie se développant plus spécialement dans les classes populaires, elle doit leur donner l'enseignement par tous les moyens en son pouvoir : le livre, le journal, la conférence; et partout où elle est fondée, elle s'acquitte de ce devoir.

Qu'il me soit permis à ce sujet de dire un mot de Reims.

Le mode d'éducation populaire très en vogue dans cette ville, ce sont les conférences organisées sous le patronage de l'Archiconfrérie, mais auxquelles l'on convoque tout le monde, sans distinction d'opinion et à la seule condition d'être poli. L'association a d'ailleurs des réunions à part pour ses membres.

Or, les conférences générales ont un véritable succès, et grâce à elles, on a pu pendant l'hiver dernier (1897-98), grouper dans les diverses réunions paroissiales un total de plus de treize cents auditeurs.

Les sujets traités dans ces conférences sont toutes les questions à l'ordre du jour.

Les orateurs qui s'y font entendre sont des prêtres, séculiers et religieux, ce sont des chrétiens dévoués, avocats, médecins ; ce sont des jeunes gens sortis de nos collèges ecclésiastiques et s'exerçant à l'art de la parole ; ce sont enfin des ouvriers eux-mêmes.

L'ouvrier, en effet, n'est pas l'orateur le moins agréable et le moins utile à écouter, car s'il n'apporte pas à son auditoire de thèses savantes, il lui révèle dans ses détails la vie réelle du travailleur avec ses besoins et ses aspirations ; et qui peut dire que le penseur n'a pas besoin de contrôler ses conceptions théoriques par les constatations de l'expérience, avant de tirer ses conclusions définitives ?

Et voilà comment savants et illettrés, représentants des classes supérieures, hommes du peuple et prêtres, nous rencontrant dans nos assemblées d'œuvres, nous cherchons à résoudre dans notre sphère d'action, le problème de l'enseignement social.

J'entends dire quelquefois de certaines populations qu'elles sont rebelles à toute action religieuse, qu'elles sont absolument inabordables. C'est une erreur ; le problème peut se résoudre par le moyen des conférences, si l'orateur sait parler à ces populations de ce qu'elles aiment, de leur profession, de leurs intérêts et en voici un exemple :

Un curé dont la paroisse était située en plein vignoble, voyait son église absolument déserte et ses paroissiens tout à fait sourds à sa voix. Après avoir étudié son sujet, il entreprit de faire à ses ouailles, des conférences sur leurs vignes ; les auditeurs affluèrent, et bientôt il les eut groupés nombreux autour de lui en attendant qu'il les groupe, et cela viendra, autour de l'autel et de Dieu.

c). *Industries du zèle.* — Nous voulons parler des différents moyens propres à attirer à l'église ceux qui s'en tiennent éloignés, et à leur en rendre le séjour agréable ; or, voici ce qui se fait généralement.

La première règle de la politesse étant d'offrir des sièges à ceux que l'on invite, nous réservons des *places gratuites* à nos associés ouvriers.

Une *Messe mensuelle* avec *instruction spéciale* est célébrée à la chapelle de la confrérie ; les associés sentent qu'ils y sont bien chez eux et ils y viennent sans hésitation.

De toutes les attractions, la plus puissante peut-être, c'est le *chant* : aussi chaque Confrérie a sa *chorale*. Combien qui avaient oublié le chemin de l'église et qui y sont revenus pour montrer leur belle voix !

Les membres de l'Association aiment leur messe du mois, et dans certaines paroisses, les communions y sont fréquentes. Les dimanches où cette messe ne peut avoir lieu, la chorale n'est pas pour cela privée de se faire entendre, elle exécute le *Credo* à la messe paroissiale, et alors les voix se dilatent et s'enflent pour retentir dans la solennelle assemblée.

Parfois, grâce à certaines excursions qu'on leur ménage comme récompense, nos chanteurs vont se mettre à la disposition des curés voisins : ces jours-là, c'est fête pour ceux qui reçoivent la chorale et pour la chorale elle-même.

Entre toutes les attractions par lesquelles la Confrérie s'attache ses membres, il ne faut pas oublier de compter la fête patronale qui se célèbre partout avec pompe.

Nous aurions ici de magnifiques descriptions à faire ; contentons-nous de dire qu'à Reims, siège canonique de l'Archiconfrérie, l'éclat de notre fête, à certaines années, est incomparable. Tous les rangs de la société se trouvent confondus dans la foule immense qui remplit la basilique de Saint-Remi ; un banquet présidé par le Cardinal Archevêque, réunit parfois jusqu'à douze cents convives ; et à cette occasion, des prix de différentes valeurs sont de temps en temps distribués avec des diplômes, à ceux des associés qui se sont montrés fidèles aux obligations de l'Association et à leurs devoirs professionnels.

Devons-nous placer parmi les attractions de l'Archiconfrérie, les retraites fermées que suivent parfois ses membres ?

Oui, certainement, car quoique quelques-uns aient besoin d'être sollicités longtemps, ceux qui sortent de la retraite, en emportent toujours la résolution d'y revenir, et il en est même qui se font les apôtres de cette sainte pratique.

Un de nos ouvriers voulait envoyer en retraite un de ses amis ; mais celui-ci, peu fortuné, n'avait dans son vestiaire ni pantalon ni habit convenables ; il possédait à peine quelques vêtements maculés par le travail.

L'apôtre de la retraite ne se découragea pas pour si peu. Il prêta son pantalon de drap et sa redingote à son ami qui put ainsi faire bonne figure parmi les retraitants. Quant à lui, il passa son dimanche vêtu d'un simple bourgeron. L'on put s'en étonner dans son entourage, mais certainement les yeux des anges en furent réjouis !

D). *Œuvres économiques.* — On a souvent reproché aux

catholiques de ne s'occuper que des destinées éternelles de l'homme, de négliger les intérêts de cette vie et de n'offrir pour tout remède aux misères humaines que la résignation.

Toute l'histoire de l'Eglise proteste contre cette affirmation, et en ce qui la concerne, notre Archiconfrérie a la conscience de ne pas mériter ce reproche.

Nous ne croyons pas devoir faire connaître ici avec tous les développements que comporterait le sujet, les œuvres admirables qui ont été créées sous l'inspiration de Notre-Dame de l'Usine, dans certains grands centres industriels du Nord, à Lille, à Roubaix, à Tourcoing ; de l'Est, au Val-des-Bois, à Mulhouse ; de l'Ouest, à Angers et ailleurs.

Ces œuvres, syndicats, coopératives, économats, sociétés de mutualité, de retraite et beaucoup d'autres encore, en même temps qu'elles ramenaient le peuple aux pratiques chrétiennes, ont procuré aux travailleurs d'immenses avantages ; elles ont rapproché les classes sociales, les patrons et les ouvriers ; elles démontrent par l'expérience et par les faits ce que serait la civilisation chrétienne ; et préférables aux plus savantes théories, elles ont donné à notre époque la plus utile leçon de choses qu'elle pût recevoir.

A Reims où, jusqu'à ce jour (1898), nous n'avons pas d'usine chrétienne, l'effort de l'Archiconfrérie a tendu au développement de la *mutualité*, à laquelle semble réservé un grand avenir, aussi bien qu'une large part dans la solution du problème social.

C'est de cette pensée que sont nées les *Caisses de prêts gratuits* qui ont rendu tant de services aux ouvriers ; les *Caisses d'assistance*, de *décès*, d'*accidents* et de *sinistres*, etc.

Nous devons nous borner à ces rapides indications, et

renvoyer pour plus amples informations aux règlements particuliers de ces institutions.

E). *Archiconfrérie, diffusion, histoire.* — Nous venons de voir l'action de l'Archiconfrérie, et la place qui lui revient dans l'œuvre de la rénovation sociale. Or, l'on peut demander si cette même Archiconfrérie a été appréciée par l'opinion, quelle expansion elle a reçue.

Evidemment quand il s'agit des œuvres d'apostolat, on a toujours des *desiderata* à formuler, car elles ont toutes la noble ambition d'étendre sans cesse la sphère de leur bienfaisante action. Mais par ce que nous avons dit jusqu'ici, l'on peut constater que l'Archiconfrérie de Notre-Dame de l'Usine et de l'Atelier, Patronne du Travail, s'est établie dans un certain nombre de nos grands centres industriels ; et aux villes déjà indiquées, nous pourrions en ajouter beaucoup d'autres plus ou moins importantes, où l'Association existe sous des dénominations diverses, chaque fondateur choisissant parmi les vocables canoniques de l'œuvre, celui qui convient le mieux aux traditions et à l'esprit des populations. Ici la confrérie s'est créée sous le titre de Notre-Dame de l'Usine ; là, sous celui de Notre-Dame de l'Atelier ; ailleurs encore sous celui de Notre-Dame, Patronne du Travail, ou d'un patron traditionnel et local ; et toutes ces confréries tendant au même but, s'unissent en une immense famille, pour invoquer et bénir la Vierge laborieuse de Nazareth, Mère auguste du Dieu Ouvrier !

C'est ainsi qu'il en est, depuis Epinal, Saint-Dizier, Châlons-sur-Marne, Epernay, Charleville, Mohon, Fumay, jusqu'à Libourne et Bordeaux, Périgueux et Béziers, pour ne citer que les principaux centres.

Ajoutons que la Confrérie a été établie à Bruxelles, et que

les milliers d'associés épars en France, en Belgique et jusqu'en Italie, nous font espérer dans un avenir plus ou moins prochain des fondations nouvelles.

L'on comprend qu'avec cette extension, l'Archiconfrérie ait déjà son histoire pour laquelle les éléments ne font certes pas défaut; car elle a eu ses jours de triomphe et de joie, ses persécutions et même ses drames sanglants.

Un de ses beaux jours a été celui où, pendant un pèlerinage solennel, sa bannière se déployait dans Saint-Pierre de Rome; le Pape Léon XIII la bénissait et la touchait de ses mains vénérables.

Chacun se rappelle les persécutions administratives dont Notre-Dame de l'Usine fut l'objet dans le Nord, le procès qu'elle eut à soutenir, le retentissement que cette affaire eut à la tribune législative.

Quand nos intelligents députés entendirent prononcer le nom de Notre-Dame de l'Usine qu'ils ne connaissaient pas, ils se prirent à rire; on leur a pardonné, car ils riaient de ce qu'ils ignoraient.

On n'a pas oublié non plus le drame sanglant de Châteauvillain. Un pacifique cortège de femmes et de jeunes filles sortaient de la chapelle, siège de la confrérie, où se dressait la statue de la céleste Reine de l'Usine; tout-à-coup apparaît la force armée et une jeune martyre tombe frappée d'une balle meurtrière. Notre-Dame de l'Usine a recueilli son âme et l'a présentée à Dieu, et pendant ce temps, les bourreaux fermaient la chapelle et mettaient sous scellés la statue de la sainte Patronne du Travail.

Quand une œuvre a été ainsi baptisée dans le sang d'une martyre, n'est-elle pas prédestinée pour faire le bien ? Aussi, nous continuerons la nôtre avec courage et confiance, malgré les obstacles, de quelque côté qu'ils viennent, certain que nous sommes, qu'en christianisant le peuple, en soulageant ses misères morales et physiques, nous travaillons de la manière la plus efficace, pour l'Eglise et pour la Patrie, et que nous faisons acte de bon catholique et de bon français !

Comme les navigateurs qui placent l'image de Marie à la poupe de leur navire, notre Archiconfrérie s'est placée sous la protection de la Reine du Ciel, et elle vogue sans crainte, vers l'avenir qui appartient à Dieu.

Année 1899. — La maladie de Mgr Baye a pris un caractère plus aigu, mais elle ne calme ni son zèle, ni n'arrête les projets qu'il forme pour l'avenir de son œuvre. Sans doute, la route à suivre est tout indiquée ; mais la machine elle-même, placée sur son rail, a besoin du mécanicien, qui modère ou accélère sa marche. C'est pourquoi, s'il a dû céder à d'autres collaborateurs certains détails secondaires, il s'occupe toujours du fonctionnement général de l'Archiconfrérie. Sa correspondance est plus active que jamais et c'est lui qui délivre tous les diplômes d'affiliation.

Quant à ses *Annales*, il en a remis le soin à M. le Curé de Taissy, qui, quoique très versé dans l'étude des questions sociales, ne fait rien sans consulter le maître.

Au jour de la fête de Notre-Dame de l'Usine, par une délicate attention envers ses chers ouvriers, Mgr Baye veut leur réserver le plaisir de jouir de la première audition de l'orgue dont il vient de doter l'église.

Dans une causerie charmante, il leur rappelle, au banquet chez les Frères, les graves enseignements pontificaux et combien sont trompeuses les espérances trop souvent offertes aux travailleurs par de prétendus réformateurs. La Confrérie de Notre-Dame de l'Usine ne leur a pas fait seulement des promesses, elle a su les tenir. Elle a fondé les caisses si utiles de prêts gratuits, d'assurances, que tous connaissent et apprécient...

Quand l'heure des vêpres a sonné, l'église de Saint-Remi est déjà archi-comble. Aussi, de l'aveu de tous, cette fête, qui atteste la prospérité croissante de la belle Archiconfrérie, est-elle une des plus réussies auxquelles il ait été donné à ses membres d'assister.

Année 1900. — Enfin, voici l'année, dans laquelle l'Archiconfrérie doit célébrer ses noces d'argent. Préparer une fête digne de Marie, qu'il a si bien honorée depuis vingt-cinq ans comme la patronne du travail et de tous les corps d'état, c'est à cela que vont tendre tous les efforts du vénérable Directeur.

Aussi bien, a-t-il tout prévu. Il a sollicité de Sa Sainteté Léon XIII, un bref qui lui permette de faire couronner la statue de la sainte patronne et voici qu'à la date du 10 décembre 1899, le Pape déléguait par un bref, Son Éminence le Cardinal Langénieux, Archevêque de Reims, pour *couronner solennellement en son nom et avec son autorité* la statue de la Bienheureuse Vierge Marie, honorée dans la basilique de Saint-Remi sous le vocable de Notre-Dame de l'Usine et de l'Atelier, patronne du Travail.

La cause est donc jugée à Rome. Cette haute approbation du Souverain Pontife et cette marque de sa paternelle bienveillance pour l'œuvre si chère à notre vénéré Cardinal, vont stimuler le zèle et l'ardeur du prélat qui, depuis longtemps, attendait la date de ce grand événement.

Dans une lettre pastorale aux fidèles de son diocèse, Son Éminence annonce la joie qu'Elle éprouve d'avoir été choisie pour présider la solennité. « Cette œuvre de Notre-Dame de l'Usine, y est-il dit, est une œuvre de saine et chrétienne démocratie. Elle a pris, et très rapidement, *sous la direction du vénérable Curé de Saint-Remi, Mgr Baye*, une expansion considérable ; car, débordant nos frontières, elle a pénétré en Alsace, en Belgique, en Espagne, en Italie, et étendu jusqu'en Amérique ses bienfaisantes ramifications.

« Ce n'est pas une œuvre de dévotion ordinaire, mais une institution catholique et sociale... Elle cherche, en un mot, à faire passer en acte les enseignements de l'Eglise, en vue de la pacification sociale. C'est elle qui, avec les Cercles catholiques, a fourni les premiers cadres à Rome qui portèrent au Vatican la plainte et la prière du peuple et qui amenèrent Léon XIII à élever enfin la voix... »

Tels étaient, au témoignage de notre éminent Cardinal, les titres qui valaient à la pieuse Association d'être distinguée par le Pape et honorée d'une si haute approbation.

C'était déjà plus qu'il n'en fallait pour récompenser le zèle de celui qui avait dépensé toutes ses forces au triomphe de l'Œuvre. Aussi sa reconnaissance à l'égard de la bonne Providence, *Dilectus Deo*, est-elle immense. Il la traduit dans une lettre à jamais mémorable, qu'il adresse aux confréries, aux associations diverses, aux groupes d'études et aux hommes d'œuvres. La voici :

« Par ses immortelles encycliques. Léon XIII a instruit l'univers ; c'est un des plus solennels enseignements du siècle.

« Or, c'est surtout dans le monde du travail que la voix du grand Pontife a retenti : c'est dans ces milieux où s'élèvent si souvent les cris et les menaces de la haine, qu'Il a fait entendre ces paroles de charité et de justice, que les plus profonds penseurs, que les foules elles-mêmes ont recueillies et qu'elles méditent.

« Mais il ne suffit pas au Souverain Pontife d'instruire et de guider le monde du travail; Il fait plus encore, Il veut l'honorer et le glorifier.

« C'est pourquoi, par un acte récent, par un bref en date du 16 décembre 1899, Léon XIII a décidé que l'Auguste Vierge, Reine de l'Usine et de l'Atelier, la Sainte Patronne du Travail serait solennellement couronnée, et que sur son front maternel et royal serait déposé un diadème d'or dont les reflets retomberaient sur ses enfants pour les couronner à leur tour.

« C'est l'exaltation du travail chrétien que veut le Pape des ouvriers; Il veut que le travailleur honnête puisse compter parmi les majestés de ce monde, possédant lui-même une couronne qui est bien certainement la sienne, puisqu'elle aura été déposée sur le front de sa Mère.

« Oui, une couronne sur le front de la Reine de l'Usine et du Travail! C'est pour montrer que les révolutions qui transforment la société n'enlèvent rien aux prérogatives de Marie. Autrefois, l'Auguste Vierge était proclamée la Reine de la France monarchique; un de nos vieux rois lui avait consacré son royaume. Aujourd'hui, c'est le peuple qui s'éveille et aspire au pouvoir; Marie n'abdiquera pas pour cela; Elle marchera à la tête de cette société nouvelle; Elle acceptera le diadème que lui offriront les foules, et Elle sera la Reine de la démocratie. Et certes, sous l'étendard de Celle que l'Église nous montre puissante comme une armée rangée en bataille, la démocratie marchera plus honorée et plus vaillante que sous le drapeau rouge d'une révolutionnaire Marianne.

« C'est un Cardinal français, déjà plusieurs fois revêtu du titre de légat, qui, en qualité de délégué de Léon XIII, en son nom et avec son autorité, couronnera l'Auguste Vierge ; c'est Son Éminence Mgr Langénieux, archevêque de Reims, que les travailleurs français ont maintes fois acclamé comme *leur Cardinal*.

« C'est pourquoi, au jour de la grande solennité qui se prépare, ces mêmes travailleurs voudront tous se grouper autour du *Cardinal des ouvriers*. Et avec eux, les hommes d'œuvres, les patrons, les membres du clergé y seront aussi nombreux, car Marie est la Mère et la Reine de tous ceux qui aiment l'ouvrier, et qui exercent souvent sur sa destinée une influence décisive.

« C'est dans l'insigne basilique de Saint-Remi de Reims, que s'accomplira l'imposante cérémonie du couronnement, et quel endroit mieux choisi ?

« Outre l'ampleur, la majesté et les souvenirs de ce temple antique, n'est-ce pas là que depuis de longs siècles, repose dans le tombeau où l'ont déposé nos ancêtres, le grand apôtre saint Remi, qui baptisa la nation française ?

« N'est-ce pas là que naguère encore, en 1896, en des jours inoubliables, la France chrétienne accourait raviver sa foi et redire les serments qui la lient au Christ ?

« Enfin, c'est dans la chapelle absidale de la basilique dédiée à saint Remi, que se dresse la statue de l'Auguste Vierge qui va recevoir le précieux diadème ; c'est là que l'on vénère celle qui étend sa protection sur ce monde du travail, du commerce et de l'industrie, si agité par l'antagonisme des intérêts, les concurrences acharnées, les crises ruineuses ; c'est là que petits et grands, patrons et ouvriers viennent prier celle qui, quoique

Reine du Ciel et de la Terre, ne dédaigne pas d'ajouter à son titre de haute et puissante Dame le nom plébéien de nos modernes usines dans lesquelles elle pénètre, comme le rayon du soleil, dans les plus obscurs bas-fonds pour les éclairer et les purifier ; c'est là que, couronnée pour ainsi dire entre deux siècles, la Vierge Mère présente à l'un et à l'autre le divin Enfant qu'elle porte dans ses bras : au siècle qui finit pour lui pardonner d'avoir, avec un vain orgueil, inutilement cherché dans sa seule raison la solution des problèmes sociaux qui l'agitaient ; et au siècle qui arrive pour lui obtenir la grâce de trouver dans la foi au Christ et à son Église les solutions tant désirées et si nécessaires . . .

« Certains demanderont peut-être pourquoi ce triomphe décerné à Notre-Dame de l'Usine et pourquoi ce diadème déposé sur son front ?

« C'est le Saint-Père qui répond à cette question quand il rappelle que l'*Archiconfrérie groupe déjà en divers endroits, un grand nombre d'ouvriers qu'elle a confiés à la protection de la Vierge Marie et auxquels elle procure les secours de l'âme et du corps.*

« C'est qu'en effet l'Archiconfrérie de Notre-Dame de l'Usine et de l'Atelier, Patronne du Travail, n'est pas une simple association de piété dont le programme consiste exclusivement en pratiques de dévotion ; c'est une *œuvre sociale* qui s'intéresse tout à la fois au bien-être matériel et moral de l'ouvrier, et qui ne veut rester étrangère à aucune des questions qui s'agitent dans le monde du travail. Au sein des comités qu'elle crée partout où elle se fonde, dans les conférences périodiques qu'elle organise, elle étudie tous les problèmes à l'ordre du jour. Sans doute, elle n'a pas fait beaucoup de bruit, peut-être même n'en a-t-elle pas fait assez, mais elle a mieux fait : elle a agi, et son œuvre a été l'une des plus fécondes entre toutes les autres œuvres religieuses, sociales et démocratiques. Non, nulle autre œuvre n'a créé plus qu'elle, dans les villes populeuses et jusque dans les humbles localités où elle est établie, d'institutions diverses : syndicats, corporations, sociétés de mutualité et de prévoyance, des conférences, etc.

« Voilà ce qu'a fait l'Archiconfrérie ; c'est le moment de dire ces choses pour lui rendre un juste et public hommage ; et, grâces à Dieu, c'est le Souverain Pontife lui-même qui le proclame !

« Telle est donc la signification de la fête qui se prépare pour le 19 août prochain : c'est le triomphe d'une Archiconfrérie dans laquelle se résume l'action sociale. Tous les hommes d'action, tous ceux qui travaillent à la régénération chrétienne de la Patrie voudront y prendre part. Oui, tous se donneront rendez-vous dans cette basilique de Saint-Remi, auprès de l'Apôtre qui a baptisé nos ancêtres et de la Vierge qui christianisa la moderne démocratie. Est-ce que le passé, le présent, l'avenir, toute l'histoire de notre France n'est pas là? Aussi la France chrétienne voudra-t-elle être présente à la glorification et au couronnement de l'Auguste Patronne du Travail, et former autour de sa statue une couronne encore plus précieuse que celle qui ornera son front. »

Ainsi annoncée et non moins bien organisée, la fête du couronnement, fixée au 19 août 1900, devait être une des plus magnifiques solennités religieuses qu'au cours des siècles, la vieille église abbatiale de Saint-Remi avait vu célébrer dans son enceinte.

Nous aurons occasion d'en reparler au Chapitre VIII. Le

Bulletin du Diocèse de Reims, 25 août 1900, résumait ainsi l'impression générale qui se dégageait au soir de cette journée incomparablement belle :

« Telle fut cette journée d'impérissable souvenir, pour tous ceux qui se trouvaient à cette fête, mais en particulier pour l'Eminent Prince de l'Eglise qui la présidait et pour le bien-aimé Prélat dont elle était la plus douce joie en même temps que la meilleure récompense, pour Mgr Baye, dépositaire des précieux trésors de notre cité : le corps de l'Apôtre des Francs et l'image couronnée de Notre-Dame de l'Usine.

A son blason prélatice qui porte la châsse de Saint-Remi et la statue de Marie, il pourra ajouter la devise : « *Posuerunt in custodem,* » l'Apôtre des Francs et la Vierge Marie des travailleurs m'ont choisi pour gardien. Chacun pensera que leur choix n'aurait pu être meilleur : « Le Doyen de Saint-Remi, a dit en effet, au banquet, M. l'Archiprêtre de Notre-Dame, interprète fidèle de tous ses confrères, est la gloire du clergé rémois. »

Un an après, pendant que les ouvriers réunis à Saint-Remi célébraient la fête de Notre-Dame de l'Usine, Mgr Baye reposait dans son cercueil au presbytère, en attendant le jour de ses funérailles. La Reine du Ciel avait voulu que son digne serviteur reçût à son tour la couronne réservée aux élus du Seigneur, le jour même de la fête qu'il lui avait préparée sur la terre.

Il l'a donc vu le couronnement de sa statue ; il avait été à la peine, il a été à l'honneur. Il a triomphé sur la terre. Il triomphe dans le Ciel. C'est bien l'homme choisi par Dieu, gâté par sa Providence : *Dilectus Deo.* Mgr Baye a disparu ; mais la Sainte Vierge veille sur son œuvre. Un nouveau pasteur a succédé au véritable fondateur de Notre-Dame de l'Usine, et la meilleure preuve qu'il a à cœur de suivre la voie tracée par son prédécesseur, c'est que déjà il s'occupe activement du fonctionnement de l'Archiconfrérie.

Voici en effet ce que nous lisions dans la *Croix de Reims*, le jeudi 13 février 1902 :

« Dimanche dernier, à 4 h. 1/2, se sont réunis dans la salle du patronage, place Saint-Remi, les adhérents aux caisses de mutualité fondées dans l'Archiconfrérie de Notre-Dame de l'Usine et de l'Atelier.

« M. l'abbé Froment, curé-doyen de Saint-Remi, préside l'assemblée.

« Le compte-rendu des opérations de l'année 1901 est fait par M. Buiron, trésorier. Les caisses d'accidents, de décès et d'assistance, comptent de nombreux sociétaires à Saint-Remi, à la Cathédrale, à Saint-Jacques, Saint-Maurice et Sainte-Clotilde ; avec la caisse de prêts gratuits, ces mutualités diverses viennent en aide, chaque année, à plus de 200 personnes (1).

« Après l'exposé de cette situation prospère de l'œuvre sociale de Notre-Dame de l'Usine, M. le Doyen, dans une causerie charmante et toute pleine d'à-propos sur ce qui a été fait et ce qui reste à faire, intéresse vivement son auditoire sur les avantages matériels de l'Œuvre.

« Du reste les *Annales de Notre-Dame de l'Usine* traitent toujours de ces questions d'économie sociale. Il faut donc les lire et les faire lire.

« La vie intérieure et pratique de l'Archiconfrérie fut ainsi

______

(1) En dix ans, dit le *Bulletin du Diocèse* du 15 mars 1902, cette caisse des prêts gratuits a prêté plus de 25.000 francs. Par an elle ne perd pas plus de 20 à 30 francs.

passée en revue par M. le Président, avec cette précision que donne seule l'expérience des milieux ouvriers. »

De la lecture de cette note recueillie par nous, pour être publiée dans ce livre, nous sommes en droit de conclure que le nouveau pasteur de Saint-Remi sera un digne continuateur de l'œuvre de Notre-Dame de l'Usine (1). Nous savons d'autre part que tel est le désir de son Eminence le Cardinal de Reims. Donc l'Archiconfrérie vivra aussi longtemps qu'il le faudra, pour christianiser la *démocratie moderne*.

Ah ! ce mot, que de flots d'encre il a fait répandre depuis quinze ans environ ! Les uns s'en effrayant voudraient que ce quatrième état ne fût rien du tout. Les autres travaillent au contraire à ce qu'il soit tout.

Notre-Dame de l'Usine, s'inspirant des doctrines de l'Eglise, dit qu'il faut des hommes pour diriger et faire des lois, mais que l'on doit consulter *celui qui manipule la matière*, dans les questions qui concernent la réglementation du travail et la question si grave du salaire. On peut donc marcher sous les plis de son drapeau, certain qu'il conduira au relèvement et à la moralisation de la classe ouvrière et de la société elle-même.

Car c'est l'idée qu'il faut se faire de l'Archiconfrérie fondée par Léon XIII. « Ce n'est pas, ainsi que l'écrivait son Eminence le Cardinal Langénieux (2), une œuvre de dévotion au sens ordinaire du mot, mais une institution catholique et sociale qui poursuit, dans un esprit profondément religieux, l'amélioration

----

(1) Au mois de mai 1902, M. le Doyen n'a pas manqué d'inviter les pèlerins à venir chaque jour, comme les années précédentes, se grouper aux pieds de Notre-Dame de l'Usine, leur patronne.

(2) Lettre de Son Eminence à l'occasion du Couronnement solennel de Notre-Dame de l'Usine.

morale et matérielle du sort de l'ouvrier et le rapprochement fraternel des classes ; et cela par le moyen de comités paroissiaux, de conférences populaires, de cercles d'études, d'œuvres économiques d'assistance, de patronage et de mutualité ».

C'est donc une œuvre actuelle, opportune, éminemment pratique et religieuse par la Confrérie.

Son histoire est glorieuse, et pendant les 25 années de son existence, elle a eu des heures d'un triomphe inespéré. L'honneur en revient assurément à Mgr Baye, qui avait une conception si précise, si merveilleuse de la classe ouvrière et une influence si considérable en France et à l'étranger.

Toutefois, le vénéré Directeur n'a pas échappé à la loi ; il a souffert pour sa cause ; il a connu les angoisses que saint Paul résume si bien dans ces mots : *Foris pugnæ, intus timores.*

Les combats du dehors, ceux que nous livrent nos adversaires, un cœur vaillant les envisage toujours avec sérénité, sans crainte aucune. Que les ennemis de l'Eglise, dans les Chambres françaises, dans les réunions publiques, ou dans les journaux, poursuivissent l'œuvre de Notre-Dame de l'Usine, Mgr Baye était bien capable de riposter à toutes les attaques. Il l'a fait ; il a multiplié ses écrits et ses discours partout où l'occasion s'en présentait. « Je m'amuse de tout cela, » disait-il en riant.

Mais les douleurs du dedans, celles qui viennent des nôtres, cela, c'est la vraie souffrance.

Se sentir soi-même suspecté, s'entendre dénoncé par l'intransigeance étroite d'hommes qui prétendent avoir le monopole de l'orthodoxie, voir son œuvre mollement soutenue de ceux qui devaient lui donner le plus ferme appui, quelle amertume !

Rien de tout cela n'a été épargné à Mgr Baye. Mais aussi, rien de tout cela ne l'a découragé. Il a souffert de l'abandon des uns et de la faiblesse des autres. « On me critique, disait-il, et ma doctrine n'est que l'expression même de celle des encycliques de Léon XIII. »

Il a souffert de la pusillanimité de certains patrons catholiques. Ne se désintéressaient-ils pas trop d'une œuvre qui les rapprochait de leurs ouvriers!

Malgré tant de défections, c'est avec une vigueur irrésistible qu'il conduit sa barque jusqu'au bout, et qu'elle sera remise après sa mort entre les mains d'un nouveau pilote, qui est de force à lui donner un nouvel élan.

En 1901, dans un Congrès tenu à Reims les 21, 22 et 23 février, sous la présidence de Son Éminence le Cardinal, malgré son extrême faiblesse, Mgr Baye parlait encore avec un véritable enthousiasme de sa chère œuvre de Notre-Dame de l'Usine.

Tous, nous nous rappelons avec une émotion profonde ce grand vieillard à la figure émaciée, qui, après une longue séance de l'après-midi, était revenu le soir, bravant la fatigue de la journée et le froid de la nuit, pour lire le rapport qu'il en avait écrit avec une compétence et une conviction qui entraînèrent invinciblement tout l'auditoire.

Ce fut le chant du cygne.

Selon son expression, « il bataillait depuis des années pour qu'on groupât toutes les œuvres catholiques sous le patronage de l'Archiconfrérie ». Or, voici les vœux qu'émit le Congrès après la lecture de ce rapport :

« Que toutes les œuvres de la ville ayant pour but le groupement des hommes sur le terrain catholique, soient fédérées en une seule association, chaque œuvre gardant sa force propre et son autonomie;

« Que l'Archiconfrérie de Notre-Dame de l'Usine et de l'Atelier soit choisie pour servir à la prompte réalisation de cette union ;

« Que MM. les Curés et les Présidents des groupes paroissiaux se réunissent à des époques fixes en séance de comité central, pour délibérer sur les moyens de développer et de rendre plus compact le groupement général ;

« Que des fêtes et réunions, comme il en existe en d'autres villes où est établie la Confrérie, aient lieu dans les diverses paroisses, soit à l'église, soit dans les salles d'œuvres. »

Ces vœux divers du Congrès rémois sont très importants ; car ils doivent, dans la suite, aboutir à des résultats très appréciables pour la prospérité de Notre-Dame de l'Usine. Le vénéré Directeur le savait, et quelques jours après il nous en exprimait sa vive satisfaction.

On a manifesté la crainte de voir ce groupement général sous la bannière de l'Archiconfrérie, absorber les œuvres de la paroisse. Mais c'est une crainte qui ne peut être fondée, puisque chaque œuvre garde ses usages et son autonomie tout entière.

Au surplus, je n'ai pas à le cacher ici. On a beau me répéter que cette œuvre de Notre-Dame de l'Usine ne survivra pas à Mgr Baye, je n'ai pas à scruter l'avenir. Ce que j'admire, c'est le passé. Et je suis sûr que tous nous nous retrouvons unanimes pour proclamer que Mgr Baye a été un vaillant et que, par sa ténacité à essayer de faire le bien par une œuvre merveilleusement conçue et surtout pratique, il nous donne à tous de fameux exemples de zèle apostolique.

Puisse l'Église, notre Mère, recevoir de Dieu des prêtres, des défenseurs tels que Mgr Baye, hommes de qui la foi soit au-dessus de tous les doutes, l'espérance plus forte que toutes les déceptions, le cœur capable de tous les dévouements et l'intelligence à la hauteur de toutes les idées.....

CHAPITRE QUATRIÈME

MONSEIGNEUR L. BAYE

L'écrivain

En présentant au lecteur Mgr Baye comme écrivain, notre intention n'est pas de nous perdre en de longues études sur son style et sur l'élégance de ses écrits. Non, c'est plutôt une occasion pour nous, d'admirer sous un nouvel aspect, la physionomie si complète de l'intelligent Curé de Saint-Remi.

En tant qu'écrivain, M. l'abbé Baye ne nous a pas laissé d'ouvrages de longue haleine. Tout se résume dans des articles de presse parus surtout dans le *Bulletin du Diocèse*, dont il a été le Directeur pendant plusieurs années, et dans la publication des *Annales de Notre-Dame de l'Usine*, 1886-1901. Entre temps, il faisait imprimer quelques discours de circonstance qui méritent d'être signalés à notre attention.

Il y a deux périodes bien distinctes dans la manière d'écrire de M. l'abbé Baye. Au début, c'est plutôt le littérateur qui polit sa phrase. On y trouve du fonds sans doute et des idées toujours bien nettes ; mais l'image qui les pare est si belle, qu'elle charme plutôt qu'elle ne convainc.

C'était le temps où l'on noyait un peu sa pensée dans des périodes ronflantes. Aujourd'hui, on est plus positif, disons le mot, plus simple ; on parle et on écrit bien plus pour dire quelque chose, qu'il y a une cinquantaine d'années.

Nous constaterons par ailleurs que M. l'abbé Baye, parvenu à l'âge mur, donnait plus de simplicité à son style et à ses écrits. Ce qui ne l'empêchait pas de nous répéter à satiété, en parlant d'un abbé qui certes, n'était pas éloquent et dont les discours ne renfermaient le plus souvent que des mots à effet : « Il y a cependant chez lui quelque chose du génie de la langue française..... »

M. l'abbé Baye a donc toujours attaché une grande importance à la forme de ses discours. Et pourquoi pas? N'est-ce pas à tort que des prêtres en chaire, sous prétexte qu'ils ont besoin de se mettre à la portée de leur auditoire, ne donnent aucun relief à leur sermon et se contentent d'exprimer la doctrine, sans distinction dans leur langage ? *Ne quid nimis :* il ne faut d'excès ni d'un côté, ni de l'autre. .

Nous allons faire apprécier M. l'abbé Baye comme écrivain, dans deux discours qui ont été publiés, l'un dans la *Tribune sacrée* (année 1860), et l'autre dans un tirage à part. Tous deux appartiennent à la période de son vicariat à la Cathédrale, au temps où son style était si brillant et où sa phrase était si soignée, presque pompeuse.

Le premier traite de la Noblesse du Chrétien. Il est écrit dans un style très imagé. N'oublions pas que c'est le jeune vicaire qui parle (1).

---

(1) Le sermon n'est pas reproduit ici en entier.

« Mes Frères,

« La plus grande merveille que puisse nous offrir la création, c'est l'homme lui-même sortant des mains du Créateur et réunissant en lui seul, comme en un petit monde, toutes les splendeurs de ce vaste Univers, dont il est le chef-d'œuvre et le roi. Décrire la beauté majestueuse de l'homme, c'est chanter la plus belle hymne à la gloire du Seigneur. Qui n'admirerait, en effet, tant de merveilles renfermées dans l'homme, et son intelligence sublime qui s'élève dans les cieux, et son cœur si vaste qui déborde d'amour, et sa volonté qui peut vaincre le monde? Quel éclat dans ce regard où, comme en un miroir vivant, se reflète la pensée de l'homme de génie! Quel charme dans ce sourire où s'épanouit toute la tendresse d'une mère! Quel mystérieux attrait jusque dans les larmes de l'homme! Quelle majesté et quelle grâce dans toutes les attitudes de son corps, céleste édifice dont Dieu lui-même est l'architecte!

« Et cependant, Mes Frères, il y a dans le monde une merveille plus grande encore, c'est l'homme quand il est régénéré par la grâce, c'est le chrétien; car il y a dans son cœur des trésors de beauté, dans son âme des splendeurs qui dépassent de beaucoup toutes les beautés et toutes les splendeurs de la création. Rien n'est plus noble, rien n'est plus grand ici-bas que le chrétien, car il porte en lui seul toutes les grandeurs, toutes les illustrations et toutes les noblesses. C'est ce que je me propose de vous montrer aujourd'hui.

« Ce sujet que je vous apporte, la noblesse du chrétien, me semble toujours plein d'actualité; à toutes les époques, c'est un sujet de circonstance; car, Mes Frères, c'est à vous que nous nous adressons, à vous qui êtes chrétiens et par la foi de vos intelligences et par l'amour de vos cœurs. Vous êtes chrétiens! Je n'en veux pour preuve que votre attitude respectueuse en présence de l'autel, que votre affluence dans le temple saint, au pied de cette chaire, où vous allez vous nourrir tous des enseignements de la parole chrétienne! C'est donc votre propre grandeur que nous allons décrire; ce sont vos titres de noblesse que nous allons produire ici devant vous. Assez de fois dans le monde, on insulte à la gloire du chrétien! Qu'il nous soit permis de nous en faire ici l'apologiste. Nous allons dire qui vous êtes, Mes Frères, et proclamer tout ce que renferment de grandeur et de noblesse vos âmes chrétiennes. Je n'ai pas besoin de réclamer votre favorable attention.

« Entre toutes les grandeurs et toutes les noblesses qui se partagent l'admiration et l'estime des hommes, on peut en distinguer trois plus glorieuses et plus illustres que les autres : la noblesse de l'origine ou du sang, la noblesse de l'esprit ou de la science, la noblesse du cœur ou de la vertu. Ces trois noblesses dominent dans le monde toutes les autres noblesses, comme dans une forêt le chêne puissant élève sa cime majestueuse au-dessus des humbles arbustes, qui grandissent à son ombre!... Or, Mes Frères, il y a bien peu d'hommes qui réunissent en eux-mêmes ces trois illustrations de la naissance, de l'esprit et de la vertu : un seul peut les revendiquer incontestablement, c'est le chrétien, et voilà ce qui l'élève au-dessus de toutes les grandeurs et de toutes les gloires de la terre.

« Oui, le chrétien possède la noblesse de l'origine et du sang; car il est l'enfant de Dieu et de l'Eglise ; c'est, suivant l'expression d'un saint Père, une plante céleste, *planta cœlestis*, qui ne sort pas de la terre, mais qui plonge ses racines dans les cieux.

Ce doux nom de père, qui renferme tant d'amour et de tendresse, le chrétien peut le donner à Dieu, et c'est là son privilège le plus glorieux. Car cette paternité de Dieu n'est pas, comme toutes les paternités de la terre, faible et caduque ; c'est au contraire une paternité universelle et toute puissante, du sein fécond de laquelle est sorti l'Univers. Tous les êtres de la création la proclament et la bénissent, chacun dans son langage ; les cieux racontent sa gloire ; c'est elle que dans les profondeurs du désert le lion salue par ses rugissements ; c'est elle que les oiseaux de nos campagnes célèbrent par leurs chants du matin ; tous les hommes jusqu'au sauvage abruti sont ses enfants, car il n'en est pas un seul qui n'ait reçu d'elle l'existence et la vie.... Mais son enfant privilégié, l'enfant de sa tendresse, le seul en qui elle ait versé le sang de ses veines, l'héritier de son bonheur et de sa gloire, c'est le chrétien. Seul dans la création, les yeux tournés vers le Ciel, le chrétien a le droit de s'écrier : Je suis l'enfant de Dieu !,.. Ah ! suivant le mot de saint Augustin, il faut le féliciter d'une telle grandeur !

« C'est avec un légitime orgueil que dans le monde, on cite les noms glorieux de ses ancêtres ; les descendants des vieilles et nobles races s'efforcent de faire remonter leur généalogie jusqu'aux siècles les plus reculés et d'y rattacher d'illustres héros ; mais qui donc pourrait parmi les noms de ses ancêtres en citer un plus glorieux que celui de Dieu ? Tel est pourtant le premier nom de la généalogie du chrétien !... Certes, notre histoire nationale, plus que toute autre peut-être, renferme de ces noms héroïques qu'ont illustrés la vertu, la fidélité ou la victoire, et que de nos jours encore de nobles familles se transmettent comme la plus belle portion de leur héritage. Eh bien ! cherchez parmi ces héros qui ont donné tant de gloire à la patrie qui leur a donné le jour ; cherchez parmi ceux qui ont fondé ou sauvé la monarchie ; cherchez parmi ces vaillants chevaliers qui ont succombé dans de mémorables combats ; feuilletez tous nos fastes militaires, artistiques, littéraires, passez en revue toutes nos gloires nationales, et puis citez-moi un nom, le plus fameux de tous, une famille, la plus illustre de toutes celles qui, semblables à des plantes glorieuses, se sont épanouies sur notre terre de France, et toujours je serai en droit de m'écrier : Que sont toutes ces grandeurs, toutes ces hautes et puissantes familles, auprès d'un enfant de Dieu ? Que sont tous les vieux parchemins de la noblesse, auprès de l'acte de baptême d'un chrétien ?

« Au temps de l'ancienne monarchie française, la fille d'un de nos rois, se croyant offensée par une de ses suivantes, lui dit un jour avec emportement : Madame, souvenez-vous que je suis la fille de vos rois ! — Et moi, reprit celle-ci, se souvenant de sa qualité de chrétienne, je suis la fille de votre Dieu ! — Grand et noble langage que nous pouvons tous avoir sur les lèvres ! Et ici notre mémoire évoque naturellement un autre souvenir, un trait de la vie intime de nos rois et que sans doute, Mes Frères, nul d'entre vous n'ignore. Vous savez cette sublime leçon que le Grand Dauphin, père de l'infortuné Louis XVI, donnait un jour à ses enfants. Il avait fait apporter devant eux les registres de la paroisse où ils avaient reçu le baptême, et leur montrant les noms obscurs qui précédaient et suivaient les leurs : « Voyez, leur dit-il ! Aux yeux de Dieu, les conditions sont les mêmes ; vous êtes ici confondus avec une foule d'autres hommes, chrétiens comme vous ; ils sont vos frères, souvenez-vous en toujours. Le titre de chrétien est ce que vous avez de plus grand en vous. »

« Inclinons-nous, Mes Frères, devant cette majesté du chrétien ; sachons la respecter jusque sous les haillons de la misère
et les livrées du malheur. Voyez-vous cet indigent infirme qui
vous tend la main : ne le repoussez pas, car il est noble, c'est
l'enfant de Dieu ; voyez-vous ce petit enfant du pauvre, couché
dans son triste berceau : ne le méprisez pas, car il porte l'auréole
du chrétien.; il est noble, Dieu est son père !... Ah ! je voudrais
faire entendre ma voix à tous les infortunés, à tous les malheureux, et leur dire : Ne pleurez pas, prenez courage, car vous
êtes les enfants de Dieu ! Je voudrais me présenter au chevet
de tous les malades et leur dire : Prenez patience, Dieu est
votre père, et il vous réserve pour héritage son bonheur et sa
gloire ! Je voudrais me pencher à l'oreille de tous ceux qui
souffrent et leur dire : Ne murmurez plus, car Dieu est votre
père, et un jour en échange du calice d'amertume que vous
buvez ici-bas, il vous versera la coupe de son intarissable
félicité ! Mais à vous tous, chrétiens, Mes Frères, je dirai avec
saint Cyprien : « Quand le souffle de la tentation agite votre
« cœur, quand la chair vous sollicite, répondez-lui : Je suis le
« fils de Dieu, né pour de plus grandes choses que pour satisfaire
« mes sens corrompus. Quand le monde vous tente par ses
« plaisirs, ses richesses ou ses honneurs, répondez encore : Je
« suis le fils de Dieu, destiné aux richesses, aux plaisirs, aux
« honneurs du Ciel. Quand le démon cherche à vous séduire,
« dites-lui : Retire-toi, je suis le fils de Dieu et jamais je ne
« serai ton esclave ! »

« Nous sommes tous les enfants de Dieu, imitons notre père !
On raconte d'un roi de Pologne qu'il portait toujours suspendu
à son cou, le portrait de son père, et toutes les fois qu'il entreprenait quelque action importante, il le prenait entre ses mains

et s'écriait : Mon père, ne permettez pas que je fasse rien qui
soit indigne de votre nom ! Imitons ce bel et touchant exemple
de piété filiale ; contemplons souvent l'image de notre Dieu,
et demandons-lui de ne jamais permettre que nous fassions rien
qui soit indigne de lui et de nous.

« Le chrétien est aussi l'enfant de l'Église. C'est le fils de cette
mère vénérable qui a déjà porté dans son sein tant de générations catholiques, dont la tête auguste domine et protège le
monde depuis dix-huit siècles, et qui, de nos jours encore, peut
compter, répandus sur tous les points du globe, plus de deux
cents millions d'enfants.

« Comme fils de cette illustre Mère, le chrétien est le frère de
tant de héros, qui toujours aimèrent à se proclamer fils soumis
de l'Église, d'un Charlemagne et d'un saint Louis, aussi pieux
chrétiens que monarques puissants. Il est de la glorieuse
famille des patriarches, des apôtres et des martyrs, de ces
vastes génies qui s'appellent saint Paul, saint Augustin, saint
Chrysostome, saint Thomas, Fénelon, Bossuet, de tous ces saints
dont les noms illustres remplissent l'histoire et qui ont fait
l'admiration du monde par leurs vertus, ou même l'ont sauvé
par leur dévouement. Telle est la famille du chrétien, enfant de
l'Église ; c'est au milieu de ce glorieux cortège qu'il traverse le
monde ; il donne la main à d'innombrables légions de héros
et de saints qui l'accompagnent et le protègent ; ce sont ses
frères, car il partage avec eux la même foi, les mêmes espérances. Avec eux il marche hardiment vers l'Éternité ; il ne
craint pas de s'égarer, quand dix-huit siècles catholiques le
précèdent et lui tracent la route... Le chrétien est donc uni
par les liens d'une céleste parenté à tout ce qu'il y a de
plus grand sur la terre et dans les cieux : qui pourrait se

vanter en ce monde d'avoir des alliances plus illustres que lui!

« Enfants dévoués de l'église, nous avons droit, Mes Frères, à tous les biens de notre sainte et noble Mère; pressons-nous donc autour d'elle; tombons avec respect à ses genoux, car sa main vénérable s'élève pour nous bénir. Elle a répandu ses bénédictions puissantes sur chacun des siècles qui nous ont précédés; elle a béni tout ce qu'il y a eu de grand avant nous : les martyrs dans les catacombes, les croisés volant à la délivrance du tombeau de Jésus-Christ; elle a béni nos pères et nos berceaux, elle veut bénir aussi tout ce qui nous appartient, nos douleurs, nos joies, notre vie, notre mort elle-même. Or, la bénédiction d'une mère porte toujours bonheur. Heureux ceux qui s'inclinent respectueusement sous les bénédictions de l'Église, car l'histoire rapporte les mémorables infortunes de tous ceux qu'elle a maudits.

« Et cependant, Mes Frères, il y a de ces chrétiens ingrats qui ne veulent plus de l'Église pour Mère : ils repoussent l'illustre alliance des saints dont nous parlions tout à l'heure. Ah! que deviennent-ils? Ils sont seuls, plus de héros chrétiens qu'ils puissent appeler leurs frères! Ils n'ont plus personne pour mettre en commun leur espérance et leur foi; ils s'avancent solitaires vers l'Éternité, sans même savoir s'ils y trouveront un Ciel, ou des amis qui les attendent ! Faut-il s'étonner si parfois leurs âmes sont agitées par les sombres terreurs du désespoir et du doute?

« Comme enfant de Dieu et de l'Église, le chrétien possède donc la noblesse de l'origine et du sang; nous allons voir qu'il y joint la noblesse de l'esprit ou de la science. On a vu des hommes nés dans l'obscurité s'élever au-dessus de la foule et conquérir l'immortalité par la seule force de leur intelligence. De tout temps, le monde a eu de l'admiration et des applaudissements pour le génie, car la science est une noblesse souvent plus glorieuse que la noblesse du sang. Un de nos vieux rois de France écrivait un jour à un savant de son siècle : « Tous deux, nous portons également une couronne ! » L'un portait la couronne de la royauté, l'autre celle du génie.

« Or, Mes Frères, c'est encore au chrétien surtout qu'appartient cette noblesse de la science. Enfant de l'Église, il porte dans son intelligence plus de grandes vérités que le génie le plus vaste. Il est le possesseur des livres les plus anciens, les plus respectables, les plus sublimes que nous ait légués l'antiquité. Avec sa Bible et son Évangile, qui sont sa propriété et son bien, il possède les principes et la clef de toutes les connaissances humaines; il y trouve les éléments de toutes les sciences, même naturelles.

« Ah! sous ce rapport, le chrétien n'est pas plus arriéré que les autres; il marche avec son siècle et souvent le précède. En effet, dans Moïse, écrivain de la Genèse, il lit l'origine des choses et apprend une géologie et une physique divines qui ont devancé, de plus de quatre mille ans, toutes nos découvertes modernes. Les profondeurs de la philosophie lui sont révélées dans Job et dans saint Paul; toutes les magnificences de la littérature et de la poésie lui apparaissent dans les Psaumes; les livres de la Sagesse et des Proverbes lui offrent les traités de morale les plus complets et les plus profonds. Dans les livres historiques de l'Écriture, il trouve l'histoire la plus authentique et la chronologie la plus certaine. Le chrétien, en feuilletant les pages sacrées de la Bible et de son Évangile,

apprend donc les principes de toutes les sciences humaines :
poésie, littérature, histoire, il y trouve tout!...

« Sans doute, travailler au progrès de ces différentes sciences
naturelles et humaines, y faire sans cesse de nouvelles découvertes dans l'intérêt de l'humanité, est une grande et noble
tâche; mais n'est-il pas vrai que le plus bel usage que l'homme
puisse faire de son intelligence, c'est de l'appliquer à cette
autre science la plus relevée, la plus saisissante de toutes, je
veux dire la science de ses devoirs, la science de son origine,
de sa nature et de ses destinées. Celui qui ne possède pas cette
science divine ne sait rien, Mes Frères.

« Ah! oui, j'admire le savant qui me décrit la route brillante
des astres, mais j'aime bien mieux celui qui m'enseigne sûrement la route du Ciel; j'admire le savant qui me décrit les
merveilles de la nature, me révèle les propriétés des corps;
mais j'aime bien mieux celui qui me raconte les merveilles de
mon âme et m'apprend à moi-même qui je suis! Que m'importent
toutes les connaissances humaines, si je m'ignore moi-même, si
je ne sais quelle main ou quel hasard m'a jeté sur cette terre,
si je ne sais d'où je viens, ni où je vais!

« Or, qui pourra donner à ces graves questions des réponses
certaines? Le chrétien seul! C'est en vain que vous interro-
geriez à cet égard l'antiquité païenne et les modernes philosophes de notre xixe siècle! Tertullien se plaît à énumérer les
systèmes contradictoires des anciens sages : « Les élèves de
Platon, dit-il, croient que Dieu a soin de tout; les sectateurs
d'Épicure, au contraire, en ont fait un être immobile et oisif.
Les stoïciens le supposent hors du monde, mais les platoniciens
le placent au centre de l'Univers. Il nous reste, continue
Tertullien, plus d'un témoignage de l'ignorance de ces faux

sages. Ainsi, on demande à Diogène ce qui se passe dans le Ciel, et il répond : « Je n'y suis pas monté !... » — Y a-t-il des dieux? lui demande-t-on encore. Et il réplique : « Tout ce que je sais, c'est qu'il serait expédient qu'il y en eût. » Socrate lui-même paraît convaincu quand il nie l'existence de tous les dieux de l'Olympe, mais il paraît également convaincu quand il recommande d'immoler un coq à Esculape. Voilà comme les philosophes de l'antiquité ont répondu aux plus saisissantes questions que l'homme puisse se poser à lui-même. Or, les puissants génies, les libres-penseurs de nos jours, qui ont cessé d'être chrétiens, n'y répondent pas non plus; ils ne font que balbutier sur ce sujet. Interrogez-les, feuilletez leurs livres; leur dernier mot, c'est que l'on ne peut percer les voiles épais qui nous cachent nos destinées, et que l'homme doit se résigner à vivre dans le doute, entre deux insondables mystères, son passé et son avenir : le doute, voilà leur formule! voilà leur science!

« Eh bien ! Mes Frères, dans cet auditoire, il n'en est pas un seul, même parmi les enfants, qui ne puisse dissiper ce doute ; tous, plus instruits que les profonds philosophes de l'antiquité et du monde moderne, vous pouvez répondre à ces graves questions que nous posions tout-à-l'heure ; vous connaissez tous votre origine, vos devoirs et vos destinées ; et cela, parce que vous êtes chrétiens ! Nul, s'il n'est chrétien comme vous, ne peut se vanter d'avoir des connaissances plus nobles et plus certaines que les vôtres. L'humble habitant des campagnes, le jeune chrétien de douze ans, s'ils savent ce petit livre sublime que l'on appelle le Catéchisme, laissent bien loin derrière eux les plus illustres savants : « Car, dit Châteaubriand, ce que les « plus beaux génies de la Grèce ont trouvé par un dernier

« effort de raison, s'enseigne publiquement aux carrefours de
« nos cités, et le manœuvre peut acheter pour quelques deniers
« dans le Catéchisme de ses enfants, les secrets les plus sublimes
« des sectes antiques. »

« Vous êtes donc la lumière du monde, Mes Frères, suivant la
parole du Sauveur, parce que vous portez avec vous, comme un
phare lumineux, la science divine qui seule peut éclairer le
monde. Ah ! conservez ce précieux héritage que vous avez reçu
de vos pères ; transmettez-le à ceux qui vous suivront ; et ainsi
se perpétuera de générations en générations, dans les familles
chrétiennes, la noblesse de la science, que le chrétien seul, nous
venons de le voir, a le droit de revendiquer pour lui.....

« Il nous reste à montrer qu'au chrétien aussi appartient la
noblesse du cœur et de la vertu.

« L'homme, Mes Frères, est surtout grand par le cœur et par
la vertu ; en vain serait-il illustre par la naissance et le génie ;
si dans sa poitrine ne bat pas un cœur vertueux, il n'est pas
vraiment noble, et jamais il ne conquerra l'admiration ni l'estime
de ses semblables. Aussi, de tous les noms fameux que nous a
légués l'histoire, les plus illustres et les plus grands sont ceux
qui nous rappellent le souvenir de quelque vertu. De célèbres
conquérants ont soumis à leur empire de vastes contrées qu'ils
inondaient de sang et de carnage : qui ne leur préfère les saints
répandant autour d'eux leurs bienfaisantes bénédictions. Saint
Vincent de Paul, sur son piédestal dans nos églises, n'est-il pas
une figure plus noble qu'Alexandre et César, dont les noms
dorment depuis longtemps dans l'histoire ? Quel héros profane
peut-on mettre en parallèle avec ce même saint Vincent de Paul,
pauvre prêtre, nourrissant par son inépuisable charité des

provinces entières désolées par la famine ? Quoi de plus noble que cette royale humilité d'un saint Louis, descendant de son trône pour se prosterner devant les pauvres et leur laver les pieds ? Quoi de plus beau que toutes ces sublimes vertus dont la religion commande la pratique?... Voilà, Mes Frères, la vraie noblesse du chrétien qui se perpétue d'âge en âge.

« Et qui donc pourrait disputer à l'Eglise catholique cette illustration de la vertu ? Serait-ce le paganisme avec ses mœurs honteuses ? Serait-ce la religion de Mahomet avec ses infamies ? Seraient-ce les sectes séparées, branches sèches et mortes retranchées du tronc vigoureux qui leur communiquait la sève et la vie ? Un moine apostat, un roi dissolu, voilà leurs fondateurs et leurs pères. Peut-il, en vérité, sortir des eaux pures de ces sources fangeuses ?... »

Quand un prêtre de trente ans manie la plume avec ce brio dans la forme, sans nuire à la pensée qu'il exprime, on est en droit de bien augurer de son avenir. C'est un maître qui se révèle et qui saura tracer son sillon dans le vaste champ de l'apologétique chrétienne. Suivons ce travailleur si vaillant. Il n'est qu'à son début; mais sa vie est acquise tout entière au développement des talents que lui a confiés la Providence.

Quelques années après, il est choisi par ses supérieurs pour plaider une cause qui lui est chère : la restauration de la vieille église de Mouzon. Oh! il a compris la tâche qui lui est imposée; et voici qu'après un labeur acharné, il produit un nouveau chef-d'œuvre. Quoique unique en son genre, son discours, s'il a un plan qui se révèle peu à peu, est plutôt une suite d'idées bien nettes, surtout neuves et présentées dans un langage éminemment français et patriotique.

Après s'être excusé, dans un exorde insinuant (1), d'avoir été désigné pour faire connaître aux paroissiens de Notre-Dame de Reims l'indigence de leur sœur, l'église de Mouzon, il commence ainsi :

« Au nord des Ardennes, à la frontière de notre vaste et beau diocèse, sur les rives verdoyantes de la Meuse, s'élève, au milieu d'une petite et modeste localité, l'antique abbatiale de Mouzon. Depuis de longues années déjà, cette majestueuse église, qui porte au front la date du xiiie siècle, domine et protège de son ombre la vallée où elle est assise; de quelque point de l'horizon que vienne le voyageur visitant ces contrées, il la salue de loin d'un regard d'admiration; involontairement, il ralentit ses pas, la contemplant au milieu des habitations qui l'entourent, semblable à une reine puissante et glorieuse qui voit prosternées devant elle ses humbles vassales. L'étranger qui s'intéresse encore aux gloires de la religion et de la patrie, fait à ce remarquable monument l'honneur de sa première visite ; et, certes, il est largement indemnisé par la splendeur du spectacle qui s'offre à ses regards.

« Placé, en effet, au pied de l'édifice, le spectateur peut contempler d'un œil ravi ses deux tours majestueuses, dont les flèches élancées semblent nous indiquer le chemin du Ciel et nous en rappeler le souvenir, en nous disant, dans leur langage

---

(1) « C'est à l'ombre de ce sanctuaire et de ces voûtes majestueuses, disait-il, que nous avons été initié aux mystères et aux joies de la vie chrétienne; à de tels bienfaits, mon cœur catholique, sacerdotal, ne peut rester insensible, et si nous ne parlons pas de l'église de Mouzon avec talent, nous vous en parlerons du moins avec enthousiasme et amour. »

mystérieux : *Sursùm corda;* élevez en haut vos yeux et vos
cœurs! De la façade jusqu'à la croupe du monument, le regard
se perd avec charme à travers les lignes gracieuses des contre-
forts et des arcs-boutants qui, jetés de chaque côté aux flancs
des murs, apparaissent comme des arbres gigantesques étrei-
gnant le vaste corps de l'édifice. Vainement, on chercherait à
se défendre d'un sentiment indéfinissable d'admiration et
de respect, en contemplant cette antique église contemporaine de saint Louis et des Croisades, qui a vu passer à ses
pieds et s'endormir dans la mort tant de générations successives,
et qui est restée debout comme un témoignage authentique et
sublime de la foi de nos pères!

« Nous n'hésiterons pas, Mes Frères, à vous introduire par la
pensée dans l'enceinte de cet auguste monument, et à vous en
offrir la description. L'on dit qu'à Rome, le peuple lui-même,
vivant sans cesse au milieu des merveilles artistiques accu-
mulées par les siècles dans la Ville Sainte, possède un sentiment
exquis du beau, et que les plus obscurs Romains, naturellement artistes, savent reconnaître et admirer les chefs-d'œuvre
des grands maîtres : quand, devant ce peuple, l'on traite une
question d'art, l'on est toujours écouté et compris. Ne doit-il
pas en être de même dans cette illustre cité de Reims, dont les
habitants vivent entourés des merveilles les plus splendides
de l'architecture religieuse, et puisent naturellement le goût des
grandes et belles choses dans la contemplation journalière de
ces chefs-d'œuvre du génie chrétien ? Si nous décrivons devant
vous un glorieux édifice, ne sommes-nous pas certain, nous
aussi, d'être écouté et compris ?

« Vous savez, Mes Frères, quel sentiment de religieuse gravité
et de céleste enthousiasme s'empare de l'âme quand, pour la

première fois surtout, l'on pénètre sous les voûtes majestueuses de cette splendide cathédrale. Le spectateur sent tout son être prendre, pour ainsi dire, son essor, quitter la terre et s'envoler vers le Ciel, quand il suit du regard ces colonnes aériennes, quand son œil plonge dans les profondeurs mystérieuses des nefs, quand il contemple les reflets graves et doux que projettent partout, comme des lambeaux de pourpre et de soie, ces radieuses verrières ! A ce spectacle grandiose, est-ce que le cœur ne s'attendrit pas comme en la présence de la Divinité, et si une âme malheureuse a perdu la foi dans les orages de la vie, ne sent-elle pas se ranimer en elle-même cette flamme divine ?

« Or, Mes Frères, quelque chose de ce magique enthousiasme s'empare du visiteur, quand il pénètre dans l'antique Eglise de Mouzon. Son âme s'élance à la suite de son regard pour mesurer la hauteur des voûtes si gracieuses et pour pénétrer les mystères de ces galeries profondes qui, sur deux lignes superposées, règnent dans toute la longueur de l'édifice. Le plan de cette belle Eglise, trop longtemps oubliée, n'est autre, en effet, que celui de tous ces immortels monuments que nous a légués le génie chrétien du Moyen-Age.... »

Ici, l'orateur fait la description de l'église ; c'est un détail qui s'applique un peu à toutes les églises gothiques.

Voilà donc la gloire de Notre-Dame de Mouzon ; étudions maintenant le tableau de sa misère et de sa détresse :

« Les révolutions et les âges ont passé sur ce bel édifice et y ont laissé des traces profondes et lamentables de leur puissance dévastatrice ; depuis plus de six siècles, avons-nous dit, l'Eglise de Mouzon domine la contrée comme une reine majestueuse : oui, sans doute ; mais cette reine, qui porte encore sur son front le diadème, voit, chaque jour, son manteau royal, c'est-à-dire ses ornements les plus précieux, tomber lambeau par lambeau ; elle sent son trône, c'est-à-dire les assises de ses murs, s'agiter sous elle et menacer ruine ; souveraine riche autrefois, maîtresse de nombreux domaines, elle ne possède plus maintenant qu'un trésor vide, elle tend la main et implore la charité publique.

« Comme des rides imprimées par l'âge sur le visage d'un vieillard, ainsi les outrages des siècles apparaissent à la façade de notre antique abbatiale. Un imposant et splendide portail, aux voussures nombreuses, émaillé de riches sculptures, peuplé de gracieuses statues, frappait dès l'abord de l'édifice les yeux charmés du visiteur : Hélas ! ce portail n'est plus ; il en reste à peine quelques débris mutilés.... La main du temps a aussi ébranlé l'une de ces belles tours, dont nous disions tout-à-l'heure l'élancement et la grâce ; de larges gerçures sillonnent et labourent ses flancs ; en vain, il y a quelques années, on l'étreignit dans une ceinture de fer. Moyen impuissant ! Elle s'incline toujours, menaçant de s'étendre à terre comme un mort dans sa tombe, et après une union plusieurs fois séculaire, d'abandonner son illustre sœur, toujours belle, mais désormais triste et solitaire !

« Si vous pénétrez dans le monument, un spectacle non moins lamentable attristera vos regards. Comme la vieillesse et les infirmités déforment la taille humaine, ainsi les siècles et leurs outrages ont altéré les lignes et la forme si pures de ce bel édifice. La nef principale a subi les atteintes les plus désastreuses : ses murs chancelants paraissent impuissants à se tenir longtemps encore debout ; accablés par la fatigue, il se penchent ici vers l'intérieur, là vers l'extérieur du monument, et semblent hésiter de quel côté ils tomberont. En plusieurs endroits, l'édifice, perdant son aplomb, pèse de tout son poids sur de faibles piliers qui fléchissent et se courbent sous ce fardeau énorme ;

les pierres elles-mêmes se pulvérisent sous cette pression, et leurs débris, tombant des colonnes et des voûtes pendant nos saints mystères, ont plusieurs fois déjà semé l'épouvante et l'effroi dans la pieuse assemblée des fidèles ; c'est-à-dire, pour résumer en un mot ces affligeantes descriptions, que si la charité catholique n'étend pas sa main bienfaisante pour soutenir l'antique Eglise de Mouzon, bientôt de ce splendide édifice il ne restera plus qu'un triste amas de pierres et de ruines ! »   .

On ne pouvait d'une main plus habile décrire le triste aspect de la vieille église abbatiale. Il faut maintenant en venir au côté pratique. Notre orateur n'est pas gêné pour si peu. Et, ici, ce que nous devons le plus admirer, c'est la distinction de son langage pour toucher les cœurs et ouvrir les bourses.

« Chaque pays, dit-il, a son patrimoine de gloires nationales que tout citoyen doit s'efforcer d'accroître et de conserver. Or, parmi toutes ces gloires qui brillent au front de notre grande et belle patrie, et qui ornent sa tête comme autant de diadèmes, l'architecture religieuse est une des plus éclatantes. Où trouver, en effet, des merveilles architecturales plus splendides que nos antiques cathédrales et tant d'autres églises monumentales qui portent jusqu'au Ciel la foi et le génie de la France ? Ne voyons-nous pas, chaque jour, les étrangers eux-mêmes, qui semblent se donner rendez-vous dans notre beau pays, visiter nos temples catholiques comme autant de riches musées, renfermant les chefs-d'œuvre les plus gracieux de la sculpture, les modèles les plus purs, les plus candides de la statuaire, les splendeurs les plus brillantes de la peinture ?

« Nos églises monumentales sont donc des gloires de la

patrie ; elles sont un dépôt sacré que les siècles nos devanciers nous ont confié et que nous devons transmettre fidèlement à ceux qui nous suivront. Comme Français, notre honneur est intéressé à la conservation de ces édifices, qui sont tout à la fois l'ornement et la protection de notre empire. Honte au siècle qui par inertie ou par égoïsme, consentirait à les voir tomber et disparaître ! Si l'ennemi, envahissant nos frontières, détachait une parcelle de notre territoire national, quelque lointaine, quelque aride que fût cette parcelle de terre abritée par le drapeau français, tout citoyen verserait jusqu'à la dernière goutte de son sang pour la reconquérir ; or, quand il s'agit d'arracher à la ruine et à la destruction un chef-d'œuvre de notre architecture française et catholique, est-ce que nous refuserions, Mes Frères, de sacrifier quelques oboles ?...

« Ce devoir de charité et de patriotisme vous sera doux à remplir envers cette illustre Église, dont nous plaidons en ce moment la cause devant vous et que notre diocèse est fier de compter parmi ses plus beaux monuments. Que dis-je? Mes Frères, l'abbatiale de Mouzon est une gloire rémoise! Les architectes dont le génie en a conçu et exécuté le plan sont partis de cette ville; colonie détachée de ces Bénédictins de Reims qui vous ont donné la monumentale église de Saint-Remi, ils se sont assis aux rives de la Meuse, près desquelles ils ont fondé une riche et puissante abbaye : voilà pourquoi entre les monuments rémois et l'abbatiale de Mouzon il existe les traits de famille les plus frappants. Pieux fidèles de Reims, vous conserverez cette gloire de vos pères, et heureux de posséder vos magnifiques églises, vous secourrez la détresse de leur malheureuse sœur, qui. loin d'elles, s'incline et succombe! Oui, vous ferez acte de généreux patriotisme, en secourant une église chancelante; car enfin notre patrie n'a-t-elle pas besoin des bénédictions d'en haut? La France est, certes, une nation grande et forte, dont le nom et le drapeau sont partout acclamés avec enthousiasme. Or, c'est Dieu qui protège la France et qui l'a faite ainsi glorieuse et respectée; mais ce Dieu tout-puissant, de qui seul relèvent les trônes et les empires, continuera-t-il à couronner notre beau pays de toutes les gloires, si, parmi nous, ses temples sont chancelants, ses sanctuaires abandonnés? Le Dieu des armées, qui donne la victoire à nos drapeaux, accordera-t-il toujours à nos armes les honneurs du triomphe, si nous-mêmes, peu soucieux de sa gloire, nous laissons s'effacer et tomber en ruines les saintes demeures qu'il s'est choisies parmi nous? Comme Français, vous voulez, Mes Frères, que votre patrie soit grande et forte, qu'elle possède la gloire des armes, la gloire de l'industrie, toutes les gloires en un mot. Ah! restaurez donc et embellissez les sanctuaires du Dieu qui, seul, donne la victoire, bénit le commerce et l'industrie, fonde et détruit les royaumes et les empires!...

« Vous venez d'entendre la voix du patriotisme; la voix de la religion parlera plus éloquemment encore à vos âmes. Vous êtes chrétiens, Mes Frères, et vous savez quel insigne honneur c'est pour l'homme de préparer ici-bas au Très-Haut une demeure qu'il daigne habiter; vous savez aussi comment, à travers les siècles catholiques, la foi ardente de nos pères s'est traduite en constructions magnifiques et grandioses. Il est sublime et touchant de raconter comment, au Moyen-Age, furent élevées ces admirables cathédrales, ces églises monumentales qui font encore l'étonnement de notre siècle. A cette époque de foi et d'enthousiasme, tandis que les chevaliers et les preux, s'enrôlant sous la bannière des croisades, traversaient les continents et les mers pour délivrer le tombeau du Sauveur, une autre croisade pacifique s'accomplissait en France même. Les pieux fidèles qui ne pouvaient aller en Terre-Sainte chercher la rémission de leurs péchés, s'efforçaient de gagner la même faveur, en élevant dans leur patrie des temples au Dieu tout-puissant. De nombreuses armées de bâtisseurs d'églises, pour me servir de l'expression de l'époque, se formèrent, et, dans les rangs de cette milice pacifique, s'enrôlèrent indistinctement les seigneurs et les vassaux, les nobles et les citoyens obscurs, les moines et les prêtres. Spectacle admirable autant qu'inouï : l'on vit des hommes de plaisirs, des militaires, des riches puissants manier les instruments du travail, s'attacher au même char et transporter les matériaux nécessaires pour la maison de Dieu !

« C'est ainsi que nos pères ont élevé ces remarquables monuments dont nous admirons encore les proportions gigantesques et gracieuses, et dont la construction serait, de nos jours, pour nos gouvernements eux-mêmes, une tâche peut-être trop lourde. Oui, c'est la foi de nos pères qui a créé ces merveilles ; la nôtre, Mes Frères, saura-t-elle du moins les conserver ? ou bien les générations futures diront-elles que ces admirables édifices élevés par l'enthousiasme du xiii siècle, sont tombés sous l'indifférence et l'égoïsme du xix ? Nos pères s'appelaient naïvement les logeurs du bon Dieu : ah ! Mes Frères, vous ambitionnerez pour vous-mêmes ce titre de noblesse à la fois simple et sublime ; vous voudrez aussi donner l'hospitalité à votre Dieu, en lui offrant une demeure que votre charité aura restaurée et embellie.

« Refuseriez-vous l'aumône à ce Dieu qui vous a donné

peut-être les richesses, et à qui, un jour, vous serez obligés de demander le Ciel ? Quoi ! nous sommes chrétiens, et nous jouirions dans nos demeures de tous les raffinements, de toutes les délicatesses du luxe, tandis que la maison du Seigneur tomberait en ruines ! Quoi ! nous accumulerions autour de nous toutes les aises de la vie, et le temple de notre Dieu serait ouvert à toutes les intempéries des saisons ! Quoi! enfin, comme au jour de sa naissance, nous relèguerions notre Sauveur dans un asile indigent et abject; nous lui infligerions de nouveau, après dix-huit siècles de christianisme, toutes les humiliations de la crèche, et nous habiterions des palais somptueux ! — Non, non, Mes Frères, nous ne donnerons pas à notre foi ce démenti solennel !

« Nos saints livres rapportent que les Juifs, après la longue et cruelle captivité de Babylone, revenant enfin dans leur patrie déserte, trouvèrent leurs cités en ruines, leurs champs incultes, couverts de ronces et d'épines, leurs maisons abattues, les murailles de Jérusalem détruites, mais qu'en même temps, leurs regards attristés contemplèrent les ruines du temple, nivelé par le farouche vainqueur, et qu'à ce spectable lamentable, tous, dans un élan sublime et unanime, s'écrièrent : « Non, nous ne rebàtirons pas nos demeures, les murailles de Jérusalem ne seront pas relevées, nos champs ne seront pas cultivés jusqu'à ce que nous ayons réédifié le temple du Dieu d'Israël ! » Nul, parmi ce peuple captif et désolé, n'avait où reposer sa tête, et tous, avant de construire des asiles, voulurent donner au Seigneur un sanctuaire et un temple.

« Imitez, Mes Frères, ce dévouement héroïque; contribuez aujourd'hui à la restauration de la maison de Dieu; donnez de votre superflu à cette œuvre grande et sainte; faites un sacrifice solennel, mémorable, dont le mérite couvre vos fautes, et dont le souvenir ira vous consoler sur votre lit de mort, à cette heure redoutable où, placés face à face avec la justice de Dieu, il vous sera si doux de vous écrier comme le roi-prophète : « Seigneur, j'ai aimé la splendeur de votre maison; vous ne perdrez pas mon âme avec celle des impies! *Domine, dilexi decorem domûs tuœ; ne perdas cum impiis, Deus, animam meam!* »

« Prenez garde de vous enfermer dans un froid égoïsme; entourés de toutes les magnificences et de toutes les splendeurs du culte, ne soyez pas insensibles à la détresse de vos frères. Dieu ne nous a-t-il pas créés solidaires les uns des autres? Plusieurs fois, à travers les siècles, votre illustre métropole, dévorée par les flammes, victime de l'incendie, a été reconstruite avec les deniers de la charité. Chacun s'émut au récit de ses malheurs, et les aumônes de tout le diocèse la rebâtirent plus belle et plus splendide qu'avant ses désastres. Eh bien! Mes Frères, ceux qui jadis ont secouru votre détresse implorent maintenant votre pitié; à leur tour, ils vous demandent une aumône pour leur église chancelante. Ah! vous ne nierez pas cette dette de la reconnaissance, et l'aumône que nous implorons de vous, vous la donnerez abondante et large comme votre charité elle-même!

« Oserons-nous bien ajouter, Mes Frères, que les habitants de cette modeste ville qui fait un appel confiant à votre bien-faisance, sont dignes de toutes vos sympathies par les sacrifices généreux qu'ils se sont imposés à eux-mêmes, pour prévenir la chute de leur antique église ? Les riches n'ont pas calculé ; ils ont donné tout ce qu'ils pouvaient d'or et d'argent. Je ne puis, du haut de cette chaire et dans cette enceinte sacrée, vous faire apprécier leur noble désintéressement ; mais ces chiffres que nous pourrions citer, et qui vont se grossissant de jour en jour, ont paru surprenants, incroyables pour une population peu nombreuse et qui est loin d'être riche ; ils seraient plus éloquents que ma parole pour toucher vos cœurs : Ils sont simplement admirables et sublimes !

« Voilà ce qu'ont fait les riches ! Ce que les pauvres consentiraient à faire est peut-être plus beau et plus grand encore. Ah ! permettez-nous de vous rapporter les touchantes paroles qui sont tombées des lèvres de l'un d'entre eux, et qui nous ont été fidèlement transmises. Comme on lui présentait la liste des nombreuses souscriptions qui déjà avaient été recueillies : « Hélas ! » dit-il. « je ne suis qu'un pauvre ouvrier, je n'ai jamais d'argent chez moi ; à peine ai-je reçu mon salaire que j'achète du pain pour mes enfants ; mais si vous voulez les accepter, je donne volontiers mes bras et huit jours de mon travail pour notre église ! »

« Voilà ce qui s'est passé à Mouzon. Eh bien ! je dis qu'en présence de ce spectacle, tout cœur sensible et chrétien doit se trouver ému ; ou la charité et la foi sont bannies de la terre, ou ce noble dévouement trouvera partout de nombreuses sympathies !

« Aussi, mes Frères, l'âme si grande et si généreuse de notre éminent Pontife a-t-elle accueilli avec émotion le récit que vous venez d'entendre. Sa charité s'est traduite par une aumône large et abondante ; comme toujours, elle s'est noblement placée à la tête de cette bonne œuvre, elle vous ouvre la voie. Vous suivrez, mes Frères, ces traces illustres, et vos cœurs bienfaisants ne résisteront pas à l'impulsion puissante qui leur est donnée. Déjà nous savons que la noble cause

que nous venons de plaider devant vous a excité dans vos âmes
de généreuses sympathies. Continuez, Mes Frères, à vous intéresser au malheur d'une antique église qui chancelle et qui
tombe. Donnez, pour soulager sa détresse, de cet or, de cet
argent que vous-mêmes vous avez reçus des mains de la Providence; ce n'est pas à un pauvre obscur et vulgaire, c'est au
grand Dieu du Ciel et de la terre que vous donnerez, à ce Dieu
qui, pour récompenser votre bienfaisance, se donnera tout
entier à vous dès ce monde et dans l'éternité! Ainsi soit-il! »

Le lecteur nous saura gré d'avoir publié ici ces extraits du
discours qui a été imprimé au profit de la reconstruction de
l'église de Mouzon, mais dont on ne retrouve presque plus
d'exemplaires aujourd'hui. Car nous ne pouvions lui offrir de
preuve plus frappante de la vérité de cette affirmation, que
M. l'abbé Baye, pendant la période de son vicariat, a été un
écrivain au style chaud, coloré, brillant et plein de souffle.

Il y a plus ; à côté de cette beauté littéraire qu'il sait mettre
dans sa parole, il y a toujours la note originale et d'une originalité de bon aloi.

Il possède l'art de présenter les choses les plus simples
sous un aspect intéressant qui saisit et captive le lecteur.
Lorsqu'il prend la direction du *Bulletin*, il eût pu annoncer
cette nouvelle en quelques mots. C'est pour lui l'occasion
d'écrire un bel article où se révèle son talent d'écrivain et de
journaliste à la fois.

« Un journal, dit-il, peut, si l'on veut, se comparer à un
fleuve : au fleuve, Dieu a donné le lit dans lequel il roule ses
eaux ; de même au journal il faut tracer ses divers courants.
Telle est l'œuvre du premier rédacteur ; or, pour ce qui

concerne le *Bulletin du diocèse de Reims*, cette tâche est en grande partie accomplie ; il ne nous reste donc qu'à voguer paisiblement sur les courants établis, en évitant toutefois les écueils et les tempêtes.....

« Peut-être on demandera quels titres nous invoquons pour recueillir l'héritage qui nous est transmis aujourd'hui. Nous le disons en toute franchise : Le seul titre dont nous puissions nous autoriser, c'est l'expression d'un désir qui nous est venu de si haut, qu'il a excité tout à la fois notre surprise et notre reconnaissance. Malgré de légitimes hésitations qui seront comprises de tous, nous n'avons pu résister à cette paternelle invitation..... »

Et maintenant, semble-t-il ajouter, assez de ces détails personnels qui lui sont imposés par la circonstance ; et sans y insister davantage, il va préciser le but d'un *Bulletin diocésain*. Alors, il procède comme il fait ordinairement pour tout ce qu'il dit ou écrit : il indique sa raison d'être, le plan qu'il doit suivre, et le cadre des matières qui y trouveront place.

« Grâce au *Bulletin*, les différentes parties du diocèse se rapprochent ; les points les plus extrêmes entretiennent entre eux des communications réciproques, et tous les membres de la grande famille diocésaine tendent à vivre d'une vie plus intime par la communauté de pensées et de sentiments.

« Est-ce à dire que le *Bulletin* sera une œuvre parfaite ? Non, il aura toujours ses côtés défectueux comme tous les cœurs humains ; et sur les différentes routes qu'il devra parcourir, il rencontrera de nombreuses critiques, tantôt justes, tantôt précipitées : aux premières nous donnerons notre reconnaissance ; nous subirons les secondes avec patience et charité, nous réservant toutefois le droit de nous justifier avec une libre franchise. »

Ceux qui ont lu le *Bulletin* à cette époque, ont pu se convaincre que l'abbé Baye a été jusqu'à la fin (janvier 1874) fidèle à son programme. C'était déjà un habile joûteur, qui maniait parfois la plume avec ironie et qui, avec sa malice naturelle, savait toujours mettre le lecteur de son côté.

On raconte qu'il a dû plus d'une fois mettre une sourdine à sa verve intarissable. Il ne le faisait qu'à regret; car combattre semblait plutôt dans ses goûts.

Il n'attaquait jamais; c'était bien son rôle. Mais lorsqu'il répondait à un adversaire, c'était avec un entrain et une ironie qui, le plus souvent, lui assuraient le succès.

Tel nous apparaît M. l'abbé Baye, jusqu'à l'époque où les œuvres vont absorber tout son temps.

Alors, il sera mieux que jamais, incapable de sacrifier une idée à la forme. Esprit net, ferme, il écrira toujours pour enseigner le *vrai*. Ce sera une arme entre ses mains et il s'en servira pour rendre sa logique implacable. Telle a été, en effet, la seconde période de son talent d'écrivain.

Sans doute, sa phrase ne cessera pas d'être claire; mais elle offrira moins de traces de recherche. Elle sera le produit d'une seule coulée. Si elle est aussi élégante, elle aura moins de course après l'effet. La comparaison qui miroite, M. Baye ne l'écartera pas, mais il ne la poursuivra plus. Il n'en aura pas le loisir. Il estimera d'ailleurs que ses lecteurs n'en seront pas moins exactement instruits parce que sa plume aura marché plus rapidement sur le papier, au lieu de s'immobiliser en des figures de rhétorique.

Nous verrons cependant que l'artiste saura se réserver pour certains discours d'apparat, où la dignité du sujet non moins que le bon renom de l'église qu'il représente, le persuaderont de fournir un travail plus circonspect. Nous le retrouverons tout entier à Mouzon, à Charleville en 1889, à Reims en 1892, au centenaire de 1896, et à la fête de Notre-Dame de l'Usine en 1900, semblable à ces arbres généreux qui ne sont jamais plus beaux qu'à l'automne, quand leurs branches nous offrent la moisson d'or de leurs fruits.

. . . .

Pour compléter notre appréciation sur l'œuvre de M. l'abbé Baye en tant qu'écrivain, nous avons besoin de dire un mot sur quelques écrits parus pendant le temps qu'il a spécialement consacré aux œuvres du ministère pastoral.

En première ligne, nous signalerons l'apparition de son *Bulletin de l'Œuvre de Notre-Dame de l'Usine*, qu'il a rédigé lui seul pendant plus de quinze années consécutives. On y trouve des articles remarquables, des articles d'une structure magnifique. Le style reste imagé, mais il donne moins de sensations, il vise moins à secouer les nerfs. Les années, en effet, ont accompli leur œuvre. Certes, elles n'ont pas abattu la vigueur de l'infatigable Curé, mais elles ont donné à sa pensée, sinon plus de lucidité, du moins plus de précision et surtout plus de solidité.

Dans un rapport qui a été publié en 1892 dans les *Annales de Notre-Dame de l'Usine*, et dans lequel il expose si magistralement son œuvre (1), il débute ainsi :

« Si nous nous en rapportons aux réquisitoires haineux pro-

―――――――――――――――――――――――――

(1) Nous en avons donné des extraits au chapitre II.

noncés du haut de la tribune législative ou bien encore aux commentaires mensongers, parfois burlesques, qui ont défrayé la presse pendant quelques jours, l'on se ferait de Notre-Dame de l'Usine et de l'Atelier, patronne du Travail, une idée bien étrange.

« Après Châteauvillain où elle fut mise sous scellés, après la Chambre des députés où l'on essaya de la mettre au pilori, la sainte Patronne du travail reste consacrée par la persécution, avec une nouvelle auréole déposée sur son front de Reine et de Mère, et nous allons essayer de vous la présenter, non pas avec les traits odieux qu'on lui prêtait, mais avec sa rayonnante et céleste physionomie.

« Jetons un regard sur la statue même de la Reine de l'usine et du travail ; les caractéristiques, les attributs qui lui sont propres nous révèlent la nature et le but de notre Archiconfrérie. Marie est debout, ayant à ses pieds la famille ouvrière conduite par le patron ou représentant de la classe dirigeante, c'est-à-dire ceux qui si souvent sont divisés, près d'en venir aux mains dans une guerre fratricide. Celle qui est leur commune Mère s'incline vers eux, portant non pas le simple rameau d'olivier, mais un symbole de paix bien plus significatif, l'Enfant-Dieu, que l'Église appelle le Prince de la paix.

« N'est-ce pas dire, par une gracieuse image plus éloquente que tous les discours, que notre Archiconfrérie veut la paix sociale sur la base du principe chrétien !

« Et en effet, la noble mission que s'est imposée Notre-Dame de l'Usine et de l'Atelier, mission officiellement consacrée par l'Église et étendue par elle à l'univers entier, c'est de remettre la religion en honneur spécialement dans le monde du travail, de rapprocher par une fraternité vraie ceux que divisent les intérêts ou les inégalités sociales, de vivifier nos institutions par l'esprit de l'Évangile, et grâce à l'énergie intime du principe chrétien, de procurer tout à la fois le bien moral et le bien-être matériel du peuple..... »

Cette page suffit pour peindre l'écrivain. Le style, dit-on, c'est l'homme ; aussi quelle vigueur il a chez M. le Curé de Saint-Remi ! On a lu plus haut (chapitre II) la suite de ce rapport. Les arguments et les faits y forment une dialectique à laquelle on n'échappe pas. Le raisonnement est d'un tissu si dense, si serré, que la subtilité pas plus que la mauvaise foi ne sauraient le traverser. C'est ainsi qu'à cette époque, dans une langue bien châtiée. M. le Curé aimait à présenter aux lecteurs ses travaux d'économie sociale et chrétienne, reproduits par les *Annales de Notre-Dame de l'Usine*. On y retrouve l'œuvre d'un apologiste catholique et d'une virilité peu ordinaire.

C'est que M. Baye, par nature, était un peu lutteur. Sa devise préférée semblerait même être celle-ci : « Dieu ne nous ordonne pas de vaincre, mais de combattre. »

Sait-on comment il s'y prenait pour écrire? Ordinairement, il se promenait dans sa chambre ou dans son jardin, la tête inclinée vers la terre et les mains derrière le dos. Nous l'avons surpris plus d'une fois absorbé dans cette sorte de méditation. Car le repos semblait parfois l'impatienter. La marche était plus dans sa nature vive et nerveuse.

Une fois son sujet élaboré et perçu, il se mettait à son bureau, et c'était merveille de voir son papier se couvrir rapidement et passer, presque sans ratures, aux mains de l'imprimeur.

Mais s'il arrivait que son style fût entaché de quelque incorrection et négligence. il avait soin d'y remédier ; car, je le répète, il avait à cœur, comme tous les écrivains de marque, d'envelopper sa pensée d'une forme irréprochable.

Cette grande perfection de forme qu'il s'efforçait d'atteindre, il la mettait non seulement dans les œuvres destinées à être publiées, mais encore dans les écrits si variés qu'il laissait dormir dans ses cartons. Voici, par exemple, le texte d'une allocution qu'il a prononcée au mariage de son frère, M. le capitaine Baye, avec Mlle Macquart. Le fond et la forme y sont traités de main de maître; aussi bien la lira-t-on avec plaisir, surtout qu'elle met en relief la doctrine de l'Église sur le mariage, exprimée en une langue toute pleine de charme et de grâce exquise.

« Mon cher Frère et ma chère Sœur,

« Une des créations les plus belles et les plus glorieuses de Dieu, c'est sans contredit le foyer domestique. Berceau de l'homme, théâtre de ses premières joies et de ses tendresses les plus pures, sanctuaire toujours aimé où nous avons grandi entre deux images augustes de la Divinité, que nous appelions notre père et notre mère, le foyer de la famille n'est insulté que par ceux-là qui ne savent plus rien respecter. C'est pourquoi, avant de sanctifier et de bénir la famille, pour la purifier des fanges dont le paganisme l'avait souillée, aussi bien que pour la protéger par avance contre les sarcasmes et les erreurs inventés par les siècles qui devaient suivre, Dieu a institué un sacrement spécial : le mariage, qui a pour but de relever le cœur de l'homme et de sanctifier ses tendresses.

« Qu'est-ce donc que le mariage?...

« Et d'abord, nous ne répondrons pas avec les philosophes

antichrétiens que le mariage est une association passagère formée par la passion et dissoute par le caprice; loin de nous ces théories absurdes, préconisées par des hommes qui d'ailleurs sont logiques, puisqu'ils sont tout à la fois partisans de la libre pensée et du libre amour.

« Nous n'admettons pas non plus que le mariage soit un contrat purement civil que le législateur humain a seul le droit de réglementer. Ah! sans doute, la loi est respectable et puissante, mais jamais la formule du code ne pourra remplacer la bénédiction religieuse. Le législateur humain pourra autoriser les époux à échanger leurs noms, leurs titres et qualités, il réglera leurs droits réciproques, statuera sur leur habitation légale, mais il sera impuissant à créer le lien intérieur qui les unit et qui leur permet. au nom du Ciel, de confondre leurs chairs et leurs cœurs en une seule chair et en un seul cœur.

« Le mariage, en ce qu'il a de plus intime, est supérieur aux théories et aux lois humaines; l'Eglise catholique le définit un sacrement, c'est-à-dire une grâce. Je dis une grâce; elle est nécessaire, en effet, aux époux. cette grâce, pour accomplir les graves engagements qu'ils contractent. Au jour solennel de leur union, ils se promettent une mutuelle fidélité et un inviolable amour; en face des autels, en présence de Dieu, leurs mains se confondent en une chaste étreinte, en même temps qu'ils échangent ces mots : oui, vous serez mon époux; oui, vous serez mon épouse! La femme donne tous les trésors de son cœur, et celui qui reçoit ce dépôt sacré promet d'être son protecteur et son guide... Mais hélas! le cœur est sujet à de tristes retours : il promet d'aimer toujours et parfois il n'aime qu'une heure à peine; le plus beau foyer a ses tristesses et ses ennuis; la route de la vie est longue et souvent on la parcourt en chancelant... Qui donc tiendra la vertu des époux à la hauteur de leurs engagements? Ce sera la grâce du sacrement qu'ils reçoivent aux pieds des autels et qui, comme l'ange du Seigneur, les accompagnera sur les chemins de la vie. Oui, pénétrez aux foyers les plus vertueux et les plus purs, et, même après de longs jours, vous y respirerez encore, comme un céleste parfum, la grâce toujours vivante du sacrement.

« Telle est la grâce du mariage chrétien. Elle est la sanction donnée par Dieu lui-même aux serments des époux; elle est la garde tutélaire du foyer domestique, la force en présence des devoirs difficiles, la lumière dans les ténèbres et les doutes, la consolation aux jours mauvais, la modératrice et la conseillère dans l'enivrement du succès; elle est tout à la fois l'aurore qui éclaire les premières heures de l'amour et le rayon qui réjouit le soir même de la vie.

« Combien je suis heureux, mon cher Frère et ma chère Sœur, d'être auprès de vous le ministre et le dispensateur de cette grâce divine! Avec quelle joie intime j'appelle sur vous les bénédictions d'En Haut. Tout, en effet, nous fait croire que ce beau jour est le premier d'une longue carrière de bonheur que le Ciel vous prépare. La réflexion sage et prudente, l'estime réciproque ont allumé dans vos cœurs l'amour mutuel qui les confond en un seul; aussi, Dieu lui-même va-t-il ratifier le choix que vous avez fait l'un de l'autre.

« Vous, mon cher Frère, vous avez su, je le sais, apprécier les nobles qualités de celle qui va être la compagne de votre vie : l'élévation et la culture de l'intelligence, la délicatesse du sentiment, ce dévouement admirable dont vous allez devenir l'héritier et l'objet, et qui, pendant de longues années, s'est fait la Providence d'un vieux père et d'une vieille mère infirme, cette bonté, qui ont conquis tant de sympathies, se manifestant de toutes parts ; ce courage, enfin, et cette fermeté de caractère qui se sont montrés dans des circonstances critiques et qui ont obtenu une récompense publique et méritée. Son éducation chrétienne, les bonnes traditions puisées au foyer domestique, un caractère aimable, les charmes de la nature et de la grâce, toutes ces qualités ont conquis votre cœur, mon cher Frère, et je n'en suis nullement étonné.

« Quant à vous, ma chère Sœur, vous avez également trouvé dans celui dont vous acceptez la tendresse et le nom, tout ce qui peut faire le bonheur de la vie ; il vous offrira au nouveau foyer qu'il vous ouvre aujourd'hui tous les charmes d'un cœur bon, d'une humeur bienveillante, d'un caractère dont la loyauté et la droiture sont attestées par la profession si noble et toute de dévouement qu'il remplit, par les traditions de sa vie tout entière.

« Avec ces dons précieux, qui sont le premier élément de toute félicité terrestre et que Dieu vous a si largement départis, comment ne seriez-vous pas heureux ?... C'est donc avec confiance que nous allons recueillir et consacrer vos serments. Ah ! puisse le Ciel laisser tomber sur vos têtes ses plus puissantes bénédictions ; puisse l'Ange du Seigneur vous accompagner dans toutes vos voies ; et vous, puissiez-vous être toujours reconnaissants envers le Dieu qui vous a créés et qui vous donne aujourd'hui l'un à l'autre. »

Et maintenant je vais terminer ce chapitre, en publiant une partie du rapport que M. le Curé de Saint-Remi a lu à l'Hôtel de Ville de Reims le 19 décembre 1897, à l'occasion de la distribution des prix de vertu.

« Mesdames, Messieurs,

« Appelés à décerner l'un des prix de 500 francs fondés par le généreux M. Buirette, MM. les Curés de la ville de Reims ont porté leurs suffrages sur M. Violette, tisseur, rue Saint-Remi, 24.

« Il ne s'agit pas, en la circonstance, de récompenser quelque fait éclatant ou quelqu'action extraordinaire; on a dit que les peuples heureux n'ont pas d'histoire; il en est de même du travailleur obscur et honnête qui accomplit fidèlement son labeur journalier; il n'a pas l'occasion de s'illustrer; mais si son nom n'est pas enregistré par l'histoire, il n'est pas inscrit non plus dans les archives des tribunaux.... Et si dans le corps social, chaque membre se tenait ainsi à sa place, peut-être n'en serions-nous pas plus malheureux.... »

Après avoir retracé la vie de Violette et rappelé comment il a été attaché à ses patrons pendant de longues années, il nous le montre fidèle à son propriétaire :

« ....C'est là, rue Saint-Remi, 24, que l'on peut en le visitant, se donner le plaisir d'admirer dans un intérieur ouvrier le véritable luxe, celui qui surpasse tous les autres, c'est-à-dire le luxe de l'ordre et de la propreté.

« L'œil est vraiment réjoui en entrant dans ces deux petites chambres où tout reluit, le parquet, le modeste mobilier, le linge d'une blancheur immaculée. Le regard n'est nullement blessé par le pêle-mêle et le désordre où semblent se complaire tant de ménagères, car ce n'est point sans art et sans bon goût que l'on voit disposés les plus simples ustensiles, et appendues à la muraille des images qui certes ne pourraient trouver place dans nos musées, mais dont plusieurs révèlent chez les habitants du logis, les sentiments de foi chrétienne qui sont la base la plus solide de l'honnêteté.

« Je le répète, c'est là que vous trouverez le père, la mère et leurs enfants dont l'aîné n'a que quatorze ans. Il y a deux mois, la bonne Providence, qui prodigue parfois ses dons, a envoyé aux époux deux jumeaux accueillis avec joie par les parents, les frères et les sœurs ; ils reposent frais et roses dans leur commun berceau et ne demandent qu'à occuper comme les autres leur place au foyer.

« Saluons tous avec admiration ces familles nombreuses d'ouvriers ; car lorsqu'il faut tant de soldats à la frontière et tant de bras dans nos campagnes, on doit les considérer comme les véritables réserves et les plus précieux trésors de la Patrie.

« Nous avons dit que l'apposition au foyer des deux derniers venus avait été saluée avec joie ; à ce sentiment si doux se joignait cependant une certaine appréhension, car seul le père doit subvenir par son travail à la subsistance de tous. Or le père, la mère et les six enfants, suivant la manière de calculer de l'ouvrier, font au total non pas huit, mais neuf : aux membres de la famille il faut ajouter le loyer qui, suivant la formule populaire, compte pour un.

« Pour faire face à tous ces besoins de l'existence, Violette n'a qu'un salaire journalier de 3 fr. 50.

« Nous avons fait le budget d'une famille ouvrière dont les gains sont aussi restreints, et ce n'est pas sans un véritable serrement de cœur que l'on constate au prix de quel labeur et de quels sacrifices le pauvre ménage peut faire honneur à ses affaires. Et n'est-il pas bien qu'une solennité comme celle-ci, véritable fête de la charité et de la philanthropie, nous rappelle ces misères à côté desquelles nous vivons, et nous excite tous à la reconnaissance envers ces hommes généreux qui ont fondé les prix que nous avons la joie de distribuer en ce moment ?

« On doit bien soupçonner que l'ordonnancement de leurs dépenses est parfois pour les époux Violette, la cause d'une anxiété assez vive, et dernièrement ils cherchaient, sans toutefois les découvrir, les voies et les moyens de mettre au courant leurs petites affaires ; l'on sait qu'ils n'ont pas la ressource, en attendant l'équilibre de leur budget, de se voter à eux-mêmes des douzièmes provisoires ; ils supputaient donc avec peine : « Si seulement, s'écria le mari, nous avions cent francs pour payer toutes nos dettes, nous serions heureux. »

« Eh bien ! mon cher Violette : ce n'est pas cent francs que la Providence vous envoie, c'est un prix de cinq cents francs que vous allez recevoir. Soyez donc cinq fois heureux..... »

Tel est, en substance, le rapport que lut Mgr Baye à la distribution des prix de vertu. Les applaudissements unanimes et chaleureux qu'il souleva dans toute la salle prouvèrent à son auteur qu'il avait su lui donner la note vraie, celle de la simplicité charmante. C'est que, dans ce mémoire comme dans ses autres œuvres, M. l'abbé Baye travaillait toujours avec une admirable patience ce qu'il destinait au public. Nous ne dirons pas qu'il le remettait vingt fois sur le métier pour le parfaire. Non, la facilité avec laquelle il concevait une idée l'aidait puissamment à exprimer sa pensée. Et comme elle était très lucide dans son esprit, il trouvait pour la rendre l'expression aussi juste qu'élégante.

Cela ne le dispensait pas cependant de l'obligation d'apporter tous ses soins à polir ses œuvres. Il voulait surtout écrire pour dire quelque chose et parler partout en prêtre de Jésus-Christ. Pour arriver à ce résultat, il fallait beaucoup de réflexion et viser son coup pour qu'il ne tombàt pas à faux. Ça n'a pas été le fait de tout ce qu'a publié Mgr Baye.

Il y a des gens qui professent parfois une singulière négligence vis-à-vis des œuvres dont ils ne peuvent attendre ni profit ni renommée. En cela, ils ressemblent aux élégants, aux hommes des salons, qui, aimables et éloquents aux cercles ou dans les soirées, sont taciturnes et moroses au sein de la famille. Etre n'est rien, paraître est tout aux yeux de ces habiles.

M. l'abbé Baye, prêtre de Jésus-Christ, agissait autrement. Pasteur ou écrivain, si sa personnalité ne disparaissait pas toujours aux yeux de certains esprits plus ou moins bienveillants, nous pouvons affirmer qu'il ne cherchait jamais d'autre fin que la gloire de Dieu et le salut des âmes. Cette abnégation sacerdotale explique sa puissante influence sur tous ceux qui s'approchaient de lui et l'uniforme distinction des écrits qui jaillissaient de son cœur et des confidences échappées de sa plume.

L'apôtre saint Paul veut que l'évêque soit un homme puissant dans la saine doctrine, afin de réduire les contradicteurs : *Potens sit exhortari in doctrina sana, et arguere eos qui contradicunt.* Cette parole est d'une application si juste, qu'on devrait, ce semble, l'inscrire sur la tombe de Mgr Baye, comme le plus expressif résumé de sa vie de prêtre et d'écrivain.

Ah! pour lui envoyer un nouveau salut de notre admiration, que notre cœur monte Là-Haut, dans le séjour des gloires immortelles, *sursum corda !* Oui, élevons notre regard, et contemplons cet athlète en possession de la récompense que sa plume victorieuse a conquise dans la perpétuité des éternités. *In perpetuas æternitates.*

CHAPITRE CINQUIÈME

MONSEIGNEUR L. BAYE

Le Prédicateur.

Etudier à ce point de vue la vie de M. le Curé de Saint-Remi, c'est y trouver encore une ample matière à réflexion, Avec nos saints livres, nous pourrions dire, en effet : *defunctus adhuc loquitur* : du fond de sa tombe, il nous parle avec éloquence, car ses discours vont nous faire entendre sa grande voix, aujourd'hui éteinte par la mort.

Dès le début de son ministère, M. l'abbé Baye s'était senti attiré vers la chaire de vérité.

On comprend que, désireux de faire du bien aux âmes, il ait tout d'abord constitué dans son esprit un tréfonds inépuisable de connaissances judicieusement coordonnées et disponibles à son gré.

Chargé plus tard à la Cathédrale de la direction de l'Archiconfrérie des Mères chrétiennes, il les utilisera, en donnant à sa prédication une note sérieuse et édifiante.

Dès lors, jamais rien de vide ni de creux ne se remarquera dans ses discours. « Il faut parler, nous disait-il souvent, mais parler pour dire quelque chose. »

Très indépendant de caractère, il n'est déjà plus, à cette

époque, pas plus dans sa parole que dans sa conduite, à la remorque de ses contemporains.

Sa parole synthétique sait tracer de main de maître, de vastes et magnifiques tableaux de la société contemporaine. Psychologue distingué, il pénètre dans le sanctuaire de l'âme dont il découvre les besoins, les aspirations, mais aussi les passions et les mécomptes.

De 1860 à 1875, à la cathédrale comme vicaire, et à Saint-Remi comme curé, ses notes sur les sujets les plus variés témoignent d'un chercheur profond, qui étudie sérieusement les mœurs de son temps.

La morale, l'ascétisme, la piété des gens du monde, leurs défauts, leurs goûts, il peut tout aborder. De fait, peu de curés peuvent montrer à l'actif d'une telle période autant de beaux discours. Nous devrons borner les extraits que nous allons en donner, aux meilleurs qu'il a écrits en entier. Mais que de notes jetées sur le papier et qui sont autant de divisions pouvant servir à la composition de très beaux sermons !

Aux grandes solennités de l'année liturgique, il abordait quelquefois des sujets dogmatiques. Mais son esprit philosophique le ramenait bien vite à l'étude des mœurs sociales. On sent qu'il est moins à l'aise pour donner à l'explication de nos mystères, tous les développements qu'ils comportent.

Caustique à l'occasion, sa verve ne s'échauffe pourtant qu'assez difficilement. C'est qu'il était plutôt conférencier qu'orateur. D'une physionomie fine et agréable, avec sa tête blanchie avant l'âge, ses yeux vifs et pénétrants, une bouche qui aurait été facilement dédaigneuse, M. le Curé de Saint-Remi, drapé dans sa cappa de curé de basilique, avait vraiment grand air dans la chaire de son église.

Mais sa voix était un peu rude, son geste sobre et trop lourd, sa parole didactique plus que passionnée. Quand on l'entendait, la tête ne brûlait pas, le cœur ne battait pas plus vite ; mais parce que son dire avait de la couleur, il emportait souvent l'acclamation admirative. La vérité se montrait mieux, et on l'admirait forcément à travers la limpidité des démonstrations et de la netteté de son style.

Apôtre de la charité, parfois téméraire dans ses œuvres, cet homme était aussi un apôtre en prêchant la parole sainte.

Dans les vingt-cinq dernières années de sa vie, sa prédication change d'aspect. Elle est plus simple d'apparat. Les idées qui y sont exposées ne sont souvent que le résumé d'un beau sermon déjà ancien, mais avec quelle lucidité et quelle netteté dans l'expression il les présente à son auditoire des grandes fêtes ou à ses Enfants de Marie au catéchisme de persévérance !

J'ai retrouvé tous ces bouts de papier sur lesquels il griffonnait quelques mots avant de monter en chaire. Déposés précieusement dans son bréviaire, il les lisait, les méditait longuement, et, une fois bien fixés dans son esprit, il les développait à ses auditeurs avec une facilité étonnante, sans la moindre hésitation et toujours avec un choix d'expressions bien justes, le plus souvent élégantes.

Dans les circonstances plus solennelles, ses discours étaient appris par cœur, et nous avons vu, dès le début de son vicariat à la Cathédrale, quels soins il apportait à leur donner une forme tout à fait irréprochable.

Comme il se révélait déjà à cette époque un penseur profond, aux idées neuves, exprimées dans une langue toujours lucide et suffisamment imagée, et qu'il ajoutait à ces qualités essentielles de prédicateur chrétien, un cœur qui désirait avant tout atteindre les âmes et les convertir, on devait bien augurer de son avenir sacerdotal.

C'est pourquoi Mgr Landriot avait su discerner M. l'abbé Baye entre tous les autres. Il l'avait comblé d'honneurs. Disons tout de suite que le talent du vicaire de la Cathédrale ne pouvait que s'accroître par l'étude et la pratique.

Fiunt oratores : On devient orateur, disait Cicéron. Sans doute il y a des degrés pour arriver au faîte du talent. Mais, par le travail, on obtient de véritables résultats. De là les progrès que l'on constate dans la prédication du Curé de Saint-Remi.

Oui, la Providence l'a bien doué. Elle lui avait donné une mémoire puissante et un désir d'apprendre qui ne le laisserait indifférent à aucune branche du savoir humain. Mais c'est surtout son opiniâtreté au travail, ses efforts constants qui lui ont fait produire tant d'œuvres, qui, comme prédicateur, le placent dans un rang élevé.

Châteaubriand disait : « Jamais visage d'homme ne m'a fait trembler. » Je crois bien que l'abbé Baye a dû se répéter souvent cette parole. Car, toutes les fois que nous l'avons vu sur le point de prononcer un discours, il était toujours en pleine possession de son être, avec une sérénité et un calme que seules pouvaient lui donner la sûreté de ses convictions, l'étendue de sa science religieuse non moins encore que l'habitude du succès.

Et pour bien nous convaincre que dans tout ce que nous affirmons du talent de M. l'abbé Baye comme prédicateur, il n'y a aucune exagération, nous allons mettre sous les yeux de nos lecteurs un des bons discours qu'il ait prononcés dans la chaire chrétienne.

On se souvient qu'en 1863, il avait été chargé de plaider à la
Cathédrale de Reims la cause de l'église abbatiale de Mouzon.
Il avait été à la peine, il était juste qu'il fût à l'honneur. Nous le
retrouvons donc, en 1889, dans sa chère église de Mouzon, cette
fois restaurée et rendue à son antique beauté. Le discours qu'il
y prononce, en présence de Son Eminence le cardinal Langénieux, mérite que nous le signalions ici. Ce serait le dénaturer
que de n'en donner que des extraits. Le voici en entier, avec
tous ses développements si remarquables, qui ont valu à
l'orateur les félicitations unanimes de tous ceux qui ont eu le
bonheur de l'entendre.

Lapides clámabunt.

« Les pierres même parleront. »

(Saint Luc, c. 19, v. 40.)

Éminence, Mes Frères,

La Religion semble communiquer quelque chose de son immortalité à tout ce
qui lui appartient et à tout ce qu'elle consacre. C'est ainsi qu'à travers les âges,
elle a conservé, debout et intacts, deux monuments divins dont elle n'a pas
permis aux siècles d'ébranler la solidité ni de détacher la plus petite parcelle.
Ces deux monuments sont le Symbole et le Décalogue; c'est Dieu qui les a
construits et c'est l'Eglise qui les conserve. Les âges ont passé, accumulant
ruines sur ruines, faisant disparaître les œuvres les plus gigantesques de l'homme,
à ce point que les savants discutent pour fixer l'endroit où s'élevaient jadis des
villes fameuses ; mais toujours, après les révolutions les plus désastreuses et les
secousses les plus violentes, quand la poussière soulevée par la tourmente a
disparu, l'on voit se dresser majestueusement sur l'horizon du monde ces deux
indestructibles monuments : le Symbole et le Décalogue.

Il y a d'autres édifices, vénérables aussi, dont Dieu lui-même n'est pas le
constructeur, mais qui ont été élevés à la gloire de Dieu par les mains de l'homme:
ce sont les temples. Or, Mes Frères, l'Eglise a toujours veillé avec sollicitude sur
nos édifices religieux. Au jour de leur construction, elle a des prières spéciales,
des cérémonies solennelles pour les consacrer à Dieu et les recommander au
respect des peuples chrétiens ; et quand la main des siècles les a touchés, leur
imprimant les stigmates de l'âge, enlevant la parure de leur jeunesse, ébranlant
leurs assises et inclinant leurs murailles comme la taille déformée d'un vieillard,
alors l'Eglise fait appel à toutes les influences et à tous les dévouements, pour

sauver de la destruction, la sainte maison de Dieu. L'on travaillera longtemps, s'il le faut, à cette œuvre de restauration, et quand l'antique édifice aura recouvré la vigueur et la force de ses premières années, on lui donnera comme un second baptême et, dans une fête solennelle, le peuple chrétien acclamera l'église plusieurs fois séculaire qui a été celle de ses ancêtres et sera encore celle des générations à venir.

C'est une de ces fêtes, Mes Frères, que nous célébrons aujourd'hui.

Eminence, c'est à Vous qu'il appartenait de présider à cette gracieuse cérémonie, puisqu'une des plus vives préoccupations de Votre Episcopat est de provoquer, d'encourager la restauration et l'embellissement de toutes nos églises, et d'en édifier de nouvelles pour les populations qui en sont dépourvues.

Ce ne sera pas la page la moins glorieuse de Votre histoire, Eminence, que celle où l'on redira ce que vous avez fait pour Sainte-Geneviève, pour Saint-Jean-Baptiste de Reims, pour l'antique prieuré de Binson, pour Votre incomparable cathédrale qui vous devra sa consolidation et le renouvellement de sa parure, pour tant d'autres églises de votre vaste diocèse. Et permettez-moi, Eminence, de rappeler ici ce que je ne puis oublier : que, dans une visite dont Vous honoriez notre basilique de Saint-Remi, Vous nous avez laissé l'espérance de voir un jour Votre grande influence s'employer pour la restauration de cette illustre abbatiale qui, par son origine bénédictine, la date de sa construction et son architecture, peut être considérée comme la sœur aînée de l'abbatiale de Mouzon.

Lapides clamabunt, ces pierres parlent : or, il nous faut écouter maintenant ce qu'elles disent. Les pierres de cet édifice rendent un triple témoignage : 1° témoignage à l'art chrétien et à l'architecture religieuse ; 2° témoignage à la piété de vos ancêtres, Mes Frères, et à la vôtre ; 3° témoignage à la Religion et à Dieu. C'est ce que nous voulons développer rapidement.

I

Elle n'est pas éloignée de nous, Mes Frères, l'époque où l'on refusait toute admiration aux plus belles productions de l'art chrétien et où on contemplait d'un œil indifférent les merveilles de notre architecture gothique. Ogival était alors synonyme de barbare, et l'on peut encore lire dans une description de la *Province de Champagne*, écrite pour le dauphin qui fut Louis XIV, ces quelques mots consacrés dédaigneusement à Notre-Dame de Reims : « La cathédrale renferme quelques beautés, quoique gothique. »

Ce déni de justice, dont sont coupables envers l'architecture religieuse les trois siècles qui ont précédé le nôtre, date de la *Renaissance*, c'est-à-dire de cette époque où, sous prétexte d'émancipation, l'on accumula tant de ruines, où en architecture, l'on préféra à la gracieuse ogive s'élançant vers le ciel, le terre-à-terre de la ligne horizontale, et où ont été édifiées tant d'églises qui tiennent plus de la salle de spectacle que du temple.

Grâce à Dieu, le bon goût comme la vérité ne perd jamais ses droits, et notre siècle a remis en honneur les saines traditions de l'art chrétien. Sous l'impulsion d'écrivains comme Châteaubriand et Montalembert, de poètes comme Lamartine et Victor Hugo, d'archéologues comme Violet-le-Duc et tant d'autres, l'opinion publique ne s'est plus souvenue de ses dédains d'autrefois ; l'indifférence s'est changée en un véritable culte pour nos vieilles églises des époques romane ou ogivale ; l'on a proclamé merveilleux ces édifices longtemps méconnus ; l'on a étudié avec passion les matériaux qu'ils renferment, les règles suivies dans leur construction ; l'on a minutieusement calculé toutes leurs proportions : la révolution a été complète et l'enthousiasme est devenu général.

Et, en effet, quoi de plus beau que nos vieilles églises ? Où trouver ces gracieuses colonnettes qui s'élancent comme les arbres de nos forêts, ces nervures élevées comme des bras vers le ciel et se réunissant au sommet des voûtes, semblables à des mains qui se joignent pour la prière ? Où trouver ces galeries profondes, ces bas-côtés mystérieux, dans lesquels le regard plonge et se perd avec tant de charme ? En pénétrant dans un de ces magnifiques édifices, en entrant ici dans cette antique abbatiale de Mouzon, est-ce que l'âme n'est point émue ? Est-ce qu'elle n'a pas la véritable perception du beau ?

Or, Mes Frères, il nous faut ici nous demander quels sont les architectes de ces édifices admirables ? Sont-ce ces puissants Romains qui furent les maîtres de l'univers et qui ont laissé des traces de leurs indestructibles travaux partout, jusque sur les hauteurs qui environnent cette ville, et où depuis le neuvième siècle ont été plantés vos vignobles loués par notre historien rémois Marlot (1) ? Sont-ce ces Grecs habiles dont on a tant vanté le gracieux génie et l'architecture luxuriante ?

Non, Mes Frères, ce ne sont ni les Romains ni les Grecs qui ont construit nos splendides églises ; ce sont d'humbles chrétiens, hommes de génie et de foi, qui nous ont légué leurs chefs-d'œuvre, oubliant souvent de nous transmettre leurs noms, parce qu'ils n'ambitionnaient qu'un titre apprécié de tous à cette époque, celui de *logeurs du Bon Dieu ;* constructeurs incomparables que l'on ne peut égaler qu'en les imitant et qu'il serait téméraire de vouloir surpasser. Oui, nos merveilleuses cathédrales, nos plus riches monuments religieux, se sont élevés au milieu de ces populations du Moyen-Age, tant de fois accusées d'ignorance ; de sorte que l'on a pu dire que si notre siècle a été celui de la caserne et de l'usine, que si la Renaissance a été l'époque des châteaux, au Moyen-Age appartiennent les cathédrales. Au point de vue architectural, à

---

(1) Vites ex quibus conficitur vinum non contemnendi saporis. (MARLOT, tome 2, c. 3.)

laquelle de ces diverses époques, je vous le demande, revient la palme et le triomphe ?

Ce n'est pas tout, Mes Frères. Si l'architecte construit l'édifice, c'est l'artiste qui le décore et qui le meuble. Or, devançant de beaucoup notre siècle, le génie chrétien a fait de nos temples de splendides musées où le peuple a pu, avec les enseignements de la religion, puiser le goût et le sentiment du beau. Oui, tous les arts ont été animés d'une noble émulation pour embellir la sainte demeure du Dieu qui les inspire.

C'est le sculpteur dont le fin ciseau a fouillé la pierre et le bois pour les transformer en de merveilleuses dentelles, en meubles charmants, en chapiteaux fleuris, en balustrades aériennes ; c'est le sculpteur encore qui a peuplé nos temples, surtout nos cathédrales, comme celle de Reims, d'un véritable monde de statues dont les unes charment par leur naïveté et dont les autres, grâce à leurs formes correctes et à leur irréprochable exécution, peuvent servir de modèles dans tous les temps.

Ce sont des peintres souvent inconnus qui, s'inspirant des plus grands maîtres, ont laissé non seulement sur des toiles immortelles, mais sur les boiseries, sur les marbres, les murailles de nos églises de vrais chefs-d'œuvre que les amateurs de nos jours recherchent avidement sous le vulgaire badigeon dont trop souvent, hélas ! on les a recouverts.

Nous parlons de peintures ! Qui ne songe ici à ces radieuses verrières dont cette belle église est privée momentanément, mais que l'on peut admirer ailleurs, ajoutant un nouvel éclat aux rayons mêmes du soleil et inondant nos sanctuaires de teintes mystérieuses et douces qui pénètrent si bien l'âme.

Quoi encore, Mes Frères ? Je puis ajouter que l'on trouve çà et là, dans nos plus humbles églises, mais surtout dans les trésors de nos grandes basiliques, les productions les plus admirées de l'art chrétien : manuscrits précieux, chefs-d'œuvre de calligraphie, riches émaux, reliquaires, objets d'orfèvrerie dont la ciselure et le dessin ont fait d'inimitables bijoux, brillantes tapisseries que nos modernes artistes copient avec enthousiasme et qu'ils achèteraient au poids de l'or.... Vous pouvez, Mes Frères, pour vous édifier sur ce sujet, lire en particulier le catalogue du trésor disparu de cette antique église de Mouzon.

Voilà ce qu'a fait l'art chrétien ! Il n'est personne qui ne reconnaisse aujourd'hui la supériorité qu'il s'est acquise par l'originalité de ses conceptions et la perfection de son travail. Et l'on ne saurait jamais regretter assez qu'à une époque dont on célèbre le centenaire retentissant, des lois, que je n'ai pas à qualifier ici, aient dépouillé nos églises de ces richesses artistiques dont les siècles les avaient dotées, tantôt pour les vouer à une barbare destruction, tantôt pour les transporter dans des musées profanes où elles subissent avec d'autres œuvres une promiscuité fâcheuse, où le peuple chrétien ne peut les admirer à loisir, et à chaque heure du jour, comme ici, et où enfin elles n'occupent pas la place que la piété des fidèles et la volonté des artistes leur avait assignée.

Je regretterais, Mes Frères, de ne point parler de nos merveilles musicales, de nos orgues, instrument chrétien par excellence, si bien fait pour accompagner les compositions de nos grands maîtres, dans ces églises gothiques où, disons-le en passant, les constructeurs du Moyen-Age ont appliqué les lois de l'acoustique avec une science parfaite et plus heureusement parfois, si l'on en croit les doléances de la chronique mondaine, que dans nos salles de concert ou nos modernes théâtres.

Et avec l'orgue citons encore une des plus belles inventions de l'art chrétien, nos cloches qui, placées au sommet de leurs tours, prêtent une voix, donnent la vie à nos temples qui, sans elles, seraient silencieux et morts comme la plupart des édifices civils; nos cloches qui, par leurs joyeux carillons ou par leurs notes graves et plaintives, s'associent à nos joies ou à nos douleurs, et célèbrent tous les événements de notre existence!... Vous savez par expérience, habitants de Mouzon, quel morne silence pèse sur une cité quand les cloches sont muettes, et avec quelle joie l'on en salue la première volée annonçant à tous qu'elles ont repris possession de leur poste séculaire.

J'en ai dit assez, me semble-t-il, pour célébrer la gloire et établir la prééminence de l'architecture religieuse et de l'art chrétien. Vous le voyez, Mes Frères, et il nous faut le redire encore, le génie de nos ancêtres a fait de nos temples de véritables musées, et, pour employer une expression toute d'actualité, une exposition parmanente des beaux-arts. L'on n'y trouve pas peut-être, comme dans d'autres expositions, admirables d'ailleurs, le réalisme ou le gigantesque, mais toujours on a pu y trouver, ce qui vaut mieux, le beau dont la contemplation est nécessaire pour élever les intelligences et les cœurs.

II

Lapides clamabunt. Les pierres de ce monument rendent témoignage à la piété de vos ancêtres et à la vôtre, Mes Frères. J'appelle piété le dévouement et le zèle que les habitants de cette ville ont toujours eus pour la conservation et l'embellissement de leur église.

Ici, il nous faudrait parcourir les annales de cet édifice dix fois séculaire, et évoquer des souvenirs tantôt glorieux et tantôt lugubres ; car il en est de la vie des monuments comme de la vie des hommes, les triomphes s'y mêlent aux deuils et les joies aux tristesses.

Disons surtout que l'antique abbatiale de Mouzon, qui nous apparaît comme une reine s'élevant au milieu des habitations qui l'entourent, a reçu les visiteurs les plus illustres : ici sont venus des papes et de puissants monarques : Henri IV et Louis XIV se sont agenouillés sur le pavé de ce temple; le saint martyr Thomas de Cantorbéry, pendant son exil, y célébra la messe ; des conciles y ont été tenus, et les Souverains Pontifes Célestin III et Innocent III, voulant honorer le glorieux monument, lui décernèrent le titre de cathédrale en le désignant pour un siège épiscopal.

Ce qui est surtout remarquable dans l'histoire de cette église, c'est qu'une triple protection, je dirais volontiers une triple providence, n'a cessé de veiller sur elle à travers les siècles.

Ce sont d'abord les Archevêques de Reims. Clovis avait donné en pleine propriété à saint Remi et à ses successeurs Mouzon et ses dépendances. Pendant de longs siècles, les archevêques de Reims jouirent de ce pouvoir souverain ; ils en exercèrent les droits, ils en remplirent les devoirs. Pour protéger leur peuple, ils élevèrent un château-fort et des remparts dont les vestiges n'ont pas encore disparu ; nos ancêtres ont connu ce pouvoir ecclésiastique, paternel et bon, qui s'exerçait suivant les coutumes reçues et qui avait pour règle la conscience, et, à Mouzon comme partout, l'on proclama, suivant l'expression du temps, *qu'il faisait bon vivre sous la crosse.*

Mais la sollicitude des archevêques s'étendait spécialement sur l'antique église, et c'est à l'un d'eux, Hervé, qui régnait en l'an 900, que l'on doit en grande partie l'édifice actuel avec son admirable plan et ses vastes proportions.

Les abbés du monastère bénédictin qui, pendant huit siècles, a vécu à l'ombre de cette église, en furent la seconde providence. Nous évoquons les gloires de notre passé ; saluons donc cet ordre illustre dont le nom est synonyme de science ; car il n'est pas permis à un siècle, pour exalter ses propres mérites, de renier l'héritage qu'il a reçu de ses devanciers. Ne nous rendons pas coupables de cette ingratitude que l'ignorance seule peut excuser et qui serait impardonnable ici ; et, en ce jour, rendons un public hommage à ces moines tant décriés, qui nous ont laissé des trésors d'érudition dont la science contemporaine bénéficie largement, à tel point que ceux qui ne leur pardonnent pas leur qualité de religieux, ne peuvent leur contester le titre de savants.

Oui, rendons hommage à ces religieux, habiles architectes aussi, qui nous ont laissé des monuments incomparables comme celui-ci, construits souvent de leurs propres mains. Et ce devoir de la reconnaissance n'est-il pas pour vous facile à remplir, habitants de Mouzon, en présence de l'œuvre des Bénédictins restaurée et revêtue de son ancienne splendeur ?

La troisième providence veillant sur cette église a été la population elle-même, qui jamais ne recula devant aucun sacrifice en faveur d'un monument dont la cité était justement fière.

C'est ce qui arriva surtout en 1212, quand un vaste incendie détruisit presque entièrement Mouzon et son église. L'on vit dans ce désastre la population entière, petits et grands, riches et pauvres, tous se mettre à l'œuvre et se faire ouvriers pour relever de ses ruines le glorieux édifice.

Ah! Mes Frères, c'est qu'à cette époque l'on comprenait que la maison de Dieu est le véritable foyer de la vie chrétienne. Dans l'église, tous les citoyens, unis alors par une même foi religieuse et une même pensée nationale, se rencontraient tantôt pour la prière, tantôt pour les délibérations publiques, parfois même pour d'honnêtes divertissements ; l'église était le foyer, la maison commune, le théâtre, et même, en certains endroits, la forteresse où l'on se réfugiait au moment du danger ; en un mot, l'église était le centre où tout convergeait : il n'est donc pas étonnant que le peuple la voulût élevée, grande et belle!...

C'est ainsi, Mes Frères, que paré et admiré successivement par toutes les générations, cet auguste édifice est arrivé jusqu'à notre siècle. Hélas! ce qui me reste à dire, vous le savez. Aux gloires succèdent les deuils, et l'abbatiale bénédictine, qui jusqu'alors s'élevait glorieusement dans le Ciel, sembla vouloir s'incliner vers la terre et se coucher dans la tombe.

Quelle que soit l'opinion que l'on ait sur cette grande révolution qui, à la fin du siècle dernier, changea la face de notre Patrie, on ne peut nier, et l'histoire l'atteste, qu'il y eut alors de lamentables ruines. Nos édifices religieux reçurent de nombreux outrages. Cette antique abbatiale, placée sous le vocable de Notre-Dame, élevée à la gloire du Dieu de Clovis, de Charlemagne, de saint Louis et de Jeanne d'Arc, subit la honte d'un culte schismatique. Que dis-je, Mes Frères? Sur cet autel où n'avait encore reposé que le Dieu trois fois saint de nos mystères, l'on vit debout une infâme courtisane décorée du nom de déesse de la Raison, et que des énergumènes en délire acclamaient au milieu d'ignobles danses et dans des chants immondes!

L'on vit encore de modernes vandales, transportés d'une fureur sauvage, s'efforcer de détruire ce que les siècles avaient édifié avec tant de génie et d'amour; armés du marteau des démolisseurs, ils brisaient ce qui avait fait la gloire de cette église, les statues, les riches sculptures et jusqu'aux pierres tombales qui abritaient les morts!

Loin de nous la pensée de rendre responsable de ces abominations la génération qui nous a précédés; car personne n'ignore qu'il suffit d'une minorité ardente pour terroriser toute une population et la contraindre d'assister, sinon impassible, du moins silencieuse, aux plus horribles excès. Mais tous nous devons être unanimes à flétrir ces hontes et cette stupide barbarie.

Après la tempête, il fallut en réparer les outrages. Ici encore la population mouzonnaise se trouva à la hauteur de sa tâche; la municipalité multiplia les appels pressants qu'elle adressait aux pouvoirs publics; et malgré tout, à part quelques travaux insuffisants exécutés sous l'empire des préjugés archéologiques dont nous avons parlé tout à l'heure, ce n'est qu'après de longues années, plus d'un demi-siècle, que l'on commença le travail de réparation.

Cette entreprise à la fois grandiose et délicate fut confiée à un architecte éminent dont le nom restera attaché à beaucoup d'œuvres glorieuses, et spécialement à la restauration de Notre-Dame de Mouzon, qu'il nous a rendue avec toute la pureté de ses lignes, la splendeur et la correction de son style. Il y eut alors, dans toutes les classes de la société, un magnifique élan d'enthousiasme et de générosité : le gouvernement, le département accordèrent de larges subsides : la ville de Reims, répondant à l'appel de l'illustre Cardinal Gousset, offrit d'abondantes souscriptions; ici, les administrateurs de la cité, pas plus que les particuliers, n'hésitèrent à grever leur budget, et l'on vit des pauvres apporter leur obole, des ouvriers offrir plusieurs journées de leur travail !

Ce concours unanime de toutes les volontés et de toutes les influences était puissamment entretenu et secondé, nous devons le dire en ce moment, par les divers curés de cette paroisse qui se succédèrent pendant la période des travaux, et dont les noms appartiennent à l'histoire de leur église. Ce fut d'abord le vénérable M. Charlotteaux, qui entreprit l'œuvre avec un dévouement et une abnégation d'autant plus méritoires qu'il ne pouvait la voir s'achever; puis vinrent M. Jussy, qui décrivit avec amour sa chère Notre-Dame de Mouzon dans une brochure qui restera le *Vade-mecum* du visiteur; M. Nanquette, qui emporta sa bonne volonté et ses généreux projets dans une tombe prématurément ouverte; et enfin le sympathique et zélé curé actuel, qui reçoit aujourd'hui sa récompense dans le triomphe de son église, qui est bien aussi le sien.

Ce sont tous ces généreux efforts que nous célébrons aujourd'hui, Mes Frères; nous rendons hommage à tous ceux dont le dévouement a sauvé de la ruine cette antique abbatiale. Votre intelligente municipalité l'a compris, et c'est pourquoi elle a voulu que la fête de ce jour fût grande et belle; elle a tenu aussi à honorer le Prince de l'Église, le successeur des Archevêques, Seigneurs souverains de Mouzon ! Elle a voulu honorer également les nombreux membres du clergé accourus à cette cérémonie, et parmi lesquels il nous est doux de saluer un vénérable prêtre dont les conseils et les exemples ont guidé notre jeunesse sacerdotale, et dont le Souverain Pontife a voulu récompenser, en l'attachant à Sa Maison, les longs services, l'austère vertu et le ferme caractère. Ici l'intelligence et le cœur ont été à la hauteur des circonstances; aujourd'hui, Mes Frères, vous inscrivez dans votre histoire locale une date mémorable, et vous avez bien mérité de la Religion, de la Patrie et des Arts.

III

Lapides clamabunt. La voix de ces pierres rend témoignage à la Religion et à Dieu. Je ne ferai qu'indiquer cette dernière réflexion, car je ne veux, Mes Frères, abuser ni de votre temps ni de votre bienveillance.

Oui, par leur majestueuse élévation, leur antiquité, leurs proportions et leur forme, nos églises symbolisent l'idée de Dieu et proclament la place nécessaire immense que cette noble idée tient dans le monde.

En effet, contemplez ce magnifique édifice ; mesurez du regard les deux flèches qui s'élancent vers le ciel et que surmonte la croix, ce drapeau du chrétien N'est-ce pas l'usage quand un souverain, le chef d'un Etat, réside dans un palais, d'arborer au sommet de l'édifice le drapeau national pour annoncer la présence de l'hôte illustre qui s'y trouve? Ainsi placée au sommet du temple, la croix rappelle à tous ceux qui l'aperçoivent des divers points de l'horizon, qu'ici est la demeure sacrée de ce Roi dont les souverains du monde ne sont que les humbles vassaux. Cela est si vrai, que, lorsqu'une église est profanée, quand, par exemple, Dieu en est chassé pour céder la place à ces grands hommes que l'on acclame comme les demi-dieux de la terre, on s'empresse d'abaisser le drapeau divin, la croix ... Il paraît néanmoins que l'odieuse opération n'est pas toujours facile, et, en dépit de tous les efforts, la croix reste parfois sur l'édifice pour annoncer sans doute que l'ancien hôte y reviendra.

Promenez maintenant votre regard dans l'intérieur du temple ; tout y proclame Dieu jusqu'à la forme mystérieuse et symbolique que nos ancêtres ont donnée à l'édifice. La nef principale se coupe à angles droits avec la ligne du transept et le chevet s'incline doucement vers l'un des bras de cette croix immense! Pensée touchante et sublime de nos pères qui ont ainsi représenté, dans un émouvant tableau, le Dieu crucifié penchant sur son épaule sa tête mourante. Mais qu'ai-je besoin d'insister? il n'est pas dans cette église une statue, un bas-relief, une sculpture qui ne proclame quelque vérité religieuse, un dogme de notre symbole catholique.

Il y a de longs siècles que nos temples rendent hommage à Dieu et à sa Religion sainte ; et il n'est pas facile d'altérer ou de nier une tradition gravée sur la pierre depuis l'origine du christianisme, depuis les catacombes primitives jusqu'aux splendides basiliques que nous restaurons de nos jours.

D'ailleurs, il est impossible de supprimer ce qui tient aux entrailles, au cœur même de l'humanité ; jamais le monde ne se passera de Dieu, sans lequel on ne peut édifier une seule existence humaine ou une société quelconque! Mais je ne veux pas me laisser entraîner par la magnificence du sujet que je traite, et je termine.

Il est rapporté que l'illustre conférencier de Notre-Dame de Paris, le Révérend Père Lacordaire, entrant un jour dans l'église de son pays natal, se jeta à genoux en disant au prêtre qui l'accompagnait : « C'est ici, Monsieur, que j'ai reçu les premières grâces chrétiennes. »

Habitants de cette paroisse, vous voudrez, vous aussi, en ce jour, tomber à genoux sur le sol de cette église, car c'est ici que vous avez reçu les grâces précieuses de la Religion.

Ici, vous avez été revêtus du caractère auguste du Baptême, qui, l'histoire l'atteste, a toujours distingué les peuples civilisés des nations barbares.

Ici, vous avez appris à ne point séparer votre titre de catholique de celui de français, parce que l'on vous a enseigné que, le même jour, saint Remi a baptisé nos ancêtres et fondé cette glorieuse nation qui s'appelle la France.

Ici, l'on vous a dit que le véritable honneur consiste dans la conscience droite et ferme qui ne pactise ni avec l'injustice ni avec la honte, et que, citoyens d'une grande Patrie, la meilleure ligne de conduite, disons le mot, la plus habile et la plus loyale politique que vous puissiez suivre, est celle que Jésus-Christ nous a tracée en deux mots dans l'Evangile : « Cherchez le Royaume des Cieux, et le reste vous sera donné par surcroît. »

Ici enfin, la Religion a béni toutes les époques de votre vie, vos joies et vos tendresses, elle a consolé vos douleurs, elle consacrera votre mort elle-même!

Il est rapporté dans les annales de Mouzon qu'en 1713, un corps d'armée ennemi se présenta devant la ville, alors démantelée; le général qui commandait cette troupe fit sommer les habitants de livrer leurs armes et de se rendre; ceux-ci répondirent qu'ils attendaient leurs adversaires de pied ferme. Déconcertés par cette courageuse réponse, l'ennemi leva le camp sans rien tenter contre la ville.

Il est encore relaté dans l'histoire locale de Mouzon que, pendant les guerres de Religion, ni les menaces ni les promesses ne parvinrent à faire apostasier un seul des habitants; tous restèrent fidèles à leur Credo catholique.

Dans ces deux faits, tous deux à l'honneur de vos ancêtres, je trouve, Mes Frères, le programme de votre vie : Soyez toujours courageux français et fiers chrétiens! C'est la grâce que je vous souhaite avec l'éternité bienheureuse et la bénédiction de Son Eminence.

Voilà certes un beau discours, auquel M. le Curé de Saint-Remi a dû mettre tous ses soins, puisqu'il le destinait à l'impression. Il représente une somme de labeur très-sérieux, et on n'atteint certainement pas à un résultat aussi magnifique, sans y avoir consacré pour le préparer du temps, et surtout de la réflexion.

J'ai entendu faire à Mgr Baye le reproche de donner à ses sermons trop d'apparat extérieur. « Ils sentent un peu l'huile, » disait-on.

Oui, dans certaines circonstances, la chose a pu se produire.

Parfois aussi, les détails du discours auraient pu être remplacés par des exposés, je ne dirai pas plus lucides, mais plus simples et d'une doctrine plus accentuée. Mais, qu'on me montre donc l'œuvre parfaite ici-bas, si ce n'est celle de Dieu. Et les taches avouées, quelles pages grandioses l'abbé Baye a pensées et dites en exhalant je ne sais quel air salin qui vivifie et rafraîchit !

Sa plume était si bien exercée que toute composition intellectuelle, tout travail de tête lui était devenu extrêmement facile. La preuve en est dans le tour de force qu'il a accompli quatre jours après la solennité de Mouzon.

L'Assemblée des Catholiques du Diocèse s'était réunie à Charleville, sous la présidence de Mgr le Cardinal de Reims, et c'était Mgr d'Hulst, recteur de l'Institut catholique de Paris, qui devait clôturer par un discours, les travaux présentés à cette assemblée.

Par suite d'un événement imprévu, le prélat dut s'excuser d'être retenu à Chartres pour prononcer l'éloge funèbre de Mgr Renault, ancien curé de Charleville, et mort évêque de Chartres.

Pour le remplacer, Son Éminence ayant prié le Curé de Saint-Remi de prendre la parole au salut de clôture, celui-ci se fit un point d'honneur de répondre à la confiance de son archevêque. Il accepta ; puis, s'enfermant chez son frère, alors habitant de Charleville, il composa en quelques heures la belle allocution qu'on va lire.

J'ai entre les mains le papier sur lequel il l'a écrite, et c'est merveille de constater avec quelle facilité il a fait ce travail. L'allocution a été imprimée ; elle est presque toute conforme à l'original.

ALLOCUTION

PRONONCÉE AU SALUT DE CLÔTURE DES TRAVAUX DE L'ASSEMBLÉE DES CATHOLIQUES
DE REIMS
DANS L'ÉGLISE PAROISSIALE DE CHARLEVILLE

> *Emitte spiritum tuum et creabuntur,
> et renovabis faciem terræ.*
>
> Seigneur, envoyez votre esprit; tout sera
> créé et vous renouvellerez la face de la
> terre.   *(Ps.* CIII, v. 31.)

ÉMINENCE,

MES FRÈRES,

Les œuvres de Dieu sont grandes, et c'est par son divin esprit qu'il les réalise. Au commencement de toutes choses, cet Esprit de Dieu créa le ciel et lança dans l'espace des astres nombreux, dont les uns sont d'immobiles et puissants foyers de lumière et d'attraction et dont les autres, astres secondaires, circulent autour d'eux, recevant leur influence et semblant leur faire cortège.

L'Esprit de Dieu harmonisa aussi le chaos, assignant à chaque élément sa sphère d'action et donnant naissance à des familles si nombreuses de plantes et d'animaux, que nos savants modernes ne sont pas encore aujourd'hui parvenus à en faire la description et la nomenclature.

Or, ce que l'Esprit-Saint a fait dans le monde physique et matériel, il l'accomplit encore chaque jour dans le monde moral, dans les âmes et dans les sociétés. Il crée de surnaturelles clartés là où l'intelligence humaine, aveuglée, éperdue s'égare dans les ténèbres, et répéterait volontiers le cri fameux : De la lumière ! Ah ! donnez-moi de la lumière !

Il harmonisa ensuite les divers éléments sociaux, à chacun il assigna sa place; il établit des centres d'enseignement et d'autorité autour desquels doivent se grouper les fidèles enfants de l'Eglise. Il produit enfin d'innombrables œuvres catholiques qui sont comme la flore variée de la Religion. Or, quand il voulut créer et harmoniser le monde physique, l'Esprit de Dieu agit par lui-même et directement sur la matière : *Dixit et facta sunt;* il dit et toutes les choses ont été faites. Mais il n'en est pas de même pour le monde des intelligences et des âmes, pour la société. Lui, le Tout-Puissant, semble oublier l'efficacité de sa parole; il veut fortifier son action personnelle par l'aide d'un instrument; il veut des intermédiaires qu'il choisit parmi les hommes pour agir sur les hommes. Ces intermédiaires que Dieu associe à son action sont tout d'abord, vous le savez, catholiques qui formez cette assemblée, nos évêques ayant à leur tête le Vicaire de Jésus-Christ, et sans lesquels, au point de vue du bien, on ne peut entreprendre rien de légitime ni de fécond; puis, sous la direction de nos pontifes, viennent les prêtres et les fidèles dont aucun ne peut se désintéresser du salut de ses frères. Ceci vous explique la raison d'être de nos congrès catholiques; pour réaliser une action qui doit nous être commune, il faut se réunir et se concerter, et c'est ce que je voudrais expliquer en ce moment, pensant ainsi répondre à vos légitimes preoccupations. J'esquisserai donc en deux mots l'action d'un congrès catholique. Éminence, pendant ces jours, vous avez été le centre d'enseignement et d'autorité autour duquel nous nous sommes groupés, et comme les corps célestes dont je vous parlais tout à l'heure, nous avons éprouvé une double influence : celle de l'attraction et de la piété filiale qui nous attirait vers votre personne sacrée, et celle du respect qui nous retenait dans l'attitude qui convient à des enfants, en présence d'un père vénéré. Nous tous, Eminence, qui avons reçu vos conseils et votre paternelle direction, nous vous sommes profondément reconnaissants, et pour ma part, j'ai voulu essayer d'acquitter, au moins en partie, ma dette, en acceptant de monter à l'improviste et sur votre parole dans cette chaire, où je suis étonné et confus de me voir, à la place de l'orateur éminent que cet auditoire déçu attendait. J'ai obéi et j'espère que mon obéissance sera mon excuse auprès de tous.

I. — Ce que fait un congrès catholique? Pour répondre à cette question, je vous ferai d'abord remarquer qu'au point de vue des études et des œuvres sociales, il y a plusieurs écoles et différents systèmes.

Il y a d'abord l'école de l'abstention, dont les adeptes sont des sceptiques et des découragés qui ne se sentent plus de vaillance au cœur, qui ne croient plus à l'efficacité d'aucun effort, et qui, lorsqu'on leur parle d'apostolat ou de progrès, sourient d'un air incrédule, haussent les épaules et accordent pour toute réponse ces deux mots qui résument leur philosophie sociale : *C'est inutile! Il n'y a rien à faire!*

Les partisans de cette école de l'abstention cherchent à justifier leur système soit par les tentatives infructueuses faites jusqu'ici, soit par les défauts et les vices de l'humanité. Voyez, en effet, disent-ils, autour de vous, ce qui se passe en haut et en bas de la société.

Les classes élevées s'endorment dans les jouissances; elles possèdent la richesse, les honneurs, l'influence, cela leur suffit. La bourgeoisie, elle aussi, veut jouir, et pour cela, elle s'efforce de faire rapidement fortune; les affaires l'absorbent, et ses loisirs sont remplis par des plaisirs dont, grâce à nos mœurs modernes, le programme devient de plus en plus chargé... Quant à l'ouvrier, quant au peuple, il y aurait naïveté à s'occuper de sa moralisation et de ses intérêts; s'il semble vous écouter parfois, c'est dans le but de surprendre votre bonne foi et votre charité; il est définitivement matérialisé: au surplus, c'est un ingrat qui ne croit pas au désintéressement de ses bienfaiteurs, et tous les efforts tentés auprès de lui, jusqu'à ce jour, ont échoué. *C'est donc inutile! Il n'y a rien à faire!*

Nous ne croyons pas, Mes Frères, qu'il soit permis de calomnier ainsi la société au milieu de laquelle nous vivons. Nous aimons, au contraire, à proclamer qu'il y a dans les classes élevées, dans la bourgeoisie, d'admirables dévouements à la cause populaire, une intelligence complète des problèmes sociaux et l'esprit de sacrifice qui seul peut les résoudre. Il y a, de nos jours, de nobles chrétiens dans toutes les classes de la société, dans la magistrature, dans l'armée, dans le négoce : il y a des patrons dévoués jusqu'à l'héroïsme ; il y a de véritables apôtres qui mettent leur or et leur sang à la disposition de l'ouvrier et du pauvre. Le congrès assemblé dans cette ville vous en fournit la preuve et ce spectacle doit réjouir vos âmes et raviver vos espérances !

D'un autre côté aussi, que de grands caractères, que d'âmes droites et fortes ne trouve-t-on pas parmi les ouvriers et dans les rangs du peuple ; sous la blouse bat souvent un cœur aussi noble que sous le plus brillant habit, et la main calleuse du travailleur, cette main qui porte les stigmates du labeur quotidien, donne des étreintes aussi loyales et aussi chaudes que la main même d'un ami.

Il n'y a rien à faire ! Cette parole n'est ni catholique, ni française ; où donc l'avez-vous recueillie ? Ah ! ce n'est certes pas sur les lèvres du Dieu de la crèche et du calvaire, ni sur les lèvres d'un saint Vincent de Paul ou d'une Jeanne d'Arc.

Il n'y a rien à faire ! Vous n'entendez donc pas ces cris de douleur qui retentissent partout ; vous ne voyez donc pas le travail faisant défaut et la misère s'asseoir à de nombreux foyers ; vous n'éprouvez donc pas les angoisses patriotiques des bons citoyens qui se demandent ce que sera la patrie de demain, ni celles des catholiques sincères qui se demandent eux aussi, avec angoisse, ce que deviendra une génération élevée en dehors de la lumière de Dieu, de la foi et de la morale de l'Évangile !

Le congrès catholique croit, lui, qu'il y a beaucoup à faire, et c'est pourquoi il se réunit, afin d'étudier et de résoudre les redoutables problèmes dont il n'est permis à personne de se désintéresser.

A côté de l'école de l'abstention, il y a l'école des philanthropes et des économistes ; je les réunis à dessein, car ils ont des airs de famille si frappants qu'il n'est guère permis de les séparer.

Le philanthrope écrit de belles pages sur le sort misérable des classes souffrantes et les maux de la société. Voyez-le confortablement assis dans son fauteuil, auprès de son feu en hiver, à la fraîcheur en été ; il compose des livres en style larmoyant sur les misères publiques, et puis... c'est tout ! Il se relit avec satisfaction, et s'il parvient à obtenir quelque publicité à force de réclames ; s'il trouve place sur les rayons de quelque bibliothèque ; s'il obtient un prix, une mention honorable dans une académie, une société savante quelconque, il est au comble de ses vœux, il croit avoir rempli sa tâche et avoir pris place parmi les bienfaiteurs de l'humanité.

Tel ne peut être le rôle d'un congrès catholique, qui doit parler, qui peut écrire, sans doute, mais dont la mission est surtout d'agir.

Avec les philanthropes, nous avons nommé les économistes, c'est-à-dire les partisans de cette science moderne que l'on appelle l'économie politique, et qui s'est imposé à elle-même d'étudier les problèmes sociaux et spécialement ce qui concerne la fortune publique et la prospérité nationale. Un des traits saillants des économistes, c'est qu'ils ne sont pas d'accord entre eux; les uns plaident pour la protection, les autres pour la liberté illimitée et le laisser passer; ils ont des théories diverses sur les tarifs, les salaires, la main-d'œuvre et beaucoup d'autres questions.

Ici, Mes Frères, qu'on ne se méprenne pas sur notre pensée. Loin de nous de vouloir infliger un blâme ou déverser le ridicule sur une science recommandable qui compte d'illustres et généreux adeptes, qui peut résoudre certaines questions techniques et aider à la solution des problèmes sociaux.

Mais où nous nous séparons des économistes, c'est quand ils affichent la prétention d'offrir au monde entier leurs principes, comme une panacée universelle, sans avoir besoin d'invoquer la lumière de l'Évangile, et qu'ils écartent la Religion par cette fin de non recevoir : *La Religion est étrangère aux questions sociales; elle n'a rien à voir là.*

Pour nous, Mes Frères, nous enseignons, et c'est notre devoir de le dire bien haut, que la religion a le droit d'intervenir toutes les fois qu'il est question de morale et de justice, quand même ce serait de morale et de justice sociales, car les nations, comme les individus, relèvent de Dieu, et les peuples comme chaque citoyen doivent respect au Décalogue. Écarter la religion ! Y pense-t-on, Mes Frères, quand au contraire il est impossible de l'éviter et qu'on la rencontre partout, au fond de tous les problèmes et de toutes les questions. Écoutez les échos de nos parlements et de nos assemblées délibérantes : dans chacune de leurs discussions, nos législateurs se trouvent en présence de la religion ; qu'il s'agisse d'une loi sur l'enseignement, d'une loi militaire, c'est toujours sur le terrain religieux que se livrent les luttes les plus ardentes ! Dans nos villes de province, dans la plus petite bourgade, à l'occasion d'un simple règlement de police sur la circulation des rues, la religion est encore là en cause avec les processions.

Il est donc impossible, dans la solution des problèmes sociaux, de ne pas tenir compte de la religion, et c'est ce qui frappait un brave ouvrier qui me l'exprimait un jour dans son langage populaire. Pardonnez-moi, Mes Frères, ce souvenir familier : il est instructif d'ailleurs. C'est étrange, disait cet homme, partout et presque sans cesse on parle des curés ! on ne s'entretient pourtant pas ainsi des autres hommes ; on parle du notaire quand on se marie, quand on achète ou que l'on vend une propriété, quand on fait son testament : cela n'arrive pas tous les jours; on parle des militaires quand ils passent une revue ou exécutent des grandes manœuvres ; on parle des médecins, des huissiers quand ils vous font subir certaines opérations très peu agréables : mais des curés, c'est pour ainsi dire partout et toujours qu'il en est question. Et mon brave ouvrier ajoutait : Cela doit vous ennuyer beaucoup, Monsieur ?.... Nous ennuyer, répondis-je, non, pas trop : car enfin, si l'on parle du clergé, ce n'est pas toujours en mal, et ceux qui prennent son parti, ce sont principalement les honnêtes gens. Ah ! cela, reprit mon interlocuteur en m'interrompant, c'est vrai!.... Et je lui expliquai que si le clergé est attaqué avec tant d'acharnement, c'est qu'il représente dans le monde, la morale, la justice, la religion et Dieu, toutes grandes et vénérables causes qu'un parti hostile attaquera jusqu'à la fin du monde. Donc, les comités catholiques veulent étudier et résoudre les problèmes sociaux à la lumière de l'Evangile et de Dieu, et, loin de la repousser, ils appellent la religion à leur secours.

Il y a encore l'école de l'égoïsme et des intérêts, dont les principes peuvent se résumer en cette formule : *Chacun pour soi !*

Cette théorie, favorisée par nos lois, est mise surtout en pratique dans ces réunions souvent tumultueuses où les ouvriers se réunissent entre eux et dont les journaux nous apportent les bruyants échos : là, ils discutent leurs intérêts sans tenir compte des intérêts opposés ; ils mesurent leurs patrons comme des adversaires que l'on cherche à surprendre, que l'on veut réduire à capituler pour leur faire payer ensuite très chèrement leur défaite et leur imposer, comme à des vaincus, les plus onéreuses conditions.

Pour certains esprits, c'est là l'idéal ; c'est la libre concurrence, c'est l'offre et la demande; c'est l'indépendance et l'émancipation de l'ouvrier : il n'y a rien à chercher au delà.

Ah ! prenez garde, dirai-je ; si bien closes que soient les portes, n'entendez-vous pas retentir au sein de ces réunions ces cris d'envie, de haine et de révolte ? Ne pensez-vous pas, si l'on ne modifie cet ordre de choses, qu'un jour n'éclate une guerre affreuse entre le patron et l'ouvrier, qui ne seront ni l'un ni l'autre retenus par la loi qui les a autorisés ou par la conscience qu'ils ne connaissent plus.

Ah ! nous les avons connues, il n'y a pas bien longtemps encore, dans notre histoire, ces luttes fratricides qui ont ensanglanté les rues de notre capitale; luttes deux fois criminelles où les enfants d'une même patrie s'entretuaient, les uns voulant monter à l'assaut de la fortune, les autres voulant la conserver et la défendre. Spectacle lamentable que doivent tôt ou tard nous ramener l'égoïsme et l'antagonisme des intérêts, si la religion ne parvient à les concilier.

Disons de suite que la formule des intérêts et de l'égoïsme ne peut être celle d'un congrès catholique.

II. — D'après ce que nous avons dit jusqu'ici, Mes Frères, vous voyez maintenant ce qu'est le congrès catholique : pour conserver l'expression dont je me suis servi à plusieurs reprises, je l'appellerai une école, l'école de l'Esprit-Saint dont nous attendons une nouvelle création et comme une nouvelle Pentecôte.

Au commencement de chacune de nos séances, nous tombons à genoux, invoquant cet esprit de Dieu par les paroles que j'ai placées au commencement de cet entretien : *Emitte spiritum tuum*, Seigneur, envoyez votre divin Esprit; *et creabuntur*, et toutes les choses qui autour de nous semblent mourir revivront ; *et renovabis faciem terræ*, tout reprendra une nouvelle jeunesse.

A plusieurs reprises, chaque jour, ces généreux catholiques réunis au nom de Dieu lui ont demandé de faire passer sur notre société malade un souffle de son Esprit.

Oui, que ce souffle divin passe dans nos codes et dans nos lois, afin que des nations chrétiennes ne soient plus régies par une législation athée.

Que le souffle du divin Esprit passe dans nos familles, afin de remettre à nos foyers celui que, suivant l'expression du poète, nos pères appellent leur Père.

Qu'il passe dans nos écoles, afin que nos petits enfants ne soient plus élevés sans connaître le Christ qui a seul le droit de les bénir.

Qu'il passe dans nos usines et dans nos ateliers, afin que le patron s'incline vers l'ouvrier et que l'ouvrier reconnaisse et respecte la paternité du patron.

On nous accuse parfois, nous autres catholiques, de faire du socialisme chrétien et d'autoriser les injustes revendications de l'ouvrier. Non, Mes Frères, les catholiques ne font pas de socialisme ; nous ne forçons pas la caisse du riche ni le coffre-fort du patron, mais nous cherchons à ouvrir les cœurs par la charité.... Et si l'ouvrier, eût-il les entrailles dévorées par la faim, veut étendre une main coupable sur le bien d'autrui, nous lui disons avec l'Évangile : Cela n'est pas permis, car la propriété est sacrée !

Que le souffle de Dieu passe encore dans notre littérature et dans nos théâtres, afin de les assainir.

Qu'il passe dans nos journaux, afin que ceux qui ont l'honneur de tenir une plume n'oublient pas qu'ils exercent un véritable sacerdoce, et qu'ils ont la noble mission d'élever les intelligences et les cœurs.

Vous le voyez, Mes Frères, c'est toute une régénération sociale et chrétienne que prépare le congrès catholique ; il veut refaire la patrie catholique et française, la patrie glorieuse et forte des grands jours de notre histoire.... Sans doute, il ne s'agit pas de retourner en arrière, ni de rien sacrifier des conquêtes modernes, mais il nous semble qu'il faut rendre aux âmes leur vaillance et leur fierté chrétienne.

Il faut que tous travaillent à cette grande œuvre ; formons une armée pacifique pour marcher à ce triomphe. Nous avons nos pontifes, chefs vénérés, augustes représentants de Dieu, suivons-les. Nous sommes les soldats, sachons lutter jusqu'à l'héroïsme ; femmes chrétiennes, que votre cœur soit bon, votre main douce comme celle d'une sœur de charité pour panser les blessés de nos luttes sociales, c'est-à-dire les victimes du travail et de la misère, les découragés ; que le pauvre lui-même donne sa force et son dévouement.

Oui, encore une fois, travaillons à cette œuvre digne des grandes âmes et par la paix sociale, la charité chrétienne, faisons de la terre une image de ce ciel que Dieu nous promet. — Ainsi soit-il.

Nous avons tenu à reproduire ici cette instruction si pratique au point de vue des idées qui y sont exprimées, moins pour donner un modèle du genre de la prédication de M. l'abbé Baye, en qui, à cette époque, apparaît l'économiste chrétien, que pour insister sur la facilité avec laquelle il écrivait un sujet, quel qu'il soit, et sans un effort aussi considérable qu'on aurait pu le supposer.

C'est le moraliste Vauvenargues qui, en plein dix-huitième siècle, traduisait l'axiome latin : *Pectus disertos facit*, par un autre axiome qu'il formulait ainsi : « Les grandes pensées viennent du cœur. »

Sans entrer ici dans le développement de cette maxime, il suffit de dire que c'est l'honneur et le privilège de l'homme de pouvoir s'attendrir et pleurer, et que, d'après une expérience aussi vieille que le monde, pour arracher des larmes, il faut être capable d'en verser.

Horace l'avait dit ; Boileau l'a répété :

> Que dans vos discours, la passion émue,
> Aille chercher le cœur, l'échauffe, le remue.

Est-ce à dire que M. l'abbé Baye, dans sa prédication, avait des accents d'émotion virile qui auraient pu exciter dans son auditoire ce je ne sais quoi qui soulève, fait frémir et enthousiasme les âmes ?

Non ; comme prédicateur, l'abbé Baye plaisait surtout aux auditoires respectueux du talent et avides de breuvage spirituel, toutes les fois qu'il leur est versé dans la coupe d'or d'une belle langue.

Il n'était pas un orateur dans toute l'acception du mot et au sens qu'il faut lui donner. Il avait de la chaleur ; mais il ne la communiquait qu'avec retenue. Il parlait et captivait par son verbe ; mais ce n'était pas lui qui faisait du sentiment.

Tête ferme et froide, il asseyait une thèse religieuse sur des preuves très nettes, et, en dialecticien consommé, éloquent, instruit, alerte, il enlevait l'admiration de ses auditeurs.

Au point de vue pratique, ce genre de prêcher la vérité fait toujours beaucoup de bien aux âmes sérieuses. Passionner son auditoire par une voix émue, vibrante et enthousiaste, c'est un beau talent. Mais c'est d'un mérite non moins appréciable de le convaincre à froid par la puissance d'une parole d'une lucidité de cristal, exacte au point de vue doctrinal et surtout toujours actuelle.

C'était bien là, la note spéciale de la prédication de M. le Curé de Saint-Remi.

Cette louange que je puis lui adresser en appréciant en lui le prédicateur, n'est pas du tout banale ; j'ai en effet horreur de l'exagération quand il s'agit d'exalter les morts, qui ne sont plus là pour se défendre contre la flatterie. Je ne veux pas non plus, en célébrant son éloquence, le placer au-dessus du rang qui lui convient. Mais je dois rendre hommage à la puissance réelle qu'il avait de charmer ceux qui l'écoutaient.

Toutefois, cet hommage serait très imparfait s'il n'était que cela. Eh bien ! il sera complet si j'ajoute que, dans le cœur de cet homme, je n'y ai trouvé que deux passions, la passion de l'Église et la passion de la France. Et c'est parce qu'il mettait à la défense de l'une et de l'autre tout l'amour de son être, qu'il glorifiait si bien la première et qu'il parlait de l'autre avec tant d'enthousiasme.

Ah! la France, comme il l'aimait! Il me souvient de l'avoir entendu plus d'une fois, en présence de deux de ses frères, deux âmes de soldat (1), parler de la patrie, de ses épreuves et de son avenir, avec des accents d'un patriotisme plus qu'éclairé et vraiment typique. Comme preuve à l'appui, je cite ici quelques extraits de sermons dans lesquels il rappelait les tristesses de l'heure présente, pour en tirer des leçons pour ses auditeurs :

« *C'est Dieu qui a créé les sociétés;* c'est lui qui les conserve, il a le droit de vie et de mort sur les peuples, comme sur les individus. Notre puissant pays n'est défendu, ni par les Alpes, ni par l'Océan, ou par nos armes perfectionnées, ni même par l'argent de notre monnaie : c'est Dieu qui protège la France.....

« C'est à ce point de vue qu'il faut se placer pour juger les grands événements de ce monde. Arrière ces écrivains, ces historiens fatalistes qui ne voient ici-bas qu'un enchaînement de causes nécessaires et aveugles, des effets imprévus du hasard, des combinaisons mobiles du génie humain et qui bannissent de leurs théories et de leurs systèmes Dieu lui-même, comme une superfluité. Quelle est donc la conclusion de cette doctrine? C'est que chaque peuple, chaque nation, en qualité de créature, doit au Seigneur un culte d'adoration et de reconnaissance. Il ne suffit pas que, dans un pays ou dans une

---

(1) MM. Amédée Baye, ancien capitaine, chevalier de la Légion d'honneur, et Félix Baye, mon ami, décédé à Reims il y a quelques années.

cité, chaque citoyen pratique une religion solitaire sur l'autel de son cœur ou dans le sanctuaire de la famille, il faut que cette cité, ce pays ait ses temples dans lesquels il vient offrir au Seigneur des hommages publics et faire monter vers le Ciel, une prière commune et solennelle. Vous avez compris cette vérité, Mes Frères, et c'est pourquoi vous êtes venus si nombreux et si recueillis vous presser autour de la châsse qui renferme les restes vénérés de l'illustre apôtre des Français. Reims tout entier a accompli son pieux pèlerinage. Tour à tour, les diverses paroisses de notre noble cité sont venues prier saint Remi. Mardi dernier, la bannière de Notre-Dame se déployait dans notre sanctuaire ; puis sont venus : Saint-Jacques, Saint-André, Saint-Thomas trois noms d'apôtres et de martyrs qui nous apprennent comment il faut mépriser la mort, et Saint-Maurice, magnanime soldat qui sut mourir en héros et en chrétien.

« Voilà les intercesseurs que nous nous sommes créés dans le ciel pendant cette semaine. Avec la leur, notre prière montera jusqu'à Dieu et, dès lors, s'il faut mourir, nous mourrons avec courage, mais notre mort elle-même sera un triomphe.......

Dieu nous purifie. — Il en est des nations et des peuples comme de chacun de nous en particulier, c'est-à-dire qu'ils doivent expier dans la pénitence, dans les larmes et parfois dans le sang les fautes qu'ils ont commises. A l'exemple de son divin Maître, le chrétien doit un jour ou l'autre gravir son calvaire et être attaché à la croix. Il faut souffrir pour expier, c'est la loi commune qui s'applique également aux républiques et aux empires.....

« Voyez donc en ce jour la France, que Dieu veut faire grande et glorieuse, clouée sur sa croix et attachée à son calvaire. Voyez-la : comme le Christ, elle penche sa noble tête sous l'humiliation passagère qu'elle subit; son cœur toujours vaillant est transpercé par les angoisses qui la dévorent; ses pieds et ses mains sont transpercés et sanglants. Qui donc a ainsi crucifié notre grande nation, cet empire de Clovis, de Charlemagne, de saint Louis? Mes Frères, la Religion vous donnera la réponse à cette question. Ce ne sont pas les Juifs qui ont frappé Jésus-Christ sur le Calvaire, mais le péché. Ce ne sont pas tant nos ennemis que nos fautes qui infligent à notre patrie de sanglantes blessures. Puissions-nous comprendre ce mystère et nous purifier en souffrant !.. ..

« On rapporte dans l'histoire que lorsque César eut été assassiné, son cadavre fut porté sur la place publique. Un de ses amis, homme éloquent, découvrant les blessures aux regards du peuple, essaya d'émouvoir la foule devant le cadavre dont le sang jaillissait encore ; or, celle-ci, en voyant la victime, s'attendrit, alors que tout à l'heure elle avait frappé en aveugle et poussée par la rage.

« Je pourrais renouveler cette scène, en vous montrant la France blessée. Qui donc l'a frappée? Ah! ce sont nos fautes. Ici la violation du dimanche, là le blasphème, là le sensualisme contemporain. Plusieurs fois, la France a été ainsi coupable, et chaque fois Dieu l'a châtiée; toujours, il a voulu une expiation et une victime. Ici, c'est Jeanne d'Arc, là, Louis XVI; il y a quelques années, c'étaient nos soldats, dont un grand nombre, très chrétiens, portaient dans leur cœur la grâce de Dieu et sur leur poitrine la médaille de Marie. Encore une fois, Dieu veut que nous expiions nos fautes par les revers passagers que nous éprouvons. C'est la deuxième pensée que je voulais développer devant vous.

« On se rappelle, dans l'histoire, le mot d'un de nos souverains. François Ier avait, dans une bataille mémorable, perdu ses trésors, son armée, sa liberté même; l'infortune était grande, mais le royal prisonnier pouvait s'en consoler, car il n'avait pas forfait à l'honneur, et du sein de sa captivité, il pouvait tracer pour sa mère ces mots que nos Annales ont enregistrés : « Madame, tout est perdu, fors l'honneur. » Au milieu de ses désastres, ce roi était grand encore...

« Pour nous, rien n'est perdu; nos drapeaux iront de nouveau sur les champs de la victoire; notre armée, qui n'a pas oublié le chemin de la gloire, refoulera l'ennemi... Mais enfin, quand tout serait compromis, nous pourrions toujours nous emparer de ces belles paroles de François Ier, et si jamais il nous était donné d'assister à la ruine de nos espérances, au renversement de notre fortune, nous devrions nous consoler; car toujours nous restons grands et nobles si nous pouvons répéter le mot de François Ier : Tout est perdu, fors l'honneur.

« Monseigneur, permettez-moi de vous remercier de la condescendance perpétuelle avec laquelle vous daignez prendre part à nos grandes fêtes et vous associer à nos douleurs et à nos joies. Nous sommes plus résignés et plus forts quand nous pouvons nous presser autour de notre Pasteur et de notre Père. Sans doute, nous avons confiance en saint Remi, qui nous protège; mais cette confiance est plus vive quand nous pouvons contempler l'illustre apôtre des Français sous les traits de son successeur. Acceptez donc, Monseigneur, la reconnaissance de tout ce peuple qui vous aime et vous vénère et qui s'incline sous votre paternelle bénédiction. »

Ainsi parlait cette grande âme sacerdotale de son cher pays de France.

Je ne puis pas donner ici de plus nombreux extraits de ses discours patriotiques; on retrouve les mêmes accents de foi et d'espérance en l'avenir de notre patrie, dans plusieurs conférences où il traite la question sociale. Terminons plutôt ce chapitre par une conclusion toute naturelle.

On connaît le panorama de la nature grandiose au sein de laquelle naquit Mgr Baye. Dans ce coin des Ardennes, la nature y est variée, les horizons plus vastes que vers le nord. Au centre, la Meuse roule ses eaux majestueuses. L'œil exercé peut aussi y découvrir beaucoup de villages coupés par des lambeaux de forêt, des vignobles, des prairies, que des ruisseaux entretiennent dans un perpétuel printemps.

Ne pourrait-on pas dire, à la vue de cette description de la terre natale, qu'il y ait une sorte d'harmonie préétablie entre ce magnifique panorama et l'esprit large, élevé et profond de M. le Curé de Saint-Remi ?

Oui, à mon sens, cette nature grandiose, au sein de laquelle s'écoule son enfance, est en corrélation avec cet ensemble des œuvres que sa prodigieuse activité a déroulées sous nos yeux.

C'est là que se forment ces caractères virils que reproduit si bien le tempérament ardennais. Cette race, dont la physionomie morale est facile à saisir, a souvent pour trait la vigueur. Elle ne recule pas devant la lutte. Le sens chrétien qui la pénètre ajoute encore la piété à la foi.

La famille Baye était de cette trempe morale. Cette famille à l'âme patriotique a donc droit à ne pas être séparée de l'éloge de son meilleur fils. Car, c'est là que le jeune Baye a sucé, avec le lait maternel, l'amour de la France, cet amour qui a été l'une des passions de sa vie.

Oui, il a aimé son pays : son soleil, son azur ou son ciel gris,

ses montagnes, ses fleuves, ses océans, c'est le corps de la France.
Il a aimé son âme, c'est-à-dire son passé, de Clovis, le roi
chevelu, à Charlemagne, de Charlemagne à saint Louis, de
saint Louis à Jeanne d'Arc, de Jeanne d'Arc à Henri IV, de
Henri IV à Louis le Grand, de Louis le Grand à Bonaparte,
de Bonaparte à la république actuelle.

Dans ce passé, il y eut du bien et du mal. Le mal qui fût, il le
repoussait; le bien, il l'acclamait. Il aimait aussi le présent, les
problèmes qui l'agitent en essayant de les résoudre, ses douleurs
pour les calmer et leur donner une signification, ses espérances
légitimes pour les réaliser.

Honneur à lui pour cette bonté qui le portait du côté de ses
frères, les petits et les déshérités.

Honneur à lui, enfin, pour cette noble fierté qui lui faisait
aimer l'armée française; car, avec elle, son cœur de patriote
frissonnait quand le clairon sonnait et que le drapeau passait
près de lui.

CHAPITRE SIXIÈME

MONSEIGNEUR L. BAYE

Le Conférencier.

S'il a manqué quelque chose à M. l'abbé Baye pour être un véritable orateur dans la chaire de vérité, ses instructions lui ont assigné un beau rang parmi les conférenciers.

Dans la conférence, en effet, il apportait tout ce qu'il était, tout ce qu'il savait, sans se diminuer ni se surfaire. Il fallait alors l'entendre défendre une vérité religieuse et les intérêts de la sainte Eglise. C'était l'apôtre d'une lumière implacablement calme et sereine par son verbe.

Le vrai conférencier, c'est-à-dire celui qui est capable de débattre toutes les questions qui passionnent les esprits, mais c'est une perle qu'on ne trouve pas tous les jours.

Il faut pour cela bien des qualités : avoir une science étendue, beaucoup de calme et de sang-froid au milieu de la discussion et surtout vouloir convaincre les intelligences et, en particulier, celles qui n'ont pas le bonheur de partager nos convictions ; enfin, il faut savoir se mettre à la portée de son auditoire et choisir la langue qui lui convient le mieux.

Ce don d'intéresser et d'accommoder sa parole aux nécessités et aux préoccupations du présent, l'abbé Baye le possédait éminemment.

Ne demeurant étranger à rien, et suivant d'un regard attentif les manifestations de l'opinion publique, il avait l'art de ne choisir que des sujets traités avec une note originale et actuelle ; on y sentait la vie ; mieux que cela encore, il avait de la couleur qui mettait en relief la doctrine et les enseignements de l'Église.

On ne le voyait pas non plus, sous prétexte de zèle, toujours disposé à broyer du noir sur la tête de ceux qui se disaient les adversaires de sa doctrine.

Il était large et conciliant. C'est pourquoi il n'aurait pas voulu anathématiser personne. Toutefois, lorsqu'il s'agissait d'attaquer l'erreur ou toutes ces théories modernes si propres à énerver l'âme et à lui arracher ses plus nobles instincts, il laissait échapper toute son indignation ; et, en tonnant contre elles, il était superbe par l'intrépidité de son caractère et par l'autorité de sa parole apostolique.

Ce n'était pas lui, non plus, qui se perdait dans des considérations métaphysiques. A quoi bon! lorsqu'aujourd'hui nos auditeurs ont si besoin d'instructions familières ! Non, il aimait à apporter des faits à l'appui de ce qu'il affirmait.

Les statistiques des crimes, des suicides et des divorces, la perversité de la jeunesse actuelle, les conséquences d'une législation sans Dieu dans un pays comme la France, étaient toujours invoquées avec beaucoup d'à-propos. Elles ne lui étaient pas moins utiles pour prouver que, chez un peuple, la moralité baisse à mesure que la religion perd son influence.

J'avoue cependant que ce genre de prédication, qui intéressait tant les auditeurs, n'avait point tout d'abord été la méthode suivie par M. l'abbé Baye.

A la Cathédrale, ses conférences tendaient plutôt à se

rapprocher du sermon. On y trouve la phrase à effet, la période oratoire, l'image recherchée et voulue, au lieu d'une parole incisive qui affirme et tranche une question.

Plus tard, son verbe prend une autre allure. Il reste distingué avec du brio dans l'expression, mais la doctrine y est plus apparente, et c'est ainsi que, par sa parole franche et loyale, il dissipe les préjugés contre la religion et ramène plus facilement ses auditeurs à la pratique chrétienne.

Nous aurons une idée exacte des faits que nous signalons ici en faisant lecture de quelques conférences auxquelles nous consacrons volontiers plusieurs pages de ce livre.

Voici tout d'abord deux conférences qui s'adressent à tous les fidèles. Elles sont parmi ses meilleures et ont le mérite d'avoir été écrites tout entières.

La première, sur *la Vie et l'Esprit de la Foi*, a été prêchée à la Cathédrale en 1866, et la seconde, sur *la Vie surnaturelle*, en 1869.

Iʳᵉ *Instruction :* DE LA VIE ET DE L'ESPRIT DE FOI

Il y aurait de nombreuses questions à étudier par rapport à la foi. Si je parlais en présence d'un auditoire moins pieux, je pourrais m'appesantir sur la certitude de la foi chrétienne, insister sur les preuves qui en montrent l'origine céleste, en développer les beautés et les harmonies, et prouver par l'histoire son heureuse influence sur les individus et sur les peuples, et de ces différentes considérations tirer cette conclusion irréfutable : que la foi, venant de Dieu, nous a été donnée pour nous conduire à Dieu et qu'il est du devoir de l'homme d'y adhérer par son intelligence, de l'aimer par son cœur et de la pratiquer par sa vie tout entière.

Ces aperçus dogmatiques seraient déplacés, je le sais, dans une assemblée de fidèles qui depuis longtemps se sont inclinés avec soumission et amour devant l'enseignement divin de la foi ; il faut ici un langage qui, s'adressant moins exclusivement à l'intelligence, parle plus au cœur pieux et tende plus directement à la pratique.

C'est pourquoi, Mes Frères, je me propose de vous parler aujourd'hui de *la Vie et de l'esprit de Foi*, c'est-à-dire que j'envisagerai la foi que vous portez dans vos âmes chrétiennes comme un principe vital qui doit animer vos pensées, vos sentiments et vos actions, comme un ressort qui fait mouvoir toute votre vie chrétienne.

Nous voulons montrer que la foi ne doit pas être enfouie au fond de nos cœurs comme une semence morte qui ne produit aucun germe et qui ne s'épanouit pas au dehors; mais, au contraire, qu'elle nous a été donnée comme une lumière, un phare qui nous guide en toute circonstance.

Je réduis cette instruction à deux points : 1° Je dirai ce qu'il faut entendre par la vie de la foi; 2° je ferai avec vous un petit examen pratique pour constater si tous nous vivons réellement de cet esprit de la foi.

1° *Définition de la Vie de la Foi*

Pour acquérir sur le sujet que nous voulons développer des notions complètes et saines, il faut nous demander d'abord à nous-mêmes : Qu'est-ce que la vie en général? Il y a longtemps que la philosophie ancienne a proclamé cette définition de la vie qui est restée célèbre : *Vita in motu*. Il n'y a pas de vie, en effet, sans mouvement actuel ou sans puissance de se mouvoir. L'être vivant est donc celui qui possède en lui-même le principe du mouvement. Or, Mes Frères, le Créateur a semé la vie à tous les degrés de l'Univers, depuis les abîmes les plus profonds de l'Océan jusqu'aux sommets les plus élevés du Ciel. Vous connaissez les êtres vivants dont les innombrables légions peuplent le monde que nous habitons, et la foi nous apprend que des légions d'anges, intelligences célestes plus nombreuses encore que les êtres visibles, vivent dans le Ciel et forment la cour du Roi des Rois. Saint Thomas, dont le puissant génie saisissait les plus vastes questions, nous enseigne que chaque ange forme une classe d'êtres à part, doué d'une vie qui lui est propre et distincte de toute autre. D'après cette doctrine, voyez donc, Mes Frères, quelle variété de vies Dieu a répandue dans le monde, depuis la plante jusqu'à l'homme de génie, jusqu'au plus beau des séraphins, jusqu'à Dieu lui-même. N'est-ce pas la mystérieuse échelle, comme celle de Jacob, dont chaque être est un échelon qui sert à élever vers Dieu notre intelligence et notre cœur.

Mais limitons notre regard et ne contemplons que les êtres vivants qui nous sont offerts par le monde visible que nous habitons.

Au degré le plus infime des êtres vivants se trouve la plante, qui ne possède que la vie végétative, exclusivement organique, dépourvue de tout sentiment et même de sensation. Et cependant, Mes Frères, voyez déjà que de merveilles cette vie incomplète produit dans les plantes : la violette qui pousse sous l'herbe et nous envoie ses parfums, n'est-elle pas aussi admirable que le grand cèdre qui croît sur les hautes montagnes?

Au-dessus des plantes se trouvent placés dans la hiérarchie des êtres, les animaux, qui possèdent la vie animale et sensitive. L'animal n'est pas, comme la plante, attaché au sol ; doué de locomotion, il se meut à son gré, par les mouvements les mieux combinés et parfois les plus gracieux. Que de merveilles encore dans ces milliers d'êtres vivants si variés de formes et d'instincts, qui peuplent et la terre et la mer et les airs !

Élevons-nous dans l'échelle des êtres ; ici, nous avons un pas sérieux à faire ; car de la vie végétative et instinctive, nous passons à la vie raisonnable. La raison, tel est le principe de la vie intellectuelle qui élève l'homme au-dessus de toute la création et qui en fait le roi. C'est ici, Mes Frères, qu'il faudrait épuiser notre admiration pour tant de merveilles du génie et du cœur, qui ne sont que les manifestations de cette vie raisonnable que l'homme porte en lui-même.

Que de sublimes conceptions ! Que de chefs-d'œuvre ! Que de découvertes dans les sciences et dans les arts ! Que de nobles sentiments ! Que de grandes pensées ?

Aussi, Mes Frères, il n'est pas étonnant que certains hommes aient cru que c'est là le dernier terme et la dernière perfection que puisse acquérir la vie et qu'ils aient proclamé ne connaître rien, si ce n'est Dieu lui-même, au-dessus du génie de l'homme.

Et cependant, il y a d'après nous, chrétiens, il y a pour l'homme lui-même une vie plus parfaite que celle de la raison, une vie qui l'élève autant au-dessus de lui-même que le Ciel est au-dessus de la terre, c'est la vie de la foi qui constitue le chrétien, le juste : *Justus meus ex fide vivit.*

Vous voyez, Mes Frères, quelle place honorable la vie de la foi occupe dans la série des diverses vies que nous avons énumérées. Supérieure à la vie de la plante et de l'animal, elle domine aussi de beaucoup la vie raisonnable elle-même.

La raison, en effet, n'est que la lumière de l'homme, et celui qui la possède n'acquiert que la simple connaissance des vérités naturelles ; il n'accomplit que des actes, si je puis parler ainsi, *humains.* La foi, au contraire, est la lumière de Dieu, et le chrétien qui la porte en lui-même découvre des vérités surnaturelles et accomplit des actes divins. C'est la société qui développe la raison en nous ; c'est l'Eglise qui nous donne la foi.

Il y a entre la vie raisonnable et la vie de la foi toute la différence qui existe entre un philosophe païen et un saint, entre un indifférent et un chrétien éclairé et pieux. La vie de la raison produit de grands philosophes, de grands guerriers, de grands artistes, de bons commerçants. Elle produit des Cicéron, des Démosthènes, des Alexandre, des César.

La vie de la foi fait mieux que cela. Elle produit des saints : saint Louis, saint Vincent de Paul. Elle produit des martyrs et, chaque jour, des prodiges de dévouement.

Il est indispensable, Mes Frères, de se rappeler qu'il y a une grande différence entre posséder la foi et vivre dans la foi. Combien de chrétiens qui croient et qui ne conforment pas leurs actes à leur croyance. Nous l'avons dit, la vie est dans le mouvement. Il faut donc que notre foi agisse ; autrement, suivant le langage de l'Écriture, elle serait morte.

Voulez-vous contempler sous une double figure le chrétien qui se contente d'avoir la foi et celui qui vit de la foi. Voyez ces deux grains de blé. L'un est enfoui dans la cendre ; l'autre est semé dans une terre féconde et bien préparée. Ce sont deux grains de blé parfaitement semblables sous le rapport du poids, de la forme, de la qualité ; et cependant l'un ne produit rien dans la cendre, et l'autre rapporte au centuple dans la bonne terre.

Voyez encore deux membres, les deux bras du corps humain. L'un est desséché par la paralysie. Attaché au corps, il ne lui est d'aucun secours ; il n'y puise ni la vie, ni le mouvement. L'autre, au contraire, vigoureux et sain, y puise la vie et agit dans l'intérêt de ce corps dont il fait lui-même partie.

Le chrétien qui possède la foi sans agir, c'est le serviteur de l'Évangile qui enfouit son talent sans le faire fructifier. Le chrétien qui vit de la foi est le serviteur fidèle qui travaille et qui, avec les talents de son maître, en gagne cinq autres.

Notre-Seigneur, dans l'Évangile, promet la récompense non pas à ceux qui auront crié : Seigneur, Seigneur ! mais à ceux qui auront agi conformément à leur croyance. Vous comprenez donc la nature de la vie de la foi et la nécessité où nous sommes de vivre de cette vie. Faisons maintenant le petit examen pratique que nous avons annoncé.

2° Y a-t-il beaucoup de chrétiens qui vivent de la Foi ?

Et d'abord, Mes Frères, ce qu'il y a de certain, c'est que la société au milieu de laquelle nous sommes ne vit pas de la foi. Examinez-la en effet, pour vous en convaincre, de haut en bas.

Dans les sphères politiques, vit-on de la foi ? Se dirige-t-on par les principes de la foi ?... Volontiers, je reconnaîtrai, à cause des inconvénients, mon incompétence à décider cette question. Mais si vous voulez avoir la réponse, ouvrez un recueil de lois ou simplement parcourez le premier journal venu.

Dans les sphères de l'art et de la littérature, vit-on de la foi ? Vous savez, Mes Frères, que les artistes chrétiens ne sont pas de nos jours les plus nombreux. Vous savez que le roman, le feuilleton antichrétien est une production malsaine qui, de nos jours, jouit du monopole et trouve le débit le plus assuré.

Dans le monde de l'industrie et du commerce, vit-on de la foi ? Ah ! si vous voulez avoir la réponse à cette question, écoutez ce qu'on y dit : on parle d'affaires, d'intérêt, d'argent, d'échanges ; on parle de la terre, et c'est tout.

Cependant, Mes Frères, je ne veux pas passer pour un dénigreur de cette société au milieu de laquelle j'ai l'honneur de vivre; je sais qu'il y a là des personnes recommandables à plusieurs égards.

Il y a de ces personnes qui vivent par l'intelligence, natures nobles qui cherchent ce qui est beau et droit et pour lesquelles la raison et la vérité sont des règles immuables de conduite.

Il y a des personnes qui vivent par le cœur et qui le donnent à toutes les infortunes, à toutes les misères et qui savent s'attendrir à la vue de tout ce qui souffre, ou de tout ce qui gémit ici-bas.

Néanmoins, je persiste à vous demander s'il en est beaucoup dans le monde qui vivent de la foi, et qui prennent les enseignements du christianisme pour règle de leur conduite?

Pour savoir à quoi nous en tenir sur ce point, il nous faudrait passer en revue les principales facultés de l'homme, son intelligence, son cœur, sa puissance d'agir, les principales actions chrétiennes : la confession, la communion, la tentation ; les principales positions que Dieu a établies dans le monde ; celles de la jeune fille, de la mère, de la veuve, des enfants, des parents, des riches, des pauvres, des ouvriers, des favorisés de la fortune. Si le champ est immense c'est que la foi vivifie tout.

A nous donc, Mes Frères, de répondre chacun dans le for de notre conscience à cette grave question : Est-ce que je vis de la foi ? Est-ce que nos pensées, nos paroles, nos actions ont pour mobile et pour principe la vie de la foi ? Certes, ce n'est pas sans un labeur incessant qu'on arrive à la faire dominer tout notre être. Pour cela il faut prier beaucoup, s'armer d'un grand courage et s'exercer sans relâche. Car Dieu est surtout sévère pour ceux qui travaillent à lui plaire. Il nous a prévenus dans son Évangile. Alors que tout pourrait nous scandaliser, il s'abstiendra de paraître ; on dirait qu'il prend plaisir à désorienter notre esprit, à désappointer notre cœur, à décourager notre patience.

Mais, courage! la foi seule vous rendra la paix ; parce que seule elle fait la lumière. Le feu éprouve l'or, dit saint Pierre ; notre foi, bien plus précieuse que l'or sera donc éprouvée aussi ; mais faites qu'elle soit trouvée telle à la fin, qu'elle vous devienne un titre d'honneur, de louange et de gloire éternelle.

Mes Frères, le sujet que nous venons de traiter est capital ; car la foi c'est tout.

Vivons donc de la vie de la foi. Ne voyez-vous pas comme cela est nécessaire, surtout de nos jours. Notre société perd la foi ; oui, la foi s'en va des âmes, et je ne sais si bientôt nous ne verrons pas la réalisation de cette parole du Sauveur : « Pensez-vous, quand je reviendrai sur la terre, que je trouve encore de la foi. »

Combien vivent animés par l'impiété ou par l'indifférence !

Donc nous vivrons de la foi ; peut-être serons-nous peu nombreux ; mais tâchons d'être le levain qui soulève et soutient le monde.

Vivons de la foi, mais non à demi ; que la foi soit pour nous une règle entière et exclusive que nous appliquions à toute notre vie.

Peut-être serons-nous encore peu nombreux ; n'importe, serrons-nous de plus en plus autour de l'étendard de Jésus-Christ et du drapeau de la foi. S'il faut mourir à notre poste, eh bien ! sachons mourir ; c'est là que Dieu nous trouvera et nous récompensera. Ainsi soit-il.

2ᵉ *Instruction :* Vie surnaturelle du Chrétien

De tous les phénomènes de la création, le plus admirable et le plus beau c'est sans contredit le phénomène de la vie, car plus que tous les autres il nous révèle la puissance, la bonté et les perfections du Créateur. Les savants se sont appliqués, à travers les siècles, à faire une classification de tous les êtres qui existent dans l'Univers ; au rang inférieur ils ont placé les minéraux, les êtres inorganiques qui sont privés de la vie ; au premier rang ils ont mis les êtres vivants, qui s'élèvent eux-mêmes les uns au-dessus des autres, suivant que la vie qui les anime est plus ou moins développée et parfaite. L'être inerte et privé de vie, quelles que soient sa beauté et sa splendeur, s'appelât-il le soleil aux brillants rayons, le cède en dignité à l'insecte qui s'agite sous l'herbe, parce que l'insecte possède la vie dont l'astre roi est lui-même dépourvu.

Cette vérité est tellement élémentaire et reconnue de tous, que l'on s'accorde généralement à n'admirer la nature matérielle et inerte qu'autant qu'elle nous offre l'image et le symbole de la vie ; un paysage n'attire nos regards qu'à la condition d'être animé ; une statue est proclamée belle quand l'artiste a su, sous son habile ciseau, la faire vivre et respirer. La vie est donc la plus belle et la plus grande merveille de la création, et si vous en vouliez la raison suprême et dernière je vous la donnerais d'un seul mot en disant, que la vie à sa plus haute expression c'est Dieu lui-même, et que c'est à cet immense foyer de la vie divine que se sont allumées toutes les existences qui s'agitent dans l'Univers.

Toutefois, Mes Frères, la vie est multiple dans le monde ; elle revêt les formes les plus variées et les plus disparates, et il ne peut entrer dans notre plan de vous la dépeindre et de vous l'offrir sous tous ses aspects. Qu'ai-je besoin de vous dire quelle est la vie dont je viens de dépeindre devant vous les différents phénomènes ? Déjà sans doute vous l'avez deviné. Vous savez bien que je ne viens pas, comme un naturaliste, vous parler de la vie des plantes et des animaux ; ou comme physiologiste et un médecin vous entretenir de la vie physique de nos corps. Au nom de Jésus-Christ, je veux vous parler de cette vie surnaturelle de l'âme, de cette vie chrétienne que Jésus-Christ lui-même crée et développe en nous.

Or, Mes Frères, suivant les règles générales qui régissent la création, toute vie, quelle qu'elle soit, se manifeste par des phénomènes extérieurs qui la font éclater aux yeux de tous ; elle est produite par un principe qui est sa cause, elle est entretenue et fortifiée, elle est entretenue par des aliments spéciaux. Par rapport à la vie chrétienne, nous allons donc voir 1° les manifestations qui la révèlent aux regards ; 2° le principe qui l'engendre ; 3° les aliments qui l'entretiennent.

Et d'abord, avons-nous dit : les manifestations de la vie chrétienne. Lorsque nous entreprenons de parler de la vie divine et surnaturelle de nos âmes, nous nous trouvons de suite en présence des indifférents et des impies qui nient la réalité de cette vie chrétienne qui est la vôtre et dont vous contemplez chaque jour avec admiration le spectacle dans la personne de vos frères ; il y a des hommes qui, au nom de la raison, la repoussent et la nient et qui nous considèrent tous comme un troupeau de naïfs que leur crédulité séduit et égare. Aux objections formulées par ces profonds penseurs, il est facile d'opposer une raison péremptoire. Nous adressant à nos contradicteurs, nous leur disons donc : Vous avez proclamé que l'humble végétal, la plante qui plonge ses racines dans la terre possède en elle-même la vie, parce qu'il s'élance, se nourrit, s'épanouit en fleurs et en fruits ; vous dites que l'animal, lui aussi, renferme dans son sein une vie qui lui est propre parce que vous le voyez s'émouvoir et s'abandonner à ses instincts. Vous admettez enfin que l'homme porte en lui-même la vie de la raison parce que vous saisissez en lui, dans ses actions et dans ses paroles, de la logique. Eh bien ! nous aussi, par une conséquence aussi rigoureuse, nous proclamons que le chrétien possède et porte en lui-même une vie particulière qui lui est propre, parce que cette vie se manifeste par des croyances que le chrétien seul possède, par des paroles que lui seul sait dire, par des actes que lui seul peut réaliser. Certes, notre siècle positiviste ne rejettera pas cette preuve. Il admet volontiers ce qu'il voit et tout ce qu'il touche ; eh bien ! nous affirmons que la vie chrétienne est une réalité incontestable que tous, qu'ils le veuillent ou qu'ils ne le veuillent pas, peuvent chaque jour voir et palper.

Ces manifestations de la vie chrétienne, quelles sont-elles, Mes Frères ? Ce sont d'abord nos croyances, nos dogmes si impénétrables, nos mystères si touchants et si féconds : la Trinité, l'Incarnation, la Rédemption, en un mot notre Credo catholique qui domine la raison et toute la philosophie autant que le Ciel domine la terre.

Les manifestations de la vie chrétienne, c'est notre décalogue, c'est notre morale si pure, si difficile, mais si noble, morale qui n'appartient qu'à nous et qui seule produit les plus grands de tous les héros, c'est-à-dire les saints.

Les manifestations de la vie chrétienne, ce sont encore nos sacrements si mystérieux et si puissants dans leurs effets, les sacrements qui purifient, qui consolent, qui fortifient, et sans le secours desquels l'homme succombe comme un roseau sous le moindre souffle des passions.

Les manifestations de la vie chrétienne, où les trouver encore? Dans la prière, ce levier qui peut soulever le monde, la prière qui a opéré des merveilles et des miracles que l'incrédulité elle-même ne peut révoquer en doute sans courir le risque de tout nier et d'anéantir toute certitude. L'histoire et le monde, Mes Frères, sont pleins de faits éclatants qui attestent avec une éloquence énergique qu'outre la vie des sens et de la raison, il y a une autre vie : la vie surnaturelle et divine du chrétien. Qu'il me suffise de nommer nos martyrs, nos saintes vierges, nos docteurs, nos saints de tous les pays, de tous les siècles, de toutes les conditions, nos missionnaires infatigables, nos sœurs dévouées, notre Eglise catholique, toujours attaquée et toujours vivante, toujours calomniée et toujours calme et immortelle.

La réalité de la vie surnaturelle, je vous la prouverai facilement par tant de fidèles et généreux chrétiens qui offrent encore à notre siècle corrompu le spectacle d'une vie intègre ; je pourrais vous la prouver encore par le spectacle des peuples qui vivent de cette vie catholique. Est-ce qu'il n'y a pas une différence entre les peuples catholiques et ceux qui ont perdu la foi et la vie divine? Un habile écrivain a fait le parallèle de Rome et Londres, de la ville catholique et de la ville protestante, de la ville des bonnes œuvres et de la ville de l'industrie et du plaisir. Eh bien! je vous affirme que ces deux villes ne vivent pas de la même vie et que si Londres vit de la vie de la raison et des sens, Rome vit de la vie surnaturelle et divine.

Ce n'est donc ni une illusion ni une duperie, c'est un fait éclatant comme le soleil que des aveugles ou des hommes prévenus peuvent seuls nier ; il y a une vie chrétienne et nous portons en nous un principe vital autre que les sens et la raison ! Il peut paraître étrange de prouver cela en présence de chrétiens convaincus et zélés ; mais n'est-il pas nécessaire de fortifier les âmes pieuses elles-mêmes contre les difficultés que formulent chaque jour les indifférents et les incrédules au milieu desquels nous vivons? Il y a en nous une vie surnaturelle. Or, quel est le principe qui engendre en nous cette vie? Telle est la seconde question que nous allons traiter et qui intéresse davantage les âmes pieuses.

2° Constater l'existence de la vie n'est pas chose difficile, Mes Frères ; mais en rechercher le moteur, découvrir la cause et le principe qui nous font vivre et qui déterminent en nous le jeu de nos forces, et de tout notre être : c'est là une question ardue. Les savants recherchent depuis des siècles quel est en nous le principe vital. Les physiologistes et les médecins ont, pour trouver ce principe, disséqué le corps humain ; ils l'ont analysé dans toutes ses parties constitutives ; ils l'ont décomposé membre par membre. Qu'ont-ils trouvé? Au bout de leurs scalpels, ils ont rencontré des tendrons et des nerfs, des filaments et des tissus, mais ils n'ont pu atteindre le principe de la vie qui, à l'heure qu'il est, est encore pour eux inconnu. Quand il s'agit de la vie surnaturelle, nous sommes plus heureux qu'eux, Mes Frères ; car, pour résoudre ce problème, nous avons la lumière de Dieu qui nous éclaire. Quel est le principe de la vie chrétienne ? Eh bien ! Mes Frères, le moteur qui fait agir l'âme du chrétien, la cause qui engendre en lui la vie surnaturelle : c'est la grâce. La grâce, c'est-à-dire la lumière, la douceur, la force, l'action de Dieu même. La grâce ! ce mot révèle toute l'économie du christianisme ; probablement, un jour nous vous donnerons une série d'instructions sur ce magnifique et mystérieux sujet ; pour le moment, qu'il nous suffise de vous dire la nature intime de la grâce. La grâce, c'est Dieu lui-même résidant en nous ; c'est la substance divine avec toutes ses intentions et son activité infinie habitant nos âmes et provoquant en elles une vie nouvelle : cette vie surnaturelle et chrétienne dont nous vous parlons depuis le commencement de cette instruction. Ainsi, le chrétien a pour ainsi dire deux âmes, l'une qu'il a reçue de Dieu quand il a été créé, l'autre qui est Dieu lui-même ou qui est l'âme de son âme, car la première anime notre corps et la seconde anime notre âme.

Cette doctrine paraîtrait incompréhensible aux personnes mondaines étrangères aux choses de Dieu, elle semble peut-être trop mystique pour les personnes pieuses elles-mêmes et cependant elle est élémentaire dans le christianisme.

Jésus-Christ nous l'enseigne lui-même en maints endroits de l'Écriture. Je suis la vie, dit-il, *Ego sum vita*. Si quelqu'un m'aime, dit-il encore, je viendrai en lui et j'y ferai ma demeure. L'Esprit de Dieu habite en vous, dit l'apôtre, et c'est lui qui par votre bouche prie en des gémissements inénarrables. Ce n'est plus moi qui vis, dit saint Paul, c'est Jésus-Christ qui vit en moi.

Il nous serait facile de multiplier les textes ; ils sont innombrables sur cette matière. Ceux-là suffisent et nous pouvons en conclure que Dieu lui-même réside en nous et lui seul est le principe de la vie surnaturelle de nos âmes. Cette doctrine a été familière à tous les saints, il suffit de lire les ouvrages de sainte Thérèse, de sainte Gertrude, de saint Ignace, de saint François de Sales pour se convaincre que tous comprenaient ainsi la vie chrétienne. Dès les premiers temps du Christianisme on l'entendait ainsi. Les martyrs parlaient sans cesse à leurs bourreaux et à leurs juges de celui qui habitait en eux, qui combattrait pour eux, qui pour eux répondrait, qui pour eux subissait la mort et triompherait de tous les supplices. Les bourreaux et les juges ne comprenaient rien à ces mystérieuses et étranges paroles, ils n'en avaient pas plus l'intelligence que tant de chrétiens paganisés de nos jours ; mais nous, chrétiens, nous devons les comprendre.

Quelle gloire donc et quel honneur pour vous, Mes Frères ! vous portez en vous Dieu lui-même. Quand vous possédez la grâce, c'est Dieu que vous possédez et qui vous fait vivre. Les chrétiens sont donc un peuple à part ; c'est la vraie noblesse du genre humain, et s'il est vrai de dire que la vie physique est une merveille, s'il est également vrai que la vie intellectuelle est une merveille plus grande encore, il est aussi incontestable d'ajouter qu'au-dessus de toutes ces vies il en est une plus admirable : la vie surnaturelle du chrétien.

3° La vie une fois reçue doit être entretenue par la nourriture; tout être, sous peine de mort et d'anéantissement, doit se nourrir. C'est la loi de la nature. Or, une autre loi de la nature exige que tout être use d'une nourriture dont les propriétés soient analogues avec les siennes propres. Ainsi, les aliments des êtres matériels sont matériels comme lui; la vie intellectuelle se développe par les idées et par la raison. Cette loi, mes Frères, s'applique à la vie surnaturelle de l'âme : Il faut donc au chrétien une alimentation surnaturelle, une nourriture divine. Ce ne peut-être que la grâce, que Jésus-Christ lui-même, que nous avons vu tout à l'heure vivre en nous-mêmes. Donc, Mes Frères, pour vivre surnaturellement, il faut nous incorporer Jésus-Christ : il faut nous assimiler Jésus-Christ comme nous nous assimilons notre pain quotidien, et tout ce qui nous donnera Jésus-Christ développera en nous la vie de la grâce.

Dès lors, Mes Frères, vous connaissez les aliments de la vie surnaturelle ! ce sont les sacrements, c'est la prière, c'est le sacrifice, c'est la religion tout entière. Toutefois, il y a trois aliments de la vie qui semblent résumer tous les autres et dont chaque âme pieuse doit se nourrir spécialement, c'est : l'Eucharistie, le Crucifix, la Papauté.

Toute âme qui veut vivre véritablement doit aller puiser la vie à ces sources. L'Eucharistie, c'est le pain de vie, *Ego sum panis vitæ*. Le Crucifix, que tant de saints ont arrosé de leurs larmes et où ils ont appris un des plus grands mystères du monde, celui de la douleur. La Papauté, c'est la source de la vérité certaine sans laquelle un chrétien ne peut que mourir. L'Eucharistie, le Crucifix, la Papauté, voilà donc les aliments de la vie chrétienne. Que faut-il à l'homme en effet pour vivre ? La nourriture, la consolation dans ses peines, la vérité dans ses doutes. Or l'Eucharistie, le Crucifix, la Papauté nous donnent ces trois choses. Toute âme chrétienne qui n'a pas pour ces magnifiques choses une sainte passion, une sainte avidité, n'a qu'une vie amoindrie; elle est incomplète, elle n'a pas la plénitude de l'existence. Si elle déserte l'Eucharistie, elle tombe bientôt de faiblesse ; si elle ne connaît pas le mystère du Crucifix, elle se désespère dans ses peines ; si elle n'écoute pas filialement la Papauté, elle n'aura pas la lumière ; dès lors les préjugés qu'elle embrassera lui feront une piété mesquine et étroite. L'Eucharistie, le Crucifix, la Papauté, retenez donc ces trois mots; gravez-les dans votre cœur, méditez-les, approchez votre cœur des trois réalités qu'ils désignent et vous aurez trouvé le secret de cette vie divine dont ont vécu tous les saints, les vrais amis de Dieu.

Ces deux conférences sont vraiment remarquables.

Les questions y sont traitées à fond. La doctrine y tient une large place ; elle y est présentée sous des couleurs qui rendent le sujet facile à saisir. Tout y est intéressant et propre à retenir l'attention des fidèles et à les captiver sous le charme d'une parole bien élégante.

On se trouve donc en présence d'instructions sérieuses. Elles sont surtout consolantes, persuasives, et cordiales. C'était plus qu'il n'en fallait pour assurer à M. l'abbé Baye de véritables succès. Les meilleurs critiques de l'époque s'accordaient en effet, pour affirmer qu'il était très goûté des pieux fidèles de la Cathédrale.

Quelque temps après sa nomination à Saint-Remi, le nouveau curé forme le projet de réunir chaque dimanche, après les vêpres, un groupe de Dames et surtout ses Enfants de Marie, pour les instruire par des conférences spéciales. Il ne tarde pas à y rencontrer des sympathies, qui bientôt deviendront de l'admiration.

Parfois le vicaire, à la grand'messe, n'a pu qu'ébaucher le sujet qu'il doit traiter à son tour ; M. le Curé y supplée à l'instruction des vêpres. Au lieu d'un discours creux, qui souvent manque son effet, on entend une parole nette et forte qui va au fond des choses et trouve le secret de la véritable et saine originalité. C'est une parole toujours ingénieuse, fine, délicate et puissante, à qui l'amour de la vérité et le salut des âmes font comme deux ailes pour l'élever souvent, jusqu'aux sommets de l'éloquence. Quel bonheur, en effet, pour un prêtre de faire entrer sa pensée dans d'autres âmes, et de les sentir sous sa main comme un argile que l'on transforme et que l'on embellit !

Les Mères chrétiennes de Saint-Remi et les Enfants de Marie

qui se pressaient chaque dimanche autour de sa chaire, ne nous pardonneraient pas si, en parlant de leur vénéré Curé, nous ne rappelions ici quelques-unes de ses bonnes paroles, qu'elles recueillaient alors avec tant d'avidité de la bouche de leur cher pasteur.

Souvent l'instruction était la même pour les deux associations. Il y traitait alors des sujets de piété ou de dévotion pratique. D'autres fois, des réflexions philosophiques et morales, avec la note religieuse, rompaient la monotonie d'un cours suivi.

Mais le savant conférencier n'était pas en peine de prendre un sujet quelconque et de l'adapter aux circonstances de temps, de lieux, ou de personnes. Veut-on savoir, par exemple, comment il traitait la question du *foyer de la famille* en présence des Dames de Saint-Remi. Il ne s'appliquait pas à en faire un enseignement lié, dont les parties s'enchaînent comme des traités déduits les uns des autres. Non, son procédé était plus simple: Il comparait ce foyer à un temple, et de là il tirait les leçons les plus pratiques. Ecoutons-le :

1° « Le temple est un édifice à part consacré à Dieu et qui, pour cette raison, reçoit une bénédiction et parfois une consécration spéciale. Autrefois, c'était l'usage dans les familles chrétiennes de réclamer du prêtre la bénédiction pour leurs demeures. Le ministre de Dieu était appelé au foyer chrétien et, en y répandant l'eau sainte qui chasse les mauvais esprits et leur funeste influence, il récitait de touchantes prières : « Seigneur, disait-il, bénissez cette maison comme vous avez béni celle d'Abraham, d'Isaac et de Jacob, et que dans son enceinte demeurent les Anges du Ciel, qui en gardent les habitants. »

« Peu de familles chrétiennes ont conservé le pieux usage de solliciter la bénédiction de l'Eglise pour leurs demeures. Est-ce un bien? Et à la place des anges de lumière, n'y a-t-il pas lieu de redouter la présence des anges de ténèbres?... Avoir chez soi un bénitier.

2° « Le temple, une fois construit, reçoit des ornements en rapport avec sa sublime et sainte destinée. On append aux murailles de pieuses images, on dresse visible aux yeux de tous et sur le grand autel la croix du Dieu qui étend les bras pour appeler à lui l'humanité tout entière. On place également dans le temple les statues vénérées des saints que nous invoquons et des tableaux où sont représentés les mystères de notre religion sainte.

3° « Le temple suppose le sacerdoce.

« Dans tout temple, il y a un prêtre qui accomplit les fonctions saintes et qui est l'intermédiaire entre Dieu et le peuple chrétien. Quelle responsabilité ! mais quelle grandeur et quelle gloire pour celui qui est revêtu du sacerdoce !

« Eh bien ! à ce temple qui s'appelle le foyer domestique, il faut aussi un sacerdoce, il faut quelqu'un qui en remplisse les sublimes fonctions auprès des membres de la famille ; et qui sera revêtu de cette haute dignité, si ce n'est le père et la mère? Oui, ce sont eux qui ont un véritable ministère sacerdotal à remplir dans la maison dont ils sont les chefs et les guides.

Voyons donc, Mères chrétiennes qui m'entendez, quelles fonctions le prêtre doit remplir dans le temple et comment vous devez vous-mêmes vous en acquitter au sein de la famille.

4° « Dans le temple, le prêtre bénit au nom de Dieu. Il étend les mains sur le peuple qui s'incline, il fait descendre les grâces d'En Haut.

« Le pouvoir de bénir est un des plus touchants privilèges

du sacerdoce. Eh bien! les parents le possèdent. Mères chrétiennes, vous le possédez dans la famille. Oui, au nom de Dieu, vous pouvez vous aussi, étendre la main, et sur vos enfants et sur vos serviteurs agenouillés, faire descendre la bénédiction du Ciel.

« Autrefois, et aujourd'hui encore dans la famille chrétienne, ces scènes touchantes se reproduisaient souvent. L'enfant, avant de prendre son repos, à certaines dates solennelles de la vie, lorsqu'il s'agissait d'un acte important à accomplir, l'enfant demandait à son père, à sa mère de le bénir ; et le Ciel entendait la voix de Ceux qui sont les représentants de la famille et rendait féconde, la bénédiction ainsi demandée.

« Qu'elle est attendrissante, cette scène de famille rappelant la bénédiction des patriarches donnée à leurs enfants, avec cette poésie de langage et cette solennité que nous a conservées la Bible. Qui de vous n'a lu cette page sublime où Isaac bénissait Jacob. (Que ma bénédiction, s'écriait le vieillard, descende sur mon fils comme une rosée bienfaisante, qu'elle soit pour lui comme une abondante et riche moisson !.....)

« Ces belles traditions se sont presque partout évanouies. Qu'en ont retiré les Parents ? Ils ont perdu les diadèmes qui aux yeux de leurs enfants ornaient leur front. Leur autorité, cessant d'être une émanation de celle de Dieu, s'est trouvée amoindrie, et le foyer y a perdu quelque chose de sa grandeur et de sa dignité.

« Mères de famille, ne craignez pas de bénir vos petits enfants. Vous en avez le droit. Exercez au nom de Dieu ce touchant pouvoir et vous assurerez ainsi avec le bonheur de ceux qui vous doivent le jour, la douce et légitime influence que vous avez sur eux.

5° « Dans le temple, le prêtre prie tantôt seul en tête à tête avec son Dieu, tantôt en union avec l'assemblée chrétienne qui l'entoure.

« Tel est encore le ministère confié à la femme au foyer de la famille, c'est celui de la prière. Hélas ! il lui faut souvent prier seule ; car le souffle de l'indifférence, peut-être de l'impiété a passé sur les âmes qui lui sont chères, et y a flétri les célestes fleurs de la foi et de l'espérance. Ceux avec qui elle a des communes tendresses et de communs intérêts, n'ont plus avec elle de communauté de prières.. ..

« Il est facile aussi au visiteur qui pénètre dans nos églises de reconnaître qu'ils entrent dans un temple catholique ; car car dans un temple protestant les murailles y sont froides et nues comme la doctrine que l'on y enseigne.

« Votre foyer, Mesdames, est un temple. Peut-on reconnaître aussi aux ornements que vous y placez à quel Dieu ce temple est consacré ?

« Si je pénètre dans l'humble demeure de l'ouvrier et du pauvre, j'y vois collés à la muraille, de nombreux portraits d'une facture plus ou moins artistique. Hélas ! la plupart de ces images sont celles de ces prétendus grands hommes auxquels le sort a fait auprès de l'opinion surprise et ignorante, une renommée imméritée, et qui doivent surtout leur notoriété à leur haine de notre foi et de notre religion.

« Dans la demeure du riche, les ornements que l'on y rencontre sont d'un prix plus élevé et d'un art plus raffiné. Mais là aussi, on a cédé au courant, et dans un foyer de la famille d'où l'on a banni l'image de Dieu, on voit s'étaler les nudités les plus immondes.

« Les maisons chrétiennes ne sont donc plus le temple de Dieu.

« Autrefois, quand le temple de Jérusalem fut voué par Dieu à la destruction, les Anges du Ciel s'envolèrent et quittèrent l'édifice, tandis que des voix faisaient entendre ces mots : « Sortons d'ici, sortons d'ici. »

« A chaque foyer, Dieu a placé un ange qui le garde et le protège. Pensez-vous que ce pur esprit soit resté dans les demeures souillées ainsi par d'obscènes images et que lui aussi ne s'est pas envolé en se voilant la face et en s'écriant : Sortons d'ici !

« A l'appui de ce que je viens de dire, on a fait les constatations les plus inattendues. Les chefs-d'œuvre de l'art chrétien, qui autrefois s'achetaient à prix d'or, sont maintenant délaissés aux acquéreurs à des prix dérisoires..... »

N'allons pas plus loin dans le développement de ces pensées ; nous en avons dit assez, du reste, pour nous édifier sur la manière dont M. le Curé de Saint-Remi savait intéresser son auditoire des Vêpres du dimanche.

Certaines instructions étaient spéciales aux Enfants de Marie. On peut dire que celles-ci étaient la portion la plus chérie de son troupeau. Aussi bien, quelle simplicité charmante mettait-il à leur faire ses causeries du Catéchisme de persévérance !

Sans doute ses conférences, si intéressantes, avaient été préparées de longue main et en particulier pendant son vicariat de la cathédrale. Il y avait là comme une mine inépuisable ; c'était ce *riche substratum* qui alimentait souvent sa parole.

Mais il y ajoutait des faits nouveaux. L'expérience des choses humaines lui avaient découvert d'autres horizons, et c'était là spécialement qu'il aimait à faire planer son regard si perçant.

Alors de ces hauteurs dominant son sujet, il conduisait en maître sa pensée, en la tenant à l'abri des banalités sonores et des amplifications inutiles. Il voyait juste et loin. De là l'intérêt saisissant qu'il y avait à le suivre dans le développement d'une vérité religieuse ou d'un sujet quelconque de spiritualité et même d'ascétisme.

Pendant plus de trente ans, il a été le conférencier des Dames et des Demoiselles de la paroisse, et tant qu'il occupa la chaire de Saint-Remi, on a pu voir avec quel empressement, toutes se groupaient chaque dimanche à son appel.

C'est le soir de Pâques, année 1871, que M. le Curé de Saint-Remi réunit pour la première fois ses Enfants de Marie.

« C'est une famille des âmes qui se fonde, leur disait-il. Dieu est le Père et Marie la Mère.

« Dans une famille, la naissance est commune. Vos âmes n'ont-elles pas pris aujourd'hui une nouvelle naissance? elles ont communié.

« Dans une famille, c'est le même sang. Le sang de Jésus-Christ coule dans vos veines.

« Dans une famille, mêmes traits de ressemblance. Les traits de l'âme, ce sont les vertus. On doit vous reconnaître aux mêmes vertus.

« Dans une famille, mêmes vêtements. Soin que vous aurez de vous habiller de la même façon : *Médaille et ruban*.

« Dans une famille, il y a le même nom : Vous êtes les Enfants de Marie, quel beau nom!!!... »

Tels furent les débuts de l'Association des Enfants de Marie de Saint-Remi que, depuis plus de trente ans, les Sœurs de Saint-Vincent de Paul dirigent avec un dévouement qui n'a d'égal que le tact apporté par elles dans la marche d'une œuvre aussi délicate. Il est vrai que M. le Curé est là pour stimuler leur zèle. Et puis, la piété y est entretenue par la pratique des sacrements et par la prédication si sage et si éclairée du Directeur.

Pendant mon vicariat à Saint-Remi, j'ai pu constater bien des fois toute la satisfaction qu'éprouvait M. le Curé de Saint-Remi d'instruire ses chères Enfants de Marie. Souvent son cours était suivi ; mais, parce que ce genre de prédication demande une préparation plus longue, il lui arrivait aussi de parler sur des sujets qui étaient plus faciles à traiter. Il paraphrasait un texte d'une manière charmante. Ainsi, il a toute une instruction sur ces trois mots : *Veni, Creator Spiritus ;* je l'esquisse en deux mots :

« *Veni*, venez, c'est le Désir.

« L'Enfant de Marie doit avoir des désirs pour sa sanctification personnelle, pour la prospérité de l'Œuvre… Elle doit désirer voir beaucoup de monde dans cette arche, semblable à celle de Noë, flottant au-dessus des passions humaines. Elle doit elle-même désirer rester dans l'Œuvre. Ne pas y être comme une feuille desséchée, un fruit mort que le moindre souffle détache, mais s'y tenir comme un fruit savoureux et vivant que Dieu seul cueillera en temps opportun…

« *Creator*. Il ne s'agit pas ici de la création proprement dite, mais de l'ordre et de l'harmonie à créer.

« La jeune fille doit demander l'ordre et l'harmonie pour son âme… Chaque chose à sa place… Dieu et sa volonté sainte, le reste ensuite.

« L'Enfant de Marie doit demander à Dieu l'ordre et l'harmonie pour l'Œuvre. Marie en haut, la direction de l'œuvre ensuite, et puis le reste... L'harmonie est dans le Ciel, le soleil, et autour les astres qui accomplissent leurs harmonieuses évolutions. Ainsi dans notre œuvre : Marie au centre et tout autour nos œuvres comme des astres attirés par elle...

« *Spiritus*. C'est l'âme, c'est la vie... Un chrétien, une Enfant de Marie, c'est une âme dans un corps. L'Esprit-Saint, c'est l'âme de notre œuvre. Sans lui, notre âme est morte; elle ne voit plus, elle ne marche plus, elle n'agit plus dans l'ordre surnaturel.

« L'Enfant de Marie doit aussi demander cette âme pour l'Œuvre qui doit vivre.

« Ce n'est pas nous qui la ferons vivre, ni nos capacités, ni nos mérites, etc., c'est l'Esprit de Dieu... »

A côté de ces entretiens familiers, il y a aussi des instructions plus développées. Le sujet y est traité sous tous ses aspects. Et parce que sa longueur dépasse les bornes d'un catéchisme, il l'explique en plusieurs fois.

Pendant le cours d'une année, il lui arrive parfois de ne pas épuiser plus d'une douzaine de sujets. C'est qu'il aime à aller au fond de toutes choses. Sans doute, les détails peuvent paraître un peu longs; mais c'est fouillé en maître expérimenté et qui connaît le monde des âmes.

C'est ainsi qu'il a consacré deux années, à faire le plan de la journée chrétienne et à expliquer tous les exercices qui doivent la remplir. Tour à tour, il étudie le lever, la prière du matin, les repas, le travail, les visites et l'emploi du temps, etc...

Je n'ai rien retrouvé sur la plupart des sujets que je viens d'indiquer; cependant, j'ai pu recueillir un peu partout ses notes *sur l'emploi du temps*.

On les lira volontiers ; car elles sont très intéressantes,

pratiques, écrites dans un style plein de vie et d'un souffle tout apostolique.

Ire *Pensée* : Le Temps est un Trésor

Mes Chères Enfants,

1re Pensée : Un des trésors à la fois les plus précieux et les plus fragiles que Dieu ait confiés à l'homme, c'est le temps : le temps! cette image mobile de l'immobile Eternité, comme l'a défini un poète.

Que n'a-t-on pas dit sur la rapidité du temps? Les païens le représentaient sous la figure d'un vieillard tenant à la main un sablier, pour marquer sa fuite incessante. L'Écriture Sainte exprime la même pensée par d'énergiques paroles! L'homme, dit-elle, s'use et vieillit comme un vêtement; vous seul, ô mon Dieu, restez immuable et semblable à vous-même. La vie de l'homme, y est-il encore écrit, est un souffle, une ombre passagère, c'est une fleur que le même soleil voit éclore, s'épanouir et se dessécher. Et, en effet, Mes Frères, ne voyons-nous pas les générations, les années et les siècles passer comme les vagues d'un fleuve, et l'homme lui-même emporté comme les cailloux que roule dans ses eaux le torrent impétueux ...

Néanmoins, malgré sa rapidité, le temps est un trésor précieux. Vous démontrer cette vérité serait certainement superflu; car mille et mille voix s'élèvent pour la proclamer; tous sont unanimes sur ce point. Demandez à l'homme du monde, au capitaliste le prix du temps, et il vous répondra que chaque jour, chaque heure représente pour lui de riches intérêts. Posez la même question à l'ouvrier; il vous dira qu'une journée de travail représente le pain et la vie de la famille. Interrogez le politique sur le prix du temps; il vous répondra qu'une seule minute négligée suffit pour décider du sort des empires. Adressez-vous enfin, si vous le voulez, aux personnes les plus frivoles, à ces mondaines qui sont à elles-mêmes leur propre idole; elles aussi vous diront qu'elles rachèteraient volontiers à prix d'or leurs années écoulées, que le temps leur inflige d'irréparables outrages et que, malgré tous les artifices de leur vanité, chaque jour enlève à leur visage un charme et à leur couronne une fleur. Nous autres, chrétiens, nous connaissons le prix du temps; nous savons qu'une heure, moins que cela, un moment rapide comme la pensée peut décider de notre éternité, nous ouvrir le Ciel ou nous précipiter dans l'Enfer...

Tous sont donc unanimes, le temps est un trésor précieux. Or, comme il y a dans le monde des capitalistes inhabiles qui, par d'aveugles calculs, compromettent et ruinent la fortune la plus considérable, ainsi il y a des chrétiens qui ne font pas fructifier le trésor que Dieu leur a confié, en d'autres termes qui ne savent pas employer leur temps.

2° *Pensée :* Le premier moyen de faire fructifier son temps, c'est d'en régler l'emploi. Tous les écrivains moralistes, tous les auteurs ascétiques sont unanimes à proclamer cette maxime : que bien régler son temps, c'est le doubler. Nous l'avons dit, Mes chères Enfants, fût-on possesseur de riches trésors, eût-on en maniement des millions, si l'on ne suit dans ses dépenses d'autre règle que le caprice, l'on aboutit tôt ou tard à une ruine désastreuse. Ainsi en est-il des plus longues existences ; on les dépense inutilement, on les gaspille dans des frivolités quand on n'en règle pas l'emploi.

En faisant cette réflexion, nous n'avons pas en vue ici ces personnes laborieuses, ces hommes de labeur qui, par position ou par nécessité, consacrent au travail toutes les heures de la journée. Nos paroles ne ressembleraient-elles pas à une cruelle ironie si, à ces personnes qui ne disposent d'aucun loisir, qui ne peuvent donner au repos que de courts instants, nous venions rappeler l'obligation de bien régler l'emploi du temps. Nous n'aurons donc pour elles que des encouragements et l'expression de la sympathie la plus sincère, et si nous leur adressons la parole, ce sera pour leur montrer le Ciel, où les attend la récompense d'un travail chrétiennement accompli.

Notre parole s'adresse spécialement aux personnes qui vivent dans une position plus aisée, dont l'existence n'est pas absorbée par un travail incessant et qui ont reçu de la Providence des loisirs. Or, nous le demandons avec cette liberté qu'autorise la tribune sainte du haut de laquelle nous parlons, ces loisirs dont chacun possède une part plus ou moins large, les emploie-t-on toujours suivant les règles de la foi et de la raison, ne les dépense-t-on pas souvent au gré de ses caprices et de ses fantaisies ? Pour répondre à ces questions, examinons, si vous le voulez bien, la vie de certaines personnes que je n'appellerai pas mondaines, parce qu'elles veulent être et qu'elles sont en effet chrétiennes.

Chaque jour commence pour ces personnes par la prière et peut-être par l'assistance à l'auguste sacrifice de nos autels ; certes il est de notre devoir d'applaudir à ces pieuses habitudes ! Mais ces pratiques quotidiennes une fois accomplies, ces personnes voient l'étendue devant elles de longues heures, peut-être une journée tout entière dont elles peuvent disposer à leur gré.

Or quel sera l'emploi de ces heures, de cette journée ? Ah ! gardez-vous bien de poser cette question indiscrète ; car les personnes auxquelles elle s'adresserait seraient souvent dans l'impossibilité d'y répondre. Si leur vie était soumise à un règlement quelconque, elles pourraient vous dire, sauf l'imprévu, telle sera notre journée, mais en l'absence de toute règle, cette journée appartient exclusivement au caprice et à la fantaisie, et l'impression variable de chaque heure, de chaque instant, en déterminera l'emploi. Il est donc facile de prévoir ce qui arrivera : si la température est tiède, si le soleil nous envoie quelques-uns de ses doux rayons, soyez persuadées que l'on ne résistera pas à la tentation de sortir et que la journée sera consacrée à la promenade ou à des visites. Mais le vent souffle, le froid fait sentir son aiguillon, dès lors on se résigne à rester prudemment chez soi. Dans cette seconde supposition, que va-t-on faire ? disons-le pour être vrai : la personne chrétienne cherchera à s'occuper dans l'intérieur de sa maison. Elle entreprend donc une tâche, mais en l'absence de toute règle et de tout plan suivi ; c'est le caprice seul qui a déterminé le choix de son occupation ; entre toutes les choses à faire elle a choisi ce qui lui sourit davantage, c'est pourquoi l'inconstance prend bientôt le dessus. Ce travail prolongé quelque temps fatigue, on abandonne sa première occupation pour en entreprendre une seconde que l'on délaisse bientôt pour revenir à la première ou aller à une troisième, de sorte qu'à la fin du jour on a tout entrepris et rien terminé, tout commencé et rien fini ; car à ses capricieux essais l'on a dépensé des journées inutiles, et créé peut-être dans l'intérieur de sa maison un véritable désordre. Ne vous semble-t-il pas voir, Mes Enfants, l'insecte inconstant, volant de fleur en fleur sans se fixer sur aucune, ou plutôt ce voyageur qui, errant à l'aventure dans la campagne, ne suit aucun chemin direct, prend au hasard les sentiers qui s'offrent à lui et qui, après bien des marches inutiles, se retrouve à son point de départ ?

Le tableau que nous venons de tracer, n'est pas chimérique et nous croyons l'avoir esquissé non pas exclusivement d'après notre imagination, mais d'après la vivante réalité. Or, c'est à ces personnes que nous venons de dépeindre que nous rappelons cette sentence des moralistes : « Bien régler son temps vaut double. »

Ceux qui ont vécu dans une communauté, dans un séminaire par exemple, apprécient toute la valeur et toute la vérité de cette sentence que nous venons d'exprimer de nouveau. Ils ont expérimenté un phénomène particulier, à savoir que grâce à la règle commune les jours semblent s'accroître ; en communauté l'on travaille beaucoup plus, les occupations sont plus variées que dans le monde, et cependant l'on a du temps pour tout, parce que tout se fait à l'heure marquée. Aussi, Mes Enfants, si vous jetez un coup d'œil sur l'histoire, il vous serait facile, de constater que toutes les grandes choses, toutes les merveilles de l'esprit humain ont été la plupart accomplies par des hommes soumis à une règle, dont beaucoup sont morts à la fleur de l'âge, mais dont la règle elle-même avait pour ainsi dire doublé l'existence.

Ici, je dois répondre à une objection qui s'est déjà formulée, je pense, dans l'esprit de chacune de vous. Tous en effet ne seriez-vous pas tentés de me dire : Vous nous parlez de règle et de communauté, mais ce langage ne peut s'appliquer à nous, qui vivons au milieu du monde et qui sommes soumis à toutes les éventualités de l'imprévu ; notre temps appartient moins à nous qu'aux autres, qui nous le ravissent à chaque instant. Comment voulez-vous donc que nous en réglions l'emploi ?

Cette objection, Mes Enfants, est considérable et je n'en méconnais pas la valeur. Toutefois, qu'il nous soit permis de répondre que jusqu'ici nous n'avons poursuivi qu'un but ; vous faire comprendre l'importance d'une règle.

Maintenant, il nous reste à dire dans quelle proportion et dans quelle mesure vous pouvez vous imposer à vous-mêmes cette règle nécessaire. Pour ne rien proposer d'impossible ou de hasardé, nous ne ferons que traduire devant vous ce que pratiquent déjà, nous le savons, des personnes pieuses, dont la vie est au plus haut point, sérieuse et chrétienne.

Qui que vous soyez, Mes Enfants, les devoirs qui vous sont imposés en dehors des exigences de votre profession et des devoirs de votre état, peuvent se grouper en trois classes : vos devoirs envers Dieu, c'est-à-dire les pratiques religieuses, vos devoirs envers le prochain, c'est-à-dire vos relations sociales, et enfin vos devoirs envers la famille, c'est-à-dire vos obligations à l'égard de vos Parents.

Or, Mes Enfants, ce que nous vous proposons, c'est de faire de vos jours et de vos heures de loisir, trois parts correspondant aux trois catégories de devoirs que nous venons d'énumérer ; de sorte qu'il y aura dans votre vie les jours et les heures des pratiques religieuses, les jours et les heures des relations sociales, les jours et les heures de vos devoirs de famille. Vous ferez cette distribution de votre temps après mûre délibération et avec les lumières des conseils que vous pourrez solliciter ; mais la règle une fois établie, vous tiendrez à son observation sérieuse, vous saurez sans doute la faire plier en présence des circonstances impérieuses, mais vous n'y dérogerez jamais par caprice.

A ce premier conseil, j'en ajouterai un second : c'est de placer en tête de vos journées un examen de prévoyance qui en réglera autant que possible les détails ; cet examen sera une espèce d'ordre du jour que vous dresserez chaque matin, devant Dieu et devant votre raison ; vous partagerez d'avance entre vos différents devoirs les heures de cette journée dont le Seigneur vous demandera compte ; vous aurez égard, sans doute, à l'imprévu ; par prudence et par discrétion, vous ne vous imposerez pas une règle trop sévère et trop rigoureuse ; je vous conseille même d'être indulgentes envers vous-mêmes ; mais retranchez impitoyablement de votre ordre du jour la fantaisie et le caprice. Ainsi, comme votre vie tout entière, chacune de vos journées aura son emploi prévu, aura son règlement.

Voilà, je le répète, Mes Enfants, ce que font les personnes solidement chrétiennes, voilà ce qui donne à leur vie un caractère sérieux et chrétien, voilà ce qui leur permet d'accomplir avec fidélité et exactitude des devoirs nombreux et difficiles, parce que chacun de ces devoirs a son jour et son heure marquée. Au contraire, c'est faute de pratiquer ces conseils que beaucoup de personnes que nous appellerons également pieuses voient pour ainsi dire leur échapper leur journée, leur vie tout entière, sans utilité pour elles ni pour les autres. Elles ne savent, disent-elles, comment leur temps s'écoule, puisqu'elles marchent à l'aventure dans le chemin de la vie; elles n'ont de temps pour rien; toujours attardées, elles reculent au dernier moment du jour leurs pratiques de piété les plus indispensables; leur vie est un chaos qu'elles ne peuvent débrouiller, un tourbillon qui les emporte elles ne savent où.

Pratiquez donc, Mes Enfants, ces conseils qui vous sont donnés au nom de Dieu; bientôt, vous sentirez leur douce influence, un ordre admirable s'introduira dans votre vie; vous aurez des heures pour chacun de vos devoirs et vous apprécierez alors toute la vérité de cette maxime qui a résumé notre première réflexion : Bien régler son temps, c'est le doubler.

3ᵉ Pensée : Le moyen que nous proposons ici, c'est d'agir toujours avec pureté et droiture d'intention. Vous connaissez, Mes Enfants, au point de votre sanctification, la haute importance de cet enseignement. La pureté d'intention consiste toujours à agir sous l'influence d'une pensée religieuse, d'un motif surnaturel. Le chrétien dont l'intention est droite, a principalement en vue la gloire de Dieu ou le salut de son âme, ou la pratique de la charité envers le prochain. Grâce à ce pieux mobile, nos actions acquièrent l'énergie merveilleuse et montent vers le Ciel; elles prennent pour ainsi dire des ailes et d'un vol puissant s'élèvent jusqu'à Dieu. Vous comprenez dès lors, Mes Enfants, comment l'action la plus humble, la vie la plus obscure peuvent devenir à la fois nobles et fécondes. Une modeste chrétienne, dans la solitude de sa demeure, vaque aux soins les plus vulgaires, le monde ne se préoccupe pas d'elle; il la dédaigne, peut-être, et cependant, grâce à la pensée de Dieu qu'elle porte dans son âme et qui ennoblit son action, cette obscure chrétienne fait quelque chose de grand et de beau; car elle procure la gloire de Dieu et acquiert des mérites. Au contraire, tout acte fait sous l'influence d'un motif naturel et humain est stérile; l'instant qui l'a vu s'accomplir est perdu pour le Ciel. Cet acte et cet instant peuvent avoir un grand retentissement dans le monde; ils peuvent encore devenir célèbres dans l'histoire; mais, encore une fois, ils ne s'élèvent pas au-dessus de la sphère terrestre; ils ne monteront pas jusqu'à Dieu, qui jamais ne les récompensera.

Si, à la lumière de cet enseignement, l'on vient à considérer le monde, quel spectacle s'offre aux regards chrétiens! Certes, on déploie dans notre société contemporaine une activité merveilleuse. En haut et en bas de l'échelle sociale, depuis le monarque jusqu'à l'artisan, tous s'agitent, tous travaillent, soit de la pensée, soit de la parole, soit du bras. Eh bien! devant Dieu et devant l'Éternité, quels seront le résultat et la récompense de cette activité fiévreuse, que sera le produit de tant d'heures de travail, de tant de jours de fatigue? Ah! pour répondre à cette question, je vous demanderai à mon tour quel est le mobile, quelle est l'intention qui dirige et qui provoque cette activité? A quelle inspiration obéit-elle? Quel but poursuit-elle? Déjà vous avez répondu : l'amour du plaisir, la soif de l'or, le désir des grandeurs, tel est le triple mobile qui dirige notre société contemporaine. Cela est certain, personne ne le conteste et personne n'en fait mystère. Or, de ce fait lamentable, voici le résultat, c'est que toutes ces vies d'hommes et de chrétiens, tout ce temps consacré au plaisir, à la fortune, à l'ambition seront récompensés peut-être par la possession du plaisir, de la fortune, de la grandeur, mais qu'au point de vue de Dieu, que l'on n'a pas cherché, ce temps est inutile et stérile. Et voilà, Mes Enfants, comme un grand nombre de chrétiens perdent et dissipent leur temps et leur vie tout entière.

Pour vous, Mes Enfants, ne tombez pas dans cet égarement fatal ; par la pureté d'intention, faites fructifier chacun des instants de votre vie. Offrez vos heures de travail au Dieu qui lui-même a voulu travailler pendant sa vie mortelle; offrez vos heures de joie à ce Dieu qui vous prépare dans le Ciel une joie pure et sans mélange : offrez vos douleurs au Dieu qui a souffert pour vous, et versez vos larmes sur le crucifix ; offrez enfin à ce même Dieu votre être tout entier et vos pensées et les battements de votre cœur et votre moindre soupir..... Ne dites pas que c'est là une offrande indigne du grand Dieu du Ciel et de la terre. Je vous répondrais que grâce à la pureté d'intention tout devient noble et grand à ses yeux. N'a-t-il pas promis de récompenser un simple verre d'eau donné en son nom ? Notre vie est composée sans doute de détails obscurs et vulgaires que je comparerais volontiers à la boue du chemin; eh bien! l'intention pure a le pouvoir merveilleux de changer cette boue en une poudre d'or qui vous fera un trésor pour l'éternité. Pour rendre féconde chacune de vos heures, chacune de vos journées, vous agirez donc toujours sous l'influence d'un mobile religieux et surnaturel. Inutile de développer cet enseignement qui doit être familier à un auditoire chrétien et je conclus de suite que le second moyen de bien employer son temps, c'est la droiture et la pureté d'intention qui seule peut faire de chacun de nous, dans quelque position qu'il soit, un vrai chrétien et peut-être même un grand saint.

4e Pensée : Ne pas perdre son temps. Si par mégarde nous laissons tomber de notre porte-monnaie une pièce d'or ou d'argent, nous la cherchons avec soin et par une inconséquence fatale on laisse s'égarer sans profit les heures d'un temps plus précieux que l'or et l'argent.

Les différentes manières de perdre son temps sont nombreuses. Qu'il nous suffise d'en indiquer rapidement quelques-unes.

On peut d'abord perdre son temps par l'oisiveté. Je ne ferai pas à mon auditoire l'injure de croire qu'il y a ici des personnes oisives, victimes de cette habitude déshonorante qu'on appelle la paresse, le septième des péchés capitaux : Je me contente de citer l'oisiveté.

On perd son temps lorsqu'on le dépense en des actions frivoles et inutiles. Je n'oserais l'avancer de moi-même, mais j'ai entendu souvent répéter, ce que d'ailleurs je me refusais à croire, qu'il y a des personnes qui passent de longues heures à l'agencement d'une toilette et de longues semaines à préparer le triomphe de leur vanité en confectionnant une luxueuse parure.

On perd son temps en des visites inutiles qui n'ont leur raison d'être ni dans les bonnes œuvres, ni dans la charité, et dont le seul motif est une vaine curiosité ou le besoin de se distraire. Il paraît qu'il y a des personnes qui ne peuvent pas résister à l'attrait d'une nouvelle ; un bruit circule dans le monde, leur curiosité piquée s'éveille à l'instant ; de suite elles entrent pour ainsi dire en campagne ; elles poursuivent l'intéressante nouvelle de maison en maison ; elles ne s'arrêtent qu'après l'avoir atteinte, et lorsqu'elles la tiennent en leur possession avec tous ses détails et toutes ses circonstances, alors elles reprennent d'autres chemins pour aller colporter leur bonne fortune.

On perd son temps en des conversations prolongées. La conversation assaisonnée d'esprit et de franchise est un plaisir, je le sais, mais ne pourrait-on pas abréger les heures que l'on consacre à ce plaisir. Il y a des personnes douées d'une puissance merveilleuse ; toujours elles parleraient si toujours on les écoutait. Un anglais a calculé que chaque individu, terme moyen, fait trois heures de conversation par jour, à raison de cent mots à la minute ou vingt pages d'un volume in-8° à l'heure et qu'à ce taux un homme parle la valeur de quatre cents pages par semaine, soit cinquante-deux volumes par an.

Remarquez, Mes Enfants, que ce calcul s'applique à un anglais, c'est-à-dire à un critique d'une nation assez calme et assez sobre en paroles. Il nous serait facile de faire ici un autre calcul qui nous conduirait à un résultat plus considérable encore. Toutefois, j'accepte le total que je viens de rapporter. Or, Mes Enfants, si nous avions sur les rayons de notre bibliothèque reliées en cinquante-deux volumes les conversations de chacune de nos années écoulées jusqu'à ce jour, n'est-il pas vrai qu'il y aurait à retrancher beaucoup de hors-d'œuvre et d'inutilités.

On peut perdre son temps de différentes manières encore : soit par des lectures frivoles, dangereuses, soit par des divertissements trop fréquents et trop prolongés ; mais je m'arrête dans cette énumération que chacun, d'ailleurs, pourra facilement compléter. J'aime mieux vous signaler deux époques de votre vie qu'il est important de ne pas négliger, deux instants de vos journées qu'il faut employer avec soin, et je ne crains pas de dire, avec respect : je veux dire le soir et le matin. Oui, Mes Enfants, le commencement et la fin de nos jours sont d'une importance capitale dans la vie du chrétien.

Le soir, quand toute la nature rentre dans le repos, quand l'ombre s'abaisse sur la terre, quand nos rues deviennent silencieuses, quand la cité entière se dispose à s'endormir, il se fait en nous-mêmes un mystérieux travail ; l'âme troublée se dilate, le cœur s'ouvre plus facilement à l'affection, à l'épanchement, aux beaux et nobles sentiments. Eh bien! Mes Enfants, ne négligez pas ce calme et cette puissance du soir; ayez quelques instants de recueillement pour rentrer en vous-mêmes et y entendre la voix intérieure de Dieu.

Grâce à ce bon emploi du soir, votre sommeil deviendra lui-même fécond. Qui n'a éprouvé bien des fois cette propriété du sommeil? Le soir, on se pose une question difficile, ardue; le matin, au réveil, cette question est résolue. Que font les écoliers eux-mêmes pour apprendre leurs leçons? Le soir, avant de s'endormir, ils les regardent et le lendemain matin, ils les savent. Le soir et le sommeil qui le suit possèdent donc une véritable puissance qu'il ne nous est pas permis de négliger.

Avant de prendre votre repos, vous avez quelques instants de tranquille réflexion, vous déposez dans votre âme une religieuse pensée, et grâce à la merveilleuse puissance du sommeil, le lendemain vous vous réveillez pleins de Dieu et de nobles sentiments.. L'emploi du soir, je le répète, est une des plus grandes questions de la vie chrétienne. Or, de nos jours, dans notre société moderne, que fait-on des soirées? Ah! qu'ai-je besoin de le dire, ne le savez-vous pas mieux que moi; souvent, on consacre ses soirées à des plaisirs turbulents, à des divertissements qui dissipent et qui énervent; dès lors, qu'arrive-il? Le soir perd sa puissance et son calme mystérieux, le sommeil n'est plus le repos fécond, mais un état fiévreux et agité d'où l'âme sort fatiguée et souvent triste et inquiète.

Préparé par la puissance du soir et la fécondité du sommeil, le matin sera pour vous un moment précieux qu'il vous sera facile de faire fructifier aussi. A votre réveil, quand le sommeil a été calme et vraiment réparateur, ne semble-t-il pas que notre âme soit fortifiée et pour ainsi dire rajeunie? A cette première heure du jour, tout est plus frais dans la nature : on dirait que cette fraîcheur est passée en nous; nous avons alors des pensées et des sentiments que nous demanderions vainement à notre intelligence et à notre cœur aux autres heures du jour et alors que les distractions et le tumulte du monde nous absorbent tout entiers.

Donc, Mes Enfants, chaque matin, avant de vous livrer aux détails vulgaires de la vie, prenez quelques instants de réflexions salutaires, reprenez cette pensée sérieuse de la veille que votre sommeil aura développée en vous; vous éprouverez je ne sais quel charme mystérieux à suivre ainsi en votre âme le travail intime et silencieux de la nuit; vous en recueillerez les fruits et vous placerez à la tête de cette journée une douce et féconde influence. Je m'arrête, Mes Enfants.

Ne laissons pas s'écouler dans la stérilité des heures, des jours dont Dieu exigera de nous un compte rigoureux.

Ne négligeons pas les instants que plus tard nous redemanderons sans pouvoir peut-être les obtenir. Vous vous rappelez le fait de ce courtisan d'un grand roi : il était étendu sur son lit de mort ; il demandait un quart d'heure pour s'y préparer, sa prière ne fut pas exaucée. Ne nous préparons pas à nous-mêmes, Mes Enfants, de semblables regrets pour l'avenir. Employons surtout le temps du Carême ; c'est un temps de pénitence, mais c'est aussi un temps de salut ; ne repoussons ni l'un ni l'autre. Embrassons avec courage les saintes pratiques que l'Église nous propose, afin de recueillir les récompenses qu'elle nous promet.

Ainsi soit-il.

Au jour des fêtes de la sainte Vierge qui tombaient en semaine, et chaque mercredi du mois de saint Joseph, les Mères chrétiennes et les Enfants de Marie qui étaient libres, assistaient à la messe de sept heures ; et là, comme pendant le mois de Mai, aux pèlerins de Notre-Dame de l'Usine, M. le Curé se faisait un devoir d'adresser la parole à la pieuse assistance.

Ses instructions si bien appropriées à la circonstance, m'ont paru toujours très soignées. J'avoue qu'elles avaient pour moi un attrait tout spécial et que j'en ai gardé le plus agréable souvenir.

Elle fait tant de bien à l'âme, la parole du prêtre, quand elle tombe le matin, des lèvres d'un maître dans l'art de bien penser et qui sait s'exprimer dans une langue qui touche les cœurs !

Nul mieux que le Curé de Saint-Remi ne trouvait avec plus d'à-propos la signification d'une fête et ne savait en tirer des leçons qui découlaient, comme d'elles-mêmes, du mystère qu'on célébrait.

Je reproduis ici l'exorde d'une instruction donnée à l'occasion de la fête de la Purification. Il veut parler des conseils évangéliques, voici comment il amène son sujet :

« L'Église nous met sous les yeux un beau spectacle et nous ne devons pas le laisser de côté sans recueillir les leçons qui en découlent et sans vous offrir les leçons qu'il suggère.

« Vous connaissez le mystère de la Purification. Marie monte au temple subir des cérémonies qui ne sont pas faites pour Elle. Elle se conforme à la loi de Moïse en rachetant par l'aumône des pauvres, son fils premier-né.

« En même temps que les célestes figures de Marie et de Jésus, vous contemplez deux autres physionomies : celles de Siméon et d'Anne, et certes vous enviez le bonheur qui leur fut accordé de voir le Sauveur du monde.

« Les enseignements qui se dégagent de ce mystère, combien de fois ne les a-t-on pas développés du haut de la chaire chrétienne ?

« C'est pourquoi je veux étudier la Vierge Marie à un point de vue spécial. Accomplissant des cérémonies qui ne sont pas obligatoires pour elle, la Mère de Dieu est le modèle des âmes généreuses qui ne s'en tiennent pas à la stricte observation de la loi, mais pratiquent aussi le conseil qui s'y rattache.

« J'ai dit le conseil : ce mot résume tout notre entretien d'aujourd'hui. Vous n'ignorez pas, Mes Frères, que dans l'Evangile il y a des préceptes qui s'imposent à tous et des conseils qui ne sont proposés qu'aux âmes d'élite. Cependant il ne suffit pas d'avoir sur ce point de la morale évangélique des notions vagues ; toute personne pieuse, par conséquent, tout membre d'une association pieuse, doit approfondir cette matière..... »

L'éloquence de M. l'abbé Baye, conférencier des Mères chrétiennes à la Cathédrale, et de ses paroissiennes de Saint-Remi, méritait certainement d'être mise en relief dans ce livre et d'y recevoir un juste tribut de louanges.

Et que n'aurions-nous pas à dire encore si nous voulions rappeler ici tous les succès qu'il obtenait dans la prédication des retraites de première communion ou des sermons de charité ! Il préside des réunions de jeunes gens ou des distributions de prix, il monte en chaire pour plaider la cause de ses œuvres, et partout il parle, émeut et ravit son auditoire.

C'est que l'abbé Baye avait du cœur. On a dit du cœur humain que c'était comme organe matériel, *primum vivens, ultimum moriens :* Oui, le cœur, c'est ce qui vit le premier et ce qui meurt le dernier. Dans l'ordre moral, c'est la même chose. Les conférences de l'abbé Baye étaient toujours intéressantes, et ses écrits vivront parce qu'on y trouve cette chaleur communicative d'une véritable et profonde sensibilité, jointe à une indiscutable conviction.

Oui, il avait le talent de communiquer ses convictions. Et ce n'était pas seulement lorsqu'il s'occupait de sujets exclusivement religieux, qu'il charmait ainsi ses auditeurs ; sa verve devenait intarissable, sa parole plus limpide, plus chaude et son style plus net, quand il voulait mettre en relief une question qui touchait aux événements actuels.

J'ai dit qu'il aimait à traiter ce genre d'idées. Il le faisait avec passion et beaucoup de succès ; c'était une gamme dans laquelle il se tenait volontiers. Et quiconque l'entendait, s'il ne louait pas toujours l'opportunité de son langage, se retrouvait du moins d'accord avec les autres, pour admirer son talent de conférencier populaire.

Quelques extraits de ses Conférences sur le *Péril clérical* et le *Péril social* vont préciser ma pensée.

Le Péril clérical

Mes Frères,

Le Souverain Pontife, recevant les prédicateurs de Carême de la ville de Rome, leur disait que la prédication doit être actuelle et qu'elle doit répondre à toutes les préoccupations de l'opinion publique. Or, il y a des manières de voir qui sont propres à nos ennemis, mais qui souvent déteignent sur les meilleurs esprits qui en sont troublés ; oui, des Catholiques sincères, en présence des objections dirigées contre la Religion ou ses ministres, sont disposés sans doute, à n'en rien croire ; mais néanmoins ils demeurent troublés et ils se demandent s'il n'y a pas quelque parcelle de vérité au fond de ces accusations formulées par nos adversaires, et ce doute est pour eux une pénible préoccupation.

Pour spécifier, qui de vous, Mes Frères, n'a entendu parler du péril clérical ? Parlons-en ici une fois de plus ; cet entretien ne sera pas inutile ; il fera, je l'espère, disparaître certains préjugés trop en cours. Et de plus, Mes Frères, le sujet que j'aborde nous fournira l'occasion de vous faire connaître plus à fond l'enseignement et la doctrine de l'Eglise.

Oui, au dire de certaines gens, la Patrie est en danger, un grand péril la menace !... Est-ce l'Allemagne qui met sur nos frontières ses puissants bataillons et sa formidable artillerie ? Non, Mes Frères, c'est plus que cela !... Est-ce la peste qui ravage les Indes, menaçant de nous envahir et contre laquelle l'Europe est obligée de prendre les mesures les plus énergiques ? Non, encore une fois, c'est un fléau plus redoutable que cela. Qu'est-ce donc ?... Eh bien ! puisqu'il faut le nommer, c'est le péril clérical, et afin de montrer toute l'imminence du danger et l'horreur de la situation, il en est qui disent : le spectre clérical, comme s'il s'agissait de la mort en personne. Qu'est-ce donc que le péril ou le spectre clérical ? Si nous lisons attentivement les harangues et les réquisitoires de nos adversaires, nous constaterons qu'ils entendent par là, les dangers que l'Eglise catholique fait courir à ces soi-disant principes modernes, à l'ordre de choses établi et à la société civile elle-même. Eh bien ! Mes Frères, pour venger l'Eglise catholique de cette grave accusation, il suffit de la considérer 1° dans son sacerdoce et ses fidèles et 2° dans sa doctrine.

1° Le sacerdoce catholique. Est-ce que vraiment il est aussi redoutable que l'on veut bien le dire ? Est-ce que nos prêtres sont à ce point belliqueux ? Sans doute, il en est quelques-uns qui, en vertu de la loi moderne, ont porté le glorieux uniforme du soldat ; ils ont appris le maniement du fusil ; mais quand ils reviennent parmi nous, vous conviendrez avec moi qu'ils n'ont pas l'air trop farouches, et que jamais ils n'ont essayé de mettre la paroisse à feu et à sang.

Dans les campagnes, le prêtre vit isolé, et son isolement même prouve qu'il n'est pas un danger pour la chose publique. Avec qui pourrait-il comploter dans sa solitude ?

Dans les villes, les prêtres sont groupés en plus grand nombre, sans doute ; mais ils vivent sous vos regards, au milieu de vous, et vous pouvez calculer presque heure par heure l'emploi de leur temps. Dès le matin, vous les trouverez à l'Autel pour célébrer la sainte Messe, récitant leurs prières obligatoires, se mettant à la disposition des fidèles qui réclament leur ministère. Et puis leur journée se partage entre l'étude, la visite des malades, les catéchismes ; le soir venu, vous les rencontrerez très souvent dans des comités d'œuvres qui, loin d'être secrets, sont destinés à grouper le plus d'adhérents possible.

Voilà la journée, la vie tout entière du prêtre catholique ; il n'y a pas de citoyen français qui vive plus au grand jour que lui ; vous savez avec quel regard scrutateur le public analyse ses moindres actions, et vous n'ignorez pas que l'opinion ne lui passe pas grand'chose. L'on peut attacher à ses pas la police la plus secrète, vous ne trouverez pas autre chose que ce que nous venons de dire. Et ici, je parle de la presque unanimité des prêtres catholiques, abandonnant volontiers à nos adversaires quelques rares exceptions, s'ils y tiennent absolument.

A côté du clergé, il y a la foule innombrable des fidèles. Parmi eux, on compte de généreux catholiques, vaillants défenseurs de leur foi, vrais chevaliers sans peur et sans reproche. Il en est qui mettent au service de l'Église leur éloquence puissante comme une épée, leurs richesses, leur dévouement, leur influence, leur vie tout entière... Si leurs ennemis leur jettent au visage, comme une injure, l'épithète de clérical, ils s'en honorent comme du plus honorable des titres. De ces généreux chrétiens, vous en trouvez partout, aussi bien sous l'habit de bourgeois que sous la blouse de l'ouvrier. Mais à côté de cette vaillante phalange, il y a la masse des chrétiens qui ont oublié leur baptême, pour qui la Religion est quantité négligeable, et qui ne feraient pour elle aucun sacrifice. Cette foule inconsciente laisse insulter son Dieu sans résistance et sans protestation. Comment peut-on accuser ceux-là d'être un danger pour la société ; ils seraient même très étonnés s'ils pouvaient penser qu'on les redoute, et peut-être, comme le lièvre de la fable, s'écrieraient-ils : Suis-je donc un foudre de guerre ?...

2° Après avoir parlé du personnel catholique, si je puis m'exprimer ainsi, nous pouvons demander à l'Église ce qu'elle enseigne et constater si sa doctrine constitue un danger public. Pour bien élucider cette question, nous distinguons tout d'abord, dans la société civile, l'autorité qui la gouverne. Or, Mes Frères, loin de l'amoindrir, la Religion fortifie l'autorité des gouvernements, quels qu'ils soient, en nous les montrant comme une émanation de la puissance divine elle-même. Désobéir aux pouvoirs établis, c'est désobéir à Dieu : voilà l'enseignement de l'Église !

Vous connaissez tous ce trait de l'Évangile, où il est demandé à Notre-Seigneur s'il faut payer l'impôt. Le Sauveur se fait présenter une pièce de monnaie sur laquelle se trouve l'empreinte de César, et il prononce ces paroles qui furent dans le monde la plus salutaire des révélations en établissant bien la distinction des pouvoirs : « Rendez à César ce qui est à César, et à Dieu ce qui est à Dieu. »

Il n'y a donc pas de sujet plus fidèle au gouvernement de son pays que le chrétien, car sa conscience lui fait un devoir de se soumettre aux pouvoirs établis. Et vous le savez, mes Frères, depuis plusieurs années déjà, le pape Léon XIII a fixé l'opinion parmi les catholiques de France en leur enjoignant de se rallier au Gouvernement de fait qui nous régit, quelles que soient les préférences particulières que l'on puisse avoir.

Le Souverain Pontife a donné une marque éclatante de son amour pour notre pays, et il a infligé un solennel démenti à ceux qui, calomniant l'enseignement de l'Église, voudraient la représenter comme un danger national.

Comme le lecteur peut en juger par cette citation sur le péril clérical, M. le Curé de Saint-Remi parlait à son peuple très simplement, mais toujours avec une grande distinction.

J'ajoute ici ces quelques mots de sa conférence sur le *Péril Social*.

A côté de la constitution que la France s'est donnée et que les catholiques respectent autant et plus que beaucoup d'autres, il y a la législation, c'est-à-dire l'ensemble des lois qui nous sont imposées. Or, Mes Frères, quelle est l'attitude des catholiques en présence de certaines lois qui leur sont hostiles et qui sont contraires aux principes de leur foi?... Il faut aborder sans crainte ces questions dans le temps où nous vivons, c'est le moyen d'éviter des équivoques regrettables, de faire tomber bien des masques, de réfuter d'audacieuses calomnies et de calmer les consciences chrétiennes.

En France, on peut constater dans nos mœurs publiques deux attitudes bien différentes : l'on viole la loi avec un sans-gêne étonnant et l'on crie : « Respect à la loi ! » avec une solennelle emphase... Nous autres Français, nous nous applaudissons volontiers de nous être soustraits à la loi, quand cette violation ne nous donne pas maille à partir avec la police ou le gendarme; et nous nous y soumettons jusqu'à la platitude, fût-elle injuste, quand une protestation pourrait nous causer quelque ennui.

Quelle est l'attitude du catholique à l'égard des lois de son pays? Le catholique respecte et observe la loi de son pays; mais si cette loi est contraire à ses convictions les plus chères, si elle froisse sa conscience, que fera-t-il? Dans ces circonstances toujours douloureuses, le catholique ne s'insurgera pas; il ne fera pas de révolution; il continuera d'obéir au pouvoir établi, de payer fidèlement l'impôt, en un mot, de remplir tous ses devoirs de bon citoyen. Mais le catholique vraiment digne de ce nom, celui qu'il ne faut pas confondre avec la foule lâche et ignorante, prête à toutes les servitudes, le catholique, disons-nous, sans troubler la paix publique, proteste pacifiquement contre la loi qui blesse sa foi ; il en demandera la modification aux pouvoirs compétents, par tous les moyens en son pouvoir : par la presse, par des conférences, par des pétitions qu'il fera couvrir de signatures. Il n'aura de trêve et de repos que lorsqu'il aura obtenu satisfaction. N'est-ce pas là, Mes Frères, le droit et même le devoir de tout bon citoyen, de tenter à améliorer la législation de son pays ? N'est-ce pas un privilège dont on use chaque jour, et qui est consacré par la loi elle-même ? Et quand es catholiques en font usage comme tous leurs concitoyens, peut-on, sans injustice, les accuser d'être un péril social ?

En outre de la constitution et des lois du pays, il y a encore les mœurs publiques, les relations qu'entretiennent entre eux les enfants d'une même ville et d'une même patrie ; en un mot, il y a la vie nationale qui doit reposer sur la confiance réciproque, sur la solidarité et le dévouement mutuel des concitoyens. Pour être féconde et aussi heureuse que possible, il faut encore à cette vie commune dont nous vivons tous, l'accomplissement de certains devoirs et la pratique de vertus parfois difficiles...

Or c'est ici, Mes Frères, qu'apparaît la mission auguste et sainte de la Religion ; c'est ici que nous pouvons affirmer qu'elle est le plus grand bienfait social et le plus fécond de tous les principes civilisateurs.

Qui, en effet, plus que la Religion, rapproche les hommes ? Qui incline plus puissamment le riche vers le pauvre, le fort vers le faible ? Qui prêche davantage le pardon des injures, l'amour des ennemis eux-mêmes ? Le pardon, la pratique des grands devoirs envers soi-même, envers la famille et la patrie ?

Le grand bienfait de la Religion, c'est d'avoir déposé dans la société les principes de la sanctification personnelle, c'est d'avoir ordonné à l'homme d'être vertueux et saint, c'est d'avoir placé devant ses yeux un idéal sublime de perfection en la personne de Jésus-Christ et de lui avoir dit : « Tu vois ce type admirable de vertu et de sainteté, eh bien ! il faut par tes efforts quotidiens t'en approcher le plus possible ! »

Personne, en dehors de la Religion ne tient à l'homme ce langage sublime. En dehors de l'Evangile et de l'Eglise, qui prêche à l'homme l'abnégation, l'esprit de sacrifice ? qui lui dit d'être juste et chaste ? J'entends bien des voix qui lui apprennent les connaissances humaines ; je vois des maîtres qui font des savants, mais des professeurs de vertu et de sainteté qui soient écoutés et obéis, je n'en vois que dans la Religion.

Et c'est à cause de cet enseignement de la vertu, de cet idéal de perfection que la Religion nous offre sans cesse, que la vertu se maintient encore dans notre société si dépravée et si vicieuse ! Sans cet enseignement et cet idéal, bientôt la simple honnêteté elle-même aurait disparu, et nous succomberions dans le plus

épouvantable et le plus honteux des cataclysmes et des déluges, celui de la cor-
ruption de la vie.

La Religion est donc, je le répète, le plus grand des bienfaits sociaux, et vous
voyez, Mes Frères, combien ils sont odieux ces hommes malfaisants qui, sans y
croire, crient chaque jour au péril clérical.

Puisque la Religion répand ses bienfaits sur la société tout entière, il s'en suit
que tout bon catholique est un citoyen qui honore sa patrie et sait se dévouer
pour elle.

C'est ainsi que dans la patrie de Clovis et de saint Remi, la foi et le patriotisme
ne doivent jamais être séparés : et pour nous tous, Mes Frères, soyons les
meilleurs des Catholiques afin d'être les meilleurs des Français !

Tous les Curés de France ne pourraient pas tenir un pareil
langage. Et il fallait s'appeler l'abbé L. Baye pour parler ainsi
dans la chaire de nos églises.

Mais ne nous étonnons pas de cette parole si franche et si
énergique. D'instinct, en effet, l'abbé Baye, avec sa nature
généreuse et fière, avait horreur de tout ce qui ressemble à
la tyrannie. C'est pourquoi la liberté devait lui être chère.
Quoi d'étonnant dès lors qu'il nous dise loyalement comment
il faut l'entendre !

Oui, il la voulait pour tous les citoyens de la France, mais il
la revendiquait aussi pour l'Église catholique: Il lisait dans les
journaux que si les catholiques réclament la liberté, c'est une
sorte de tactique pour obtenir certaines concessions qu'ils
convoitent, sauf à étrangler plus tard cette liberté, devenue
inutile. N'y avait-il pas lieu de s'indigner en présence d'aussi
perfides insinuations ?

Cette indignation, M. l'abbé Baye la traduisait dans un
langage viril et qui devait intéresser son auditoire. Sans
doute, on n'y retrouve plus la phrase du maître, telle que
nous l'admirions dans ses conférences de la Cathédrale; elle
est moins apprêtée, mais elle ne cesse pas d'être claire. Point

de taille élégante ; point de périodes à effets. Il n'en a plus
le loisir . . .

Je m'arrête et je conclus cette étude sur Mgr Baye
conférencier, en disant qu'il est juste d'affirmer que son intelligence pratique lui permettait de traiter éloquemment toutes
les questions religieuses et tous les grands problèmes sociaux
qui agitent si puissamment les esprits de ce siècle, et que l'Évangile a seul soulevés dans ce monde : le paupérisme, le travail,
la famille, les associations, le salaire, etc...

De là tous les succès oratoires qu'il a obtenus partout où il
a eu l'occasion de se faire entendre, à la Cathédrale, à Saint-
Remi ou dans les assemblées des catholiques. C'est un maître
dans l'art de parler aux masses. Écoutons-le donc, suivons-le,
et nous éclairerons les âmes.

CHAPITRE SEPTIÈME

MONSEIGNEUR L. BAYE

Le Maître spirituel.

Je désire donner à Monsieur le Curé de Saint-Remi le titre de maître spirituel; cela paraitra sans doute un paradoxe à certaines personnes qui ne l'ont pas connu intimement.

Lui si gai, si large dans ses idées, si peu porté vers les choses mystiques, pouvait-il s'occuper de matières qui traitent de la spiritualité chrétienne et s'en servir pour la conduite des âmes qui lui demandaient ses lumières ?

En douter un seul instant, c'est non seulement ignorer ce que doit être un directeur de conscience, mais encore ce qu'a été M. l'abbé Baye dans la sublime fonction de mener les âmes à Dieu.

Le devoir du prêtre est d'éclairer la concience ; celui du pasteur est de connaître ses brebis, de discerner leurs besoins, de les supporter avec leurs faiblesses, de redresser celles qui s'égarent, de conduire les saines dans les bons paturages et de les défendre du loup ravisseur.

Il y a plus ; dans chaque paroisse se trouve un groupe de personnes pieuses qui demandent des soins particuliers, parce qu'elles veulent progresser dans la vie spirituelle. C'est une nouvelle charge qui incombe au curé ; il lui faut pour cela trouver du temps, redoubler d'ardeur et de zèle, et avoir de l'expérience.

D'où il suit que tout prêtre n'est pas directeur. Ne l'est même pas qui veut. Saint François de Sales dit qu'il faut le choisir entre mille et même entre dix mille.

Il doit être d'une sagesse consommée, éclairé, expérimenté, incapable de flatter, exempt de nouveauté dans la doctrine, et surtout d'une vertu éprouvée. Sans doute, il ne peut être parfait. Il a des défauts naturels ; il a des imperfections, et c'est justement ce qui le rend plus doux, humble, compatissant par sa propre expérience aux faiblesses de ceux qu'il conduit, incapable d'être surpris, quand il trouve de l'infirmité.

Et voilà esquissé à grands traits le portrait du directeur, tel que nous devons nous le représenter. De ces principes énoncés, il va nous être facile de distinguer dans la personne de M. l'abbé Baye, un maître dans la direction des âmes.

Ses écrits en rendent témoignage. Et puis, sa vie toute de travail, l'amour de sa chère solitude, sa conduite réservée, sa prudence habituelle faisaient de lui un prêtre sérieux et édifiant. Ce n'est pas lui qui aurait avili son ministère par une conduite prêtant à la moindre critique.

Il était grave, mais d'une gravité douce, accommodante, presque toujours toute de gaîté.

Mais il était raide parfois pour une certaine catégorie de personnes, pour celles du moins qui essayaient de lui faire perdre son temps. Il y a des gens qui croient qu'on ne les écoute pas, si on ne les laisse pas dire cent choses inutiles avant d'en venir à celle dont il est question. D'autres ne se rendent pas compte que le prêtre doit trouver le temps de prier pour soi-même et pour l'Église, de méditer sa religion, de préparer ses instructions et de travailler à glorifier Dieu en toutes choses. Il est donc bon de savoir le leur rappeler quelquefois. M. l'abbé Baye savait s'acquitter de cette mission.

Ce n'est pas seulement au confessionnal que le prêtre exerce son zèle dans la direction des âmes ; dans ses rapports avec les gens du monde ou avec les religieux, dans ses prédications aux auditoires pieux, il y a là tout un champ immense où il peut déployer son talent de maître spirituel. M. l'abbé Baye qui avait un esprit d'une richesse inépuisable, était capable de remplir ce rôle dans les diverses phases du ministère pastoral. Grand écrivain, grand moraliste en chaire, sachant pénétrer dans les replis les plus cachés de la conscience, il disait aussi les choses les plus sérieuses avec une clarté et une distinction merveilleuses ; et c'est ce qui explique son succès dans l'exercice de la gymnastique morale des âmes.

Je n'insisterai pas ici sur la manière dont il administrait le sacrement au saint tribunal. Qu'il me suffise de rappeler qu'auprès de lui, les cœurs coupables, les esprits tourmentés de doutes, les religieuses et les simples chrétiens trouvaient toujours relèvement et inspiration.

Les religieuses de l'Hôtel-Dieu ont pu pendant longtemps apprécier tous ses mérites comme confesseur ordinaire de la Communauté. Là comme ailleurs, il a fait beaucoup de bien ; et l'on n'y oubliera pas de sitôt les services qu'il y a rendus.

A l'Assomption de Reims, les dames religieuses, autrefois, recouraient volontiers à ses lumières. Ne leur a-t-il pas prêché une retraite en septembre 1873 ?

Quand on se rappelle l'homme indépendant qu'était M. le

Curé de Saint-Remi, on est émerveillé de voir à quel degré, travaillant sur lui-même, il avait, à cette époque, acquis l'intelligence d'une règle et compris toute la portée d'une méthode. Il est vrai qu'en toutes choses, il a poussé jusqu'au génie le don de la méthode, et son originalité propre était d'en concevoir une pour tout ce qu'il entreprenait.

Dans l'espèce, dans cette retraite qu'il prêche aux religieuses, il se montre un habile tacticien. Il veut, en effet, qu'elles s'astreignent à des exercices réguliers. « C'est tout le secret, leur disait-il, pour redresser votre vie et viriliser vos actions. » Ses instructions tendent aussi vers ce but.

Je prends dans ses notes quelques titres des sujets qu'il y a traités, et je les cite en passant :

1° *Travail de la Retraite* : se rappeler sa vocation, se réformer, c'est-à-dire réformer ses vices, ses fautes et même ses bonnes actions.

2° *La Charité* : son obligation, diverses manières de la pratiquer.

Aimer ses sœurs, les édifier, se supporter mutuellement.

3° *La Correction fraternelle.*

4° *De l'Amour de Dieu*, etc...

Mais je ne puis ici entrer dans de plus longs détails. Du reste, pour bien apprécier un directeur d'âmes, il faut non seulement l'entendre au confessionnal, mais encore recueillir son enseignement et connaître ses idées sur quelques-unes des questions qui traitent des matières spirituelles.

Il ne nous coûte pas d'avouer que dans son enseignement sur la vie spirituelle, M. le Curé a été à bonne école, celle du P. Faber. Et pourquoi non ? N'est-ce pas assez de mettre dans ces sortes d'études sa note originale ?

Voici d'abord une étude sur *le Caractère* (1). Bornons-nous
à en donner l'ossature.

..... Le caractère humain revêt des formes si multiples et parfois si insai-
sissables que les moralistes, soit profanes, soit religieux, n'ont pu s'entendre pour
en offrir une définition acceptée de tous. Toutefois, Mes Frères, entre les différentes
opinions, nous n'avons pas craint de choisir. Nous définirons donc le caractère une
inclination naturelle ou acquise qui nous porte au bien ou au mal et qui distingue
essentiellement chaque individu de ses semblables. Si cette définition ne
satisfait pas certains esprits, volontiers je leur en offrirai une autre que je
formulerai en ces termes : Le caractère est un entrainement presque irrésistible
que nous tenons de la nature ou que l'éducation nous a fait, qui nous incline soit
au bien, soit au mal. Or, nous l'avons dit, chacun porte en soi cette inclination
native qui varie selon les individus et qui donne aux âmes leur physionomie distinc-
tive. Nous voudrions pouvoir employer d'une main exercée le pinceau et la couleur
du peintre le plus habile, ou bien posséder toutes les ressources de la moderne
photographie, avec le secret merveilleux de l'appliquer aux intelligences et aux
âmes; nous nous ferions alors un plaisir de fixer sur la toile et le papier, les
physionomies si diverses du caractère humain. Ces photographies morales four-
niraient certes l'album le plus intéressant, la collection la plus instructive que
l'on pût parcourir et feuilleter. Suivant l'usage que la politesse a créé parmi
nous, on pourrait échanger réciproquement le portrait de son caractère comme
on échange celui de son visage, et la société comme les individus gagneraient à
cette merveilleuse invention, car chacun connaîtrait mieux sa propre personnalité et tous seraient moins exposés à subir de douloureux mécomptes dans le
choix de leurs amis.

Mais, chacun le sait, c'est un rêve chimérique. Pour tracer les caractères,
nous en sommes réduits à notre faible parole et il nous faut de longs discours
pour définir imparfaitement ce que l'œil pourrait embrasser d'un seul regard.
Toutefois, nous devons en convenir, d'illustres moralistes, soit profanes, soit
religieux, nous dispensent d'entreprendre un travail qu'ils ont achevé avant
nous et que nous aurions mauvaise grâce de refaire après eux. Décrire les
caractères a été la tâche de M. Labruyère et autres. Les types qu'ils ont
dessinés sont devenus classiques, et quelle main assez audacieuse et assez habile
pourrait ajouter un seul trait à leurs tableaux.

Vous connaissez, Mes Frères, le caractère que nous voulons vous signaler
le premier : le caractère orgueilleux.

---

(1) Extraits de deux conférences.

L'orgueil, en effet, a une physionomie à part qui se fait reconnaître et se trahit. Il porte le front haut, son regard est altier et il paraît n'effleurer que dédaigneusement les personnes et les choses qu'il contemple, il salue sobrement et se donne des attitudes de triomphateur. Son geste est impérieux, son ton dogmatique. Il a cependant des artifices de langage, des feintes de modestie par lesquelles il sait toujours habilement ramener l'attention sur sa propre personne; si sa famille est illustre, l'orgueilleux vous en rappellera sans cesse le nom; si elle est obscure, gardez-vous de lui en parler, sous peine de l'irriter. Nul n'est plus ardent que l'orgueilleux à faire son propre panégyrique. Il est admirateur de son excellente personne et, comme le Dieu de la création, il promène sur lui-même et sur ses œuvres un regard satisfait et il prononce que tout est pour le mieux.

L'orgueilleux ne songe nullement à se réformer lui-même, mais en retour il s'est imposé la tâche plus facile de réformer les autres. Il se constitue en tribunal suprême, il rend des jugements sans appel, il censure les défauts des particuliers, il anathématise les abus des administrations. Ah ! pourquoi le monde ne consent-il pas à se laisser, au moins un jour, gouverner par lui ?

Est-il besoin de dire que le caractère orgueilleux est un fléau des plus détestés de la société ? L'orgueilleux dédaigne ses frères, comment pourrait-il en être aimé ? Qu'il nous suffise d'ajouter qu'au point de vue de la piété, et c'est ce qui nous importe surtout ici, l'orgueil tarit toutes les grâces de Dieu. Non, l'orgueilleux ne trouvera jamais le chemin qui conduit au Dieu de l'humilité. Le texte de l'Écriture vous est connu, Mes Frères : Dieu donne sa grâce aux humbles, mais il résiste aux superbes.

A côté du caractère orgueilleux, il y a le *caractère violent et irritable*. Oui, il y a des personnes qu'un rien irrite. Semblables à ces compositions que la chimie moderne a inventées et que le moindre frottement enflamme, elles prennent feu à la plus petite contradiction, au plus petit obstacle. Comme ces montagnes dont parle l'Ecriture, il suffit de les toucher du doigt pour qu'elles éclatent comme des volcans; la lave brûlante qui s'échappe de ces volcans se compose de mots violents, de paroles acerbes, d'invectives souvent injurieuses ; si vous êtes soucieux de votre propre tranquillité, prenez bien garde de déplaire à ces sortes de personnes ou de les contredire, car de suite elles s'enfleront comme un torrent impétueux qui menace de tout emporter.

Pour juger ce caractère, qu'il nous suffise de nous rappeler que la violence est sœur de l'orgueil et que l'Ecriture déclare que la colère a pour asile le cœur de l'insensé.

Au caractère violent opposons le *caractère faible*. Celui-ci ne sait ni vouloir, ni agir. Sorte de cire flexible et molle destinée à recevoir l'empreinte de tous les cachets, il emprunte aux autres les décisions. Parfois, cependant, il fait sur lui-même un suprême effort, il s'arme d'une résolution énergique; mais à la première difficulté, a la première attaque d'un adversaire, son grand courage s'évanouit. Si vous considérez le caractère faible au point de vue naturel et humain, vous le verrez enchaîné comme un esclave au char d'une volonté étrangère ; si vous le considérez au point de vue de la vertu chrétienne, soyez convaincus qu'il ne fera jamais rien de grand parce qu'il est dépourvu de ce qui fait l'âme vraiment noble : la volonté.

Nous l'avons dit, Mes Frères, le caractère humain revêt des formes si multiples que sous peine d'être infini, nous ne pouvons esquisser chacune d'elles que par un trait. Contentons-nous donc de nommer le caractère soupçonneux qui prend ombrage de tout, qui s'offusque d'un regard, d'un sourire, d'une parole, qui semble craindre sans cesse que l'on conspire contre lui. Les personnes douées de ce fâcheux caractère ont parfois des accès de mélancolie profonde; elles voient les choses humaines à travers les rêves de leur imagination ; leurs meilleurs amis, un confesseur même, ne peut leur parler qu'avec les plus grands ménagements.

Citons encore le *caractère dissimulé*. Oui, il y a des personnes qui oublient que Dieu a constitué l'homme en société afin qu'il pût entrer avec ses semblables en communauté de sentiments et d'actions. Ces personnes sont de l'école du diplomate qui a dit que la parole nous a été donnée pour déguiser notre pensée. Elles ferment leur âme, comme un commerçant sa caisse, elles composent leurs regards, les traits de leur visage, toutes leurs attitudes pour donner le change sur leurs opinions, et c'est un beau triomphe pour elles quand, à force de dissimulation et de pièges tendus à autrui, elles sont parvenues à dérouter l'opinion.

Détesté dans le monde, dont il est un des pires fléaux, comment le caractère dissimulé pourrait-il plaire à Dieu qui est la vérité même? Vous n'ignorez pas, Mes Frères, les autres formes du caractère humain; vous savez que tantôt il est inquiet, opiniâtre, querelleur, jaloux, tantôt caustique, inconstant et léger, romanesque. L'énumération complète de ces significatifs serait infinie.

Jusqu'ici, notre qualité de moraliste chrétien nous a imposé une tâche pénible a la différence des peintres et des photographes, qui s'offrent toujours de prendre les physionomies physiques, c'est-à-dire les visages, sous leur aspect le plus favorable; nous avons été obligés de contempler les physionomies morales, c'est-à-dire les caractères par leur côté le moins avantageux. Nous avons en effet pour mission, non pas d'atteindre la pure ressemblance et d'embellir la réalité, mais de signaler les défauts des caractères. Toutefois, il nous eût été possible d'énumérer de beaux et de nobles caractères, car la Providence a placé près de nous des types que chaque jour nous pouvons contempler : caractères doux et conciliants, prudents et fermes, aimables et tels enfin que devait être le caractère de ce grand prêtre de l'ancienne loi, Sadoc, dont l'Écriture fait l'éloge : *Erat Sadoc egregiæ indolis.*

Après l'énumération que nous venons de faire, peut-être y a-t-il dans cette assemblée quelqu'un qui, se repliant sur lui-même, se pose cette question : quel est mon caractère? Vous demandez, mon cher auditeur, quel est votre caractère. Je ne vous répondrai pas comme un critique de nos jours (Alphonse Karr) : « Nous autres hommes, nous essayons d'habitude deux ou trois caractères avant « de nous fixer à un, quoique, d'ordinaire, on en garde trois toute sa vie : « un que l'on montre, un que l'on croit avoir et un que l'on a réellement. » Remarquez-d'abord qu'il y a dans le monde peu de caractères bien tranchés. Les caractères accusés sont rares, comme les grands hommes et les grands saints. Nos caractères ne sont pour l'ordinaire que le résultat de la combinaison de plusieurs des variétés que nous avons esquissées tout à l'heure, à peu près comme nos complexions physiques renferment un ou plusieurs des tempéraments reconnus de toute antiquité par la médecine.

Vous demandez quel est votre caractère? Adressez cette question à Dieu dans la prière. C'est en effet d'En Haut que nous vient la céleste lumière qui nous fait connaître nous-mêmes. Ce n'est pas la philosophie, ni la science humaine qui donne la connaissance de l'âme; combien d'ignorants, selon le monde, à qui la prière a révélé ce que de puissants génies ont toujours ignoré : l'intelligence d'eux-mêmes.

Vous demandez quel est votre caractère? Adressez-vous à vous-même cette question et tâchez d'y répondre par une patiente observation de votre âme, de vos sentiments, de vos pensées. En effet, on se connaît comme on connaît les autres : par expérience. Pour connaître les personnes que nous rencontrons, nous examinons attentivement leurs discours, leurs démarches, leurs attitudes et leurs regards, au moyen desquels nous découvrons parfois leurs sentiments les plus intimes et les plus secrets. Par le même procédé d'observation, nous arriverons à nous connaître, et nos inclinations et notre caractère.

Encore une fois, vous demandez quel est votre caractère? Interrogez sur ce point le guide de votre conscience. Dépositaire des secrets de votre âme, il vous en dira les tendances vertueuses ou perverses. Son œil exercé découvrira en vous-même ce que votre regard ne peut y apercevoir. En un mot, il vous dévoilera votre caractère.

2° Il nous reste à dire brièvement la possibilité et la manière de réformer son caractère.

Vous connaissez votre caractère et je suppose que vous le connaissez avec ses imperfections et ses défauts. Pouvez-vous le modifier, l'améliorer? On semble généralement disposé à faire à cette question une réponse négative et facilement on se résigne à conserver les défauts que l'on a apportés en naissant.

Cette personne, par exemple, a l'humeur violente et irascible; elle vient de s'abandonner à un de ces accès qui lui sont habituels. Revenue à elle-même, elle s'excuse par ces deux mots qui lui semblent couvrir toutes ses fautes : Que voulez-vous ? c'est mon caractère ! je n'y puis rien... C'est votre caractère ! inutile de le dire, chacun s'en aperçoit, tous en conviennent ; mais est-il également vrai que vous ne puissiez rien pour le réformer ?

Non, Mes Frères, cette impossibilité que l'on allègue est chimérique. Notre caractère n'a certes pas la dureté du marbre, et cependant, sous le ciseau de l'artiste, le marbre se plie en molle draperie et se découpe en fines dentelles. Notre cœur n'est pas une terre ingrate ; s'il ne produit que des ronces, c'est qu'il n'est pas cultivé. Le plus sauvage églantier donne, sous la main de l'homme, les roses les plus belles ; le plus mauvais caractère peut de même, avec la sève divine de la grâce, donner des fleurs merveilleuses.

La Religion, Mes Frères, ne veut pas que nous abdiquions ainsi l'œuvre de notre amélioration morale ; elle proclame possible la réforme du caractère et enseigne que tout est possible à l'homme avec une volonté forte et la grâce de Dieu.

La Religion nous montre encore les saints qui, par un travail constant et courageux sur eux-mêmes, se sont créé des caractères tout autres que ceux qu'ils avaient reçus de la nature. D'irascibles, ils sont devenus patients et doux ; d'orgueilleux, ils sont devenus humbles ; de faibles et sensuels, ils sont devenus fermes et austères. L'histoire de l'Église est pleine de ces exemples qui sont une réfutation victorieuse de l'impossibilité prétendue que l'on allègue.

Remarquons toutefois, Mes Frères, que la réforme du caractère n'ira pas, la plupart du temps, jusqu'à une transformation complète. Il nous restera toujours une nuance plus ou moins prononcée de notre nature primitive. La grâce pénètre le naturel, elle le modifie profondément, mais elle ne le détruit pas. Saint Charles Borromée et saint François de Sales étaient deux grands saints vivant presque en même temps et respirant le même air, tous deux remplis de l'esprit de Notre-Seigneur. Toutefois, saint Charles Borromée mêlant à propos la sévérité et la douceur, est resté le modèle de la vigueur sacerdotale. Le nom de saint François de Sales, qui aimait mieux, disait-il, une goutte d'huile qu'une tonne de vinaigre, ne rappelle que la douceur et la bénignité. Cette variété des caractères que l'on remarque dans les saints eux-mêmes est d'ailleurs une des beautés de l'Église, comme celle des êtres visibles est aussi le bel ornement du monde physique et matériel.

Il est donc possible de réformer son caractère.

Quels sont les moyens d'obtenir le résultat que nous venons d'indiquer, en d'autres termes quels sont les moyens de réformer son caractère.

1° Il faut vouloir. Une bonne fois il faut mettre le siège devant cette forteresse armée qui s'appelle notre caractère ; y faire chaque jour une brèche et y arborer enfin l'étendard du Seigneur.

Que ce soit là une tâche difficile et rude, certes je ne suis pas disposé à le nier ; le naturel est un adversaire opiniâtre qui revient sans cesse à la charge et volontiers je souscris à ce vers de Boileau : « Chassez le naturel, il revient au galop »; et cet autre de Lafontaine : « Fermez-lui la porte au nez, il revient par la fenêtre. » Cependant, Mes Frères, la volonté est une arme puissante, qui toujours remporte la victoire dans cette guerre contre nous-même. Nous en avons pour garant, outre la promesse de Dieu, celle d'un grand docteur de l'Église, saint Thomas. Sa sœur, religieuse, lui demandait un jour quel moyen elle devait employer pour se corriger de ses défauts ; le saint Docteur lui répondit qu'il suffisait de le vouloir. — Il me semble, repartit sa sœur, que j'ai bien la volonté de devenir meilleure et cependant je reste toujours la même. — Ayez une volonté sincère, ferme, constante, lui répondit le Docteur angélique, de combattre ce que vous appelez vos défauts et vous en triompherez infailliblement.

N'est-ce pas en effet la volonté qui, dans le monde, fait les grandes choses et les grands hommes ? J'appelle volonté, une résolution énergique et persévérante. Certaines personnes conçoivent le dessein de se corriger de leurs défauts, l'instant d'après elles oublient leurs résolutions, elles retombent dans leurs imperfections : au lieu de se relever énergiquement elles s'impatientent contre elles-mêmes et abandonnent la lutte. Ces personnes ne veulent pas se corriger.

Donc, pour réformer son caractère, il faut vouloir.

2° Il faut pratiquer les vertus opposées à nos défauts, je ne veux qu'indiquer cette pensée. La vertu est une habitude, Mes Frères. Si donc nous voulons contracter les vertus opposées à nos défauts naturels, il faut en accomplir et répéter souvent les actes. Êtes-vous orgueilleux ? Contraignez-vous vous-même à pratiquer l'humilité dans des circonstances déterminées. Êtes-vous irascible ? Imposez-vous l'obligation de garder le silence quand on vous a irrité. Telle personne vous est-elle antipathique ? Faites-lui quelque avance, dites-lui quelque bonne parole, ayez pour elle un agréable sourire. Si vous entrez énergiquement dans cette voie, bientôt, oui bientôt, les défauts de votre caractère auront fait place aux plus belles et aux plus pures vertus chrétiennes......

Après ces considérations, M. l'abbé Baye continue, dans une autre instruction, de s'occuper de la même question, en traitant de l'attitude à prendre à l'égard des caractères au milieu desquels on est obligé de vivre. C'est pratique ; raison de plus pour écouter notre cher maître.

Il y a des personnes, dit-il, douées de caractères heureux qui rendent la vie facile et douce à tous ceux qui les entourent. Or, je suppose que Dieu vous ait ainsi favorisé et que vous ayiez à vivre dans un milieu composé de caractères variés avec lesquels toute discussion et tout froissement sont perpétuels. Quel est dans cette circonstance votre devoir ?

Votre devoir, c'est d'imiter ces bons caractères avec lesquels vous vous trouvez.

Le spectacle qu'ils nous offrent est un enseignement instructif et nous devons le mettre à profit pour imiter dans les autres les vertus opposées à nos défauts personnels...

Votre vie est, pour une raison ou pour une autre, associée à la vie d'une personne patiente et douce ; vous, peut-être, vous êtes enclin à l'impatience et à la vivacité ; copiez donc le modèle que Dieu a placé sous vos yeux.

Vous rencontrez dans votre famille de ces âmes fortes, de ces caractères trempés qui savent supporter l'infortune et l'adversité : le malheur les fait plier, mais jamais n'abat leur courage, qu'elles doivent à la Religion et à Dieu. Vous, peut-être, avez-vous pour défauts le découragement, la tendance à murmurer contre le Ciel à la plus petite épreuve : imitez le modèle que Dieu vous offre dans votre propre demeure...

Je pourrais multiplier ces explications, mais chacun peut le faire dans sa situation particulière et je conclus qu'à l'égard des bons caractères, il faut les imiter.

En second lieu, il ne faut pas abuser des bons caractères des autres.

Dans presque toutes les maisons, il y a une personne qui se distingue par son caractère heureux, doux, pacifique. Eh bien ! au lieu d'aimer et de vénérer de telles personnes, souvent on abuse de leurs bonnes qualités, de leur amour de la paix. C'est sur elles que l'on fait tomber toute sa mauvaise humeur, parce qu'on sait bien qu'elles souffriront tout sans résister et sans se plaindre ; tout ce qu'il y a de pénible et de désagréable, ce que l'on ne voudrait pas souffrir soi-même, on le leur impose ; on va même jusqu'à faire de ces personnes à bons caractères de véritables esclaves.

Ainsi, cette épouse a personnellement un caractère assez impérieux et assez hautain ; mais le Ciel lui a donné un époux à l'humeur douce et complaisante ; or, et l'on dit que cela n'est pas rare, cette épouse, intervertissant les rôles indiqués au mari et à la femme par l'Évangile et par le Code civil lui-même, au lieu de considérer son époux comme son maître, en fait ni plus ni moins que son très humble serviteur ; et l'on dit partout : Mme Une Telle conduit son mari comme elle veut. Vous êtes sous les ordres d'un maître indulgent et débonnaire ; en spéculant sur cette indulgence, vous saisissez peu à peu en mains les rênes du gouvernement et vous commandez lorsque vous deviez obéir... C'est abuser des bons caractères...

2° Il y a, Mes Frères, nous le savons, à côté des bons caractères, il y a dans le monde les *mauvais caractères*, les caractères *réfractaires* par quelque endroit, et ce sont les plus nombreux. Ne pourrait-on pas, en effet, faire ici une nombreuse nomenclature dans laquelle on comprendrait : le caractère dur, le caractère léger, le caractère orgueilleux, le caractère dissimulé, le caractère opiniâtre, querelleur, inquiet, le caractère mou, faible, inconstant, le caractère emporté et tant d'autres. Or, Mes Frères, tous ces caractères, quand il faut vivre en leur société, sont pour nous autant de sources de peines et de contrariétés. Quand le caractère des autres devient pour nous une croix, que faut-il donc faire alors ? Il faut porter avec patience cette croix que le bon Dieu nous envoie pour nous faire expier nos fautes.

C'est là un devoir de charité, mais n'est-ce pas aussi un devoir de justice ? Car enfin, nous avons aussi nos défauts, notre caractère est souvent incommode pour les autres. Si nous attendons d'eux l'indulgence qui supporte, payons-les de retour. De plus, ce que nous appelons les défauts des autres n'est souvent que le résultat de nos propres défauts : souvent, par notre humeur chagrine, tracassière, nous sommes cause des impatiences et des fautes du prochain ; n'est-il pas juste alors que nous leur pardonnions ?

Pour nous engager à supporter patiemment les autres, rappelons-nous, Mes Frères, que souvent il arrive qu'une personne dont le caractère est naturellement défectueux acquiert devant Dieu plus de mérites qu'une autre personne dont le monde admire l'heureux caractère. Il est facile de vous faire comprendre ma pensée.

Il y a des personnes qui naissent sans grandes qualités, mais aussi sans grands vices : natures calmes qui ne trouvent en elles ni passions, ni orages, et à qui l'accomplissement du devoir n'offre aucune difficulté sérieuse. Caractères heureux qui sont aimés de Dieu et aimés des hommes qui n'ont rien à leur reprocher. Et cependant, je dois le dire, ces personnes si bien douées ne possèdent pas toujours la véritable vertu : car la vertu, c'est l'effort généreux, c'est la victoire remportée sur l'ennemi et sur soi-même ; la vertu, c'est la lutte et ces caractères n'ont pas besoin de lutter, ils ne font pas d'effort et il manque donc quelque chose à leur vertu.

Or, voici une autre personne née avec un caractère malheureux qui lui impose des luttes et des efforts continuels ; elle est peut-être victime dans des combats journaliers ; malgré ses efforts elle tombe, parfois même souvent, dans des fautes pénibles à elle-même et aussi pénibles aux autres ; mais malgré ses fautes, elle lutte toujours, elle lutte sans cesse, elle veut combattre jusqu'à la fin.... Je le dis en toute vérité : souvent cette personne vicieuse aura en elle-même plus de vertu et devant Dieu plus de mérite que la précédente personne. Pourquoi ? parce qu'elle lutte, parce qu'elle fait effort et qu'ainsi elle possède la vraie vertu et que Dieu ne peut pas ne pas l'aimer.

Supportons donc le prochain malgré son fâcheux caractère, parce que Dieu lui-même le supporte et souvent l'estime.

Le support mutuel est surtout nécessaire dans la famille, car c'est là que les caractères se manifestent plus librement avec leurs défauts et leurs imperfections. N'est-il pas d'expérience journalière que des personnes douces, aimables dans le monde, sont dans leur intérieur irascibles et violentes.

Elles ont pour aller dans le monde des paroles gracieuses, aimables ; et à peine rentrées dans la famille, elles veulent pour ainsi dire, s'indemniser de cette contrainte ; elles ont alors je ne sais quoi d'aigre, d'irascible, de violent, qui fait de la vie privée un insupportable enfer. Ceci est vrai ; et l'on dirait que nous portons dans l'unité de notre personne deux caractères différents : l'un tout agréable pour les personnes que nous voyons à distance, l'autre impatient à l'excès pour les personnes avec lesquelles nous vivons toujours et dont nous attristons la destinée.

A cet égard, permettez-moi de vous citer un auteur que je lisais il y a quelque temps. Je commence par déclarer que je ne crois pas à ses paroles et que je ne suis nullement de son avis.

Or, cet auteur soutient que deux femmes, soit mère et fille, sœur et belle-sœur, dans la même maison, ne peuvent jamais s'accorder, ni vivre de bonne humeur. « Qu'il est difficile, dit cet auteur, de faire accorder les idées, les goûts, les manières de voir entre ces deux femmes ! On s'aime sans doute, mais on s'observe ; on ne fait qu'un par le cœur, mais on fait deux par la tête ; on ne se hait pas, mais on se déplaît ; on se fait des compliments, mais on se jalouse ; on ne s'en veut pas, mais on se dispute ; on ne se persécute pas, mais on se contrarie ; on cède peut-être, mais on boude ; on se tait souvent, mais on souffre, mais on s'aigrit. Et cela même chez les meilleures, même chez les plus courageuses, même chez les plus pieuses et les mieux élevées ; à plus forte raison chez celles qui n'ont ni principe de vertu, ni sentiment d'éducation.... »

Voilà ce que dit cet orateur probablement atteint de misanthropie et par conséquent devenu injuste. Cependant, je dois ajouter un fait rappelé par un pieux solitaire : Deux femmes, l'une épouse et l'autre belle-sœur, vécurent ensemble pendant quinze jours sans la moindre querelle. Or, cela fut un acte d'héroïsme si grand qu'elles furent élevées en gloire bien plus que ce saint lui-même, qui avait été un des patriarches les plus mortifiés du désert.

Nous avons un deuxième devoir à remplir à l'égard des mauvais caractères, c'est d'en faire notre profit spirituel en cherchant à nous améliorer nous-mêmes. Nous avons dit tout à l'heure qu'il fallait imiter les bons caractères, disons ici qu'il faut fuir les défauts des mauvais caractères. Si quelqu'un vous donne le spectacle de l'orgueil, de l'avarice, de la colère ; soyez humbles, charitables, patients ; que la laideur du vice vous fasse aimer et rechercher la beauté de la vertu. Inutile d'insister sur ce point. Les âmes ont pour mission de se polir ainsi les unes les autres.

Voyez un ruisseau qui roule dans son lit de petits cailloux. Les cailloux sont anguleux, leur surface est rude ; mais en roulant sur le lit du ruisseau, ils se polissent les uns les autres..... Ainsi en est-il des âmes emportées par le torrent de la vie.....

Péroraison. Que la société serait heureuse si, à l'égard de notre caractère et du caractère des autres, nous remplissions les devoirs que nous venons d'indiquer. La famille nous présenterait l'image de la sainte famille de Nazareth ; la société, l'image du Ciel où tous les astres s'accordent avec tant d'harmonie......

On a trouvé dans cette conférence une note un peu caustique. M. l'abbé Baye la donnait harmonieuse ; c'est pourquoi elle plaisait à son auditoire.

Les personnes pieuses trouveront d'excellents conseils pour la pratique de la vie chrétienne dans les trois instructions qui suivent. Nous les résumons aussi succinctement qu'il est possible de le faire.

Différentes Périodes de la Vie surnaturelle

La vie, suivant une définition célèbre, consiste dans le mouvement, c'est-à-dire que l'être vivant ne reste pas stationnaire, mais qu'il subit des changements, qu'il se transforme et passe par des phases successives. C'est ainsi que l'homme traverse l'enfance, la jeunesse, l'âge mûr, la vieillesse. Il en est de même de l'âme, au point de vue de la vie surnaturelle : elle a son enfance, son âge intermédiaire, sa maturité ; nous ne disons pas la vieillesse, remarquez-le bien, Mesdames, car la vie spirituelle ne connaît pas cette période de faiblesse et de décrépitude ; son terme suprême, c'est la plénitude de la force et de la vigueur telle que nous la représente la vie de Jésus-Christ même, qui devient la vie du chrétien sanctifié.

La vie du chrétien comprend trois phases successives qui partagent les âmes en trois catégories diverses à l'une desquelles chacune de vous, Mesdames, appartient nécessairement. Les auteurs ascétiques ont désigné ces trois périodes de la vie spirituelle sous les noms de vie purgative, de vie illuminative et de vie unitive. L'âme qui se sanctifie débute par la première de ces vies, passe ensuite à la seconde et consomme l'œuvre de sa perfection par la troisième. Définir chacune de ces trois vies, c'est aujourd'hui tout mon dessein.

1° L'âme qui entreprend de se sanctifier débute nécessairement, comme nous l'avons dit, par la vie purgative. Or, Mesdames, la vie purgative, « c'est un état « où l'âme travaille à se purifier de ses péchés, à en détruire les causes, en

« exterminant ses vices et ses mauvaises habitudes jusque dans leurs sources et
« leurs principes (1). »

C'est dans cette période de la vie spirituelle que l'âme s'efforce, par le repentir,
par la confession, par la pénitence, d'expier les fautes de sa vie passée et
d'effacer les souillures qu'elle a pu contracter. La vie purgative est une vie de
réparation. Le cœur profondément changé, déteste les fautes qu'il aimait et les
habitudes qui l'avaient enchaîné jusqu'alors. L'âme s'accuse elle-même par une
confession qui, au besoin, sera générale. Enfin, l'âme satisfait à Dieu par des
expiations, des mortifications indispensables. C'est pendant cette période que le
pécheur converti s'efforce de découvrir chacun de ses vices en les attaquant tour
à tour et qu'il impose à chacun de ses sens, sources de ses fautes précédentes,
une garde sévère et une mortification qui les purifie. Les auteurs spirituels font
remarquer qu'il faut en premier lieu combattre les vices qui paraissent aux
yeux des hommes, comme l'immodestie, le luxe des habits, etc.

Il est très important de se corriger d'abord de ses défauts extérieurs, parce
qu'ils scandalisent le prochain et parce qu'il est impossible de travailler à la
réforme de son extérieur sans travailler en même temps à l'amélioration intérieure de l'âme. Après s'être ainsi corrigé de ses défauts extérieurs, il faut
attaquer les défauts intérieurs, dont les plus difficiles à déraciner sont l'intem-
pérance dans le manger, la vanité et la paresse. Ces indications suffisent pour
nous faire connaître la vie purgative. Toutefois, notons encore deux défauts qui
sont propres aux commençants qui traversent la vie purgative : l'impatience et
la jalousie.

L'impatience contre soi-même et contre Dieu, quand on subit un échec dans la
guerre que l'on a entreprise contre soi-même et lorsqu'on est privé des douceurs
sensibles de la piété.

La jalousie. Il arrive parfois que certains commençants ont un grand déplaisir
de voir que d'autres sont plus avancés qu'eux dans la vertu : ils les entendent
louer, ils en ont du dépit sans vouloir prendre la peine de les imiter ou de les
dépasser. Pour se guérir de ce vice, il faut louer les autres et en dire la raison,
afin de les faire estimer.

2° Après avoir traversé l'ère expiatrice de la vie purgative, expié ses fautes et
déraciné ses défauts, au moins les plus considérables, l'âme entre dans la vie
illuminative : c'est la seconde période de la vie surnaturelle de l'âme.

A quel moment le chrétien entre-t-il dans cette phase nouvelle ? Nous venons
de le faire pressentir : c'est lorsqu'il a dompté ses mauvaises inclinations, qu'il
se trouve disposé à ne plus résister à la grâce, mais à en seconder le mouvement,

---

(1) P. Surin, *Catéchisme spirituel*, tome I.

qu'il s'occupe volontiers des exercices de la piété et qu'il progresse dans la connaissance et l'amour de la vertu.

Vous le voyez donc, Mesdames, dans la vie purgative par laquelle on débute, l'âme s'efforce d'éviter le mal, et dans la vie illuminative elle cherche à pratiquer le bien ; elle fuit le vice d'abord et poursuit la vertu ensuite. C'est l'accomplissement du précepte divin : *declina a malo et fac bonum*, fuyez le mal et faites le bien. Je suppose que l'âme est entrée dans cette période de la vie spirituelle dont nous parlons ; quelles seront ses occupations ? L'âme devra tendre vers un double but : 1° à créer en elle des dispositions intérieures à la place des dispositions perverses qui existaient précédemment; 2° à acquérir des vertus solides au lieu des mauvaises habitudes qu'elle a déracinées dans la voie purgative.

Les dispositions intérieures que l'âme doit créer en elle sont : 1° La pureté d'intention allant droit au but et ne se proposant que Dieu pour motif de ses actions, sans aucun retour sur soi-même. Le pécheur, en effet, rapporte tout à lui-même, il a une tendance à se faire supérieur, à se préférer à Dieu. Celui qui aspire au titre de juste et de parfait doit rendre au Seigneur ses droits légitimes et lui faire hommage de tout son être, de ses pensées, de ses paroles, de ses actions, de ses intentions. 2° L'âme s'efforcera d'acquérir une parfaite résignation à la volonté de Dieu se conformant aux ordres de la Providence et recevant tous les événements avec une sainte indifférence. 3° La troisième disposition dont nous ayons à parler est le détachement des créatures : veiller sur son cœur pour qu'il ne s'attache à rien de créé.

Telles sont les dispositions qui doivent animer l'âme dans la seconde partie de la vie chrétienne. Toutefois, ce n'est pas tout. A ces dispositions, il faut joindre la pratique de la vertu : de l'humilité, de la douceur, de la chasteté, de la mortification et de toutes les autres vertus chrétiennes. Il ne suffit plus alors à l'âme de ne plus être orgueilleuse, ni violente, ni sensuelle, mais elle doit par des actes positifs prouver qu'elle est humble, douce et mortifiée. L'âme ne doit pas non plus se contenter de semblants de vertu. Il faut qu'elle devienne solidement vertueuse, c'est-à-dire qu'elle résiste victorieusement aux épreuves qui se rencontrent ordinairement dans la vie illuminative. Quelles sont ces épreuves qui viennent assaillir l'âme qui travaille à l'acquisition des vertus chrétiennes ? Ce sont les aridités qui désolent l'âme plongée dans les ténèbres et qui ne sont plus ni l'action, ni les consolations de Dieu ; ce sont, en second lieu, les distractions qui la viennent détourner de ses œuvres spirituelles; ce sont, en troisième lieu, les contradictions qui viennent aux âmes pieuses de la part des mauvais chrétiens qui dédaignent la piété.

Telle est la vie illuminative ; l'âme la traverse en travaillant sur elle-même, en acquérant la vertu, en développant en elle l'amour de Dieu, et grâce à cet amour, quand il est généreux et pur, l'âme peut arriver à la dernière phase de la vie spirituelle : la vie unitive.

3° La vie unitive, Mesdames, est un état où l'âme, entièrement purifiée par les épreuves et par la pratique des vertus, est dans une union parfaite et dans une intime communication avec Dieu. L'âme, alors, s'occupe exclusivement de Dieu, qui devient l'objet habituel de ses pensées et de ses sentiments ; elle s'abandonne à sa puissance, déposant en lui ses soins, ses inquiétudes par une confiance sans réserve. Elle entre dans une grande familiarité avec Jésus-Christ. Elle ne trouve plus de charme que dans le sentiment si doux de la présence de Dieu, sans qui rien ne peut lui être agréable. Elle trouve surtout un puissant attrait à s'unir au cœur de Notre-Seigneur Jésus-Christ, source de tout amour et de toute perfection, et sa vie propre semble se confondre avec la vie du divin Sauveur. C'est alors que les trois personnes de la sainte Trinité choisissent l'âme pour leur tabernacle particulier et que se vérifie la parole de l'Évangile : « Nous le visiterons et nous établirons notre demeure en lui » ; elle en reçoit ses influences, ses impressions, ses impulsions ; elle est traversée comme le cristal par la lumière, comme le bois par le feu qui le dévore.

Que devient alors le chrétien ? Il devient un homme nouveau qu'on dirait être ressuscité. Son imagination ne reflète que des images surnaturelles ; son esprit se nourrit de saintes pensées ; son corps lui-même, comme la chair du roi David, tressaille sous l'action divine. Ce n'est pas tout. Le chrétien jouit alors d'une grande paix, de la liberté d'esprit, d'une lumière sûre qui l'accapare toujours et qui lui sert de flambeau pour le conduire.

Pour reconnaître si l'âme est bien véritablement établie dans ce bienheureux état, qu'elle rentre en elle-même et qu'elle s'interroge pour constater si elle renferme un triple désir : celui de prier, celui de souffrir, celui de gagner les âmes à Dieu. Voilà le triple cachet de l'âme unie à Dieu. Elle aime la prière comme un repos, une consolation ; elle s'habitue à l'oraison, elle en fait sa nourriture habituelle.

Elle accueille la souffrance ; elle l'aime, parfois même elle la recherche. Elle cherche et procure le salut des âmes et la gloire de Dieu. Enfin, nous dirons que la sainte Eucharistie est la nourriture qui soutient l'âme dans cet état parfait.

Nous nous sommes borné à ces indications afin d'avoir une vue d'ensemble ; nous reviendrons dans la suite sur les détails, mais dès aujourd'hui nous voyons le chemin de la perfection depuis ses débuts jusqu'à son terme final et définitif qui est Dieu. Il y a donc trois catégories d'âmes : les âmes qui se purifient de leurs péchés et de leurs mauvaises habitudes ; les âmes qui créent en elles des habitudes spirituelles et cherchent à acquérir les vertus chrétiennes ; les troisièmes qui jouissent de l'union à Dieu.

A laquelle de ces trois classes appartenons-nous ? C'est le secret de Dieu qui nous sera révélé par Dieu lui-même, si nous savons l'interroger dans la prière et dans la direction. Toutefois, notons qu'il ne faut jamais quitter entièrement la vie purgative, il nous reste toujours en effet des défauts et des fautes.

Notons encore que c'est un grand privilège de Dieu d'être établi dans la voie unitive, dans l'union intime avec Lui.

Il reste donc à conclure que beaucoup d'âmes chrétiennes qui s'occupent de piété sont dans la voie illuminative, c'est-à-dire dans cette période où il faut créer en soi la pureté d'intention et la résignation et s'exercer à la pratique des vertus sans se décourager par les épreuves.

Quoi qu'il en soit, il est certain que dans le peuple chrétien, et les directeurs des âmes l'expérimentent chaque jour, il y a des âmes appartenant à chacune des catégories que nous venons d'énoncer et que chacune doit s'efforcer de remplir les devoirs spéciaux qui lui sont imposés suivant l'état où elle se trouve.

Signes du Progrès dans la Vie Spirituelle

Mes Frères, quand on a étudié l'ensemble de la vie spirituelle, l'on reporte naturellement ses regards sur soi-même. On désire savoir où l'on en est avec Dieu, si l'on possède sa grâce sainte, si l'on avance dans la vie de la perfection. Vous n'ignorez pas que beaucoup de personnes pieuses se préoccupent de cette question, se la posant à elles-mêmes, la posant à leurs confesseurs qu'elles pressent vivement de faire une réponse. Avant d'y répondre nous-mêmes, Mes Frères, nous éprouvons le besoin de faire quelques questions préliminaires. D'abord, il n'est pas possible de savoir absolument dans quels rapports l'on est avec Dieu. « Personne, dit l'Ecriture, ne sait s'il est digne d'amour ou de haine. » Dieu a voulu qu'une certaine obscurité pesât sur cette question afin de nous exciter toujours à faire de nouveaux efforts et à conquérir par des combats continuels le Ciel, qui à chaque instant peut nous échapper.

En second lieu, il nous est permis de demander quelle est l'utilité de cette question que l'on se pose avec tant d'anxiété : Où en suis-je avec Dieu et puis-je me rendre le consolant témoignage que je fais des progrès dans la vie spirituelle ? Il est bien évident qu'il n'y a que deux réponses possibles à cette question, l'une affirmative et l'autre négative. Dans le premier cas, c'est-à-dire si vous constatez que vous progressez, n'aurez-vous pas de suite à lutter contre l'amour propre qui s'emparera de vous ? Si au contraire, la réponse est négative, êtes-vous bien certain de ne pas succomber au découragement. Il y a donc, en toute hypothèse, de sérieux inconvénients à rechercher avec anxiété si l'on fait des progrès dans la vertu.

Nous disons cependant en troisième lieu que se poser cette question à soi-même est parfaitement légitime pourvu que cette curiosité soit accompagnée d'humilité et de confiance, c'est-à-dire des deux vertus qui peuvent prévenir en nous l'amour-propre et le découragement. Je me suis demandé sous quel aspect je considérerais le sujet que je viens d'indiquer et pour le plus grand bien de mes auditeurs, je me suis résolu à étudier devant vous la réponse à la question suivante : Quels sont les signes des progrès dans la vie spirituelle ? Pour satisfaire à cette demande, nous nous inspirerons d'un livre dont, Mes Frères, nous nous permettrons de vous recommander la lecture et la méditation : *Les progrès de l'Âme*, par le R. F. Faber.

Quels sont les signes du progrès dans la vie spirituelle ? Ces signes sont multiples ; nous allons successivement en énumérer et en méditer deux principaux.

Le premier signe, c'est un sentiment de mécontentement de soi-même, de son état présent, joint à une aspiration intérieure vers un état plus élevé et meilleur. L'âme qui progresse dans la perfection ne se complait pas dans la contemplation de ses vertus acquises et de ses bonnes œuvres accomplies, elle élève au contraire ses regards vers le Ciel pour y considérer cette infinie perfection de Dieu, que le Sauveur propose à notre imitation. Oui, elle voit Dieu avec sa sainteté sans borne, qui est comme le soleil de l'éternelle patrie; elle voit ensuite brillant d'un éclat moins vif, la sainteté de l'auguste Marie, celle de tous les saints, des martyrs, des apôtres, des confesseurs et des vierges ; elle se rappelle ces paroles du Sauveur : « Soyez parfaits comme votre Père céleste est parfait » ; elle songe qu'elle aussi est appelée à prendre place parmi les saints du Ciel ; et alors, rabaissant ses regards sur elle-même, elle se voit avec ses misères et ses faiblesses ; elle se voit si loin de Dieu, l'Être parfait, si loin des saints, les imitateurs fidèles de Dieu lui-même, qu'en même temps et à cette vue elle se remplit d'un profond mécontentement d'elle-même, et d'une vive aspiration vers un état plus parfait et meilleur. Je le répète, Mes Frères, ce mécontentement de son état actuel et cette aspiration vers une vertu plus solide, sont un signe de progrès.

Toutefois, Mes Frères, il est essentiel de remarquer que ce mécontentement de nous-mêmes, ne doit pas dégénérer en découragement. On rencontre des âmes différentes de celles dont nous parlions tout à l'heure, qui toujours se considèrent elles-mêmes avec hésitation et découragement. Elles croient mal faire tout ce qu'elles entreprennent pour Dieu : prières, communions, bonnes œuvres, ces pauvres âmes sont atteintes de cette maladie si cruelle qui s'appelle *le scrupule*, et ne se considèrent pas elles-mêmes d'un œil impartial et juste.

Cette recherche de nous-mêmes dont nous parlons, doit être accompagnée de confiance et de calme ; c'est un mélange d'humilité et d'abandon à la Providence et en la miséricorde de Dieu: Si nous sommes mécontents de nous-mêmes, nous savons compter sur Dieu, et tout en déplorant nos fautes, nous

savons que son secours ne nous fera pas défaut pour les réparer. Au mécontentement de soi-même tel que nous venons de le définir, il faut joindre le vif
désir de parvenir à une vertu plus élevée. Ici, Mes Frères, nous avons encore
quelques observations à faire.

Il faut prendre garde de tomber dans l'illusion de certaines âmes qui semblent
croire qu'il est permis au chrétien de rester stationnaire ici-bas dès qu'il est parvenu à un certain degré de dévotion. Ces âmes qui méditent parfois et qui sont en
effet pieuses, s'assignent à elles-mêmes un terme qu'elles se proposent de ne pas
dépasser; elles savent sans doute qu'au-dessus d'elles il y a des hauteurs plus
sublimes, des sommets plus élevés, mais elles répètent que Dieu ne les y appelle
pas et elles laissent à d'autres plus généreuses la tâche de gravir les sommets
plus escarpés de la vertu. Pour elles, elles veulent, dans un cercle d'actions
ordinaires, se contenter d'entendre la sainte Messe, vaquer ensuite à leurs
emplois, et se préserver des grands péchés sans avoir aucune prétention à de
grandes vertus. Ces âmes qui veulent rester stationnaires dans la vertu ne font
en effet aucun progrès; bien plus, suivant un axiome de la vie spirituelle : « Qui
n'avance pas recule », elles s'exposent à de terribles naufrages ou ne conservent
qu'une vertu douteuse qui n'est qu'une garantie incertaine de leur salut.

Le désir de progresser toujours, l'aspiration vers une justice plus grande est
un don précieux de Dieu, mais il faut cependant modérer ce désir, cette aspiration. Dieu, Mes Frères, pouvait, par un miracle de sa grâce, faire en un seul
instant d'un grand pécheur un grand saint, comme il fit de saint Paul, terrassé
sur le chemin de Damas. Ces miracles de la miséricorde de Dieu sont possibles;
ils se rencontrent de nos jours encore, mais il faut bien le reconnaître, tel n'est
pas le plan de la Providence de Dieu. Le Seigneur ménage sa grâce de manière
que nous avancions progressivement vers la perfection; ainsi l'ouvrier qui joint
le gain du jour au gain de la veille pour faire son petit trésor, ainsi le chrétien
avance au jour le jour et c'est au prix d'efforts quotidiens et persévérants qu'il
parvient à la sainteté. Nous devons aspirer vers le bien, mais en tenant compte
de ces observations.

Que penser alors de ces âmes trop ardentes qui voudraient d'un seul bond
s'élancer aux sommets les plus élevés de la perfection; elles commencent à peine
et déjà elles veulent pour elles la faveur des saints ; elles sont encore très
imparfaites et déjà elles aspirent aux faveurs de l'oraison, de la communion
fréquente et des grâces extraordinaires. Empressées d'arriver au but lorsqu'elles
ont à peine marché dans la voie de la perfection, elles déplorent parfois les lenteurs
de leur guide spirituel qui ne seconde pas suffisamment leur désir, qui les
retient toujours au commencement et qui ne les presse pas d'avancer. Il arrive
aussi que ces âmes se font illusion à elles-mêmes, elles croient reconnaître en elles-
mêmes les signes d'une haute vertu parce que leur paupière s'est humectée de

larmes après la communion et la prière, parce qu'elles font de fréquentes et longues visites à l'église ou qu'elles auront accompli une œuvre éclatante de religion ou de charité.

Ce sont là des illusions, Mes Frères, oui, il faut le désir d'avancer dans la vertu, mais ce désir doit être réglé suivant l'ordre providentiel. Il faut disposer un ordre dans nos moyens de perfection. « Qu'on fasse au commencement ce qui est propre aux commençants, qu'on entre d'abord dans la voie purgative pour se corriger de ses vices, qu'ensuite on s'adonne à la pratique des vertus, enfin aux exercices de l'amour et de l'union avec Dieu. Faute de garder cette suite et de distinguer ces différents états, on voit une infinité de gens qui travaillent au hasard et en confondant toutes choses; ils vont d'une extrémité à l'autre, sans passer par le milieu, avant que de s'être purifiés par les exercices de la pénitence et de l'humilité, ils donnent essort à leur esprit, le remplissent de hautes idées, et s'attachent aux pratiques les plus sublimes qui ne conviennent qu'aux parfaits. » Que font ces sortes de personnes ? elles construisent l'édifice de leur perfection sur des fondements de sable. Or, cet édifice s'écroule infailliblement, faute de bases solides. Viennent les tentations et l'épreuve, et l'édifice de sable sera renversé. Il est donc nécessaire de procéder avec ordre et prudence dans l'œuvre de son perfectionnement et, pour le dire en passant, de s'abandonner à la conduite d'un prudent et sage directeur. Ainsi, Mes Frères, mécontentement de soi-même sans découragement, aspiration vers le bien sans précipitation présomptueuse, tel est le premier signe de progrès dans la vie spirituelle.

Le deuxième signe de progrès dans la vie spirituelle, c'est de se proposer comme but à atteindre un objet particulier, soit une vertu à obtenir, à pratiquer, soit un défaut à corriger, à déraciner.

Il arrive souvent, Mes Frères, que l'on se contente de résolutions vagues, de projets indéterminés de conversion. Dans ses méditations, dans ses examens, après des confessions et des communions, on forme sans doute le ferme propos de s'amender, mais on ne détermine pas précisément en quoi consistera cet amendement. Ces projets vagues ne sont pour la plupart du temps suivis d'aucun résultat. Aussi, pour avancer dans la vertu, il faut entrer dans le détail, s'imposer à soi-même une tâche bien définie, signaler les bonnes œuvres que l'on veut accomplir, la faute que l'on veut éviter le jour même, et diriger tous ses efforts vers ce point particulier...

Qui ne sait que chaque saint a eu sa vocation particulière à laquelle Dieu l'appelait : saint François Xavier, l'apostolat; saint Vincent de Paul, la charité ; saint François de Sales, la direction des âmes; de même, parmi les fidèles, il y a des âmes qui sentent des attraits particuliers, les unes pour la prière mentale, les autres pour la prière vocale; celle-ci pour la mortification, celle-là pour le zèle. Quand ces attraits sont forts et puissants, qu'ils viennent de Dieu et surtout que l'âme y répond, ils sont une preuve évidente du progrès dans la vie spirituelle. Ces attraits sont des grâces qu'il faut demander à Dieu.

L'important est donc de combattre, de reprendre ses résolutions toujours. Dieu nous a dit : « La vie de l'homme est une mêlée. Ceux qui seront trouvés combattant seront sauvés. »

DU CONFESSEUR

Il est dans la vie spirituelle une question qui domine toutes les autres, à laquelle les prédicateurs, les auteurs ascétiques font sans cesse allusion, et sans l'intelligence de laquelle il est impossible d'avoir de la piété elle-même une notion exacte et complète. Cette question, qui est aussi bien pratique aux débuts de la conversion qu'aux derniers termes de la perfection chrétienne, est celle du confesseur. Docteur de notre âme, le confesseur ou directeur (nous dirons tout à l'heure la différence des deux mots) nous trace la route qu'il faut suivre ; médecin, il nous guérit de nos maladies morales ; père, il nous encourage et nous console dans nos faiblesses et dans nos peines. Il est donc important, au point de vue de notre sanctification et de notre salut, de savoir ce qui concerne le choix de notre guide spirituel, aussi bien que les devoirs que nous avons à remplir envers lui.

Telles sont en effet les considérations que nous allons développer devant vous.

Nous parlons 1° du choix du confesseur ; 2° de nos devoirs envers lui.

1° *Choix du Confesseur*. — L'Église, qui veut pour ses enfants la liberté, permet au pécheur de choisir son confesseur et son juge dans tout le sacerdoce catholique. Il suffit, et c'est la seule condition nécessaire, que le prêtre auquel on accorde sa confiance soit approuvé par son Évêque. Nulle prohibition, nulle loi restrictive n'empêchent les pénitents d'aborder le tribunal où siège le juge de leur choix. Le pécheur peut franchir les limites de sa paroisse, les frontières même de son diocèse, et porter à un prêtre dont il est connu, les secrets de son âme.

Cependant, Mes Frères, dans tout le sacerdoce catholique il faut choisir, il faut élire un juge parmi tous ces confesseurs qui siègent dans les tribunaux de la Pénitence. Telle est la tâche qui incombe à chaque fidèle. Or, comment doit-il la remplir ?

Il est évident qu'une question si importante et qui intéresse si vivement notre âme et notre éternité, doit être traitée avec Dieu. Le fidèle qui doit choisir un guide pour le conduire au Ciel, c'est-à-dire un confident de ses secrets et de ses peines, doit tomber à genoux, implorer l'Esprit-Saint et prier le Seigneur de lui envoyer, comme Ananie à saint Paul, l'homme de sa droite qu'il lui destine.

Parmi tous ces prêtres qui travaillent sous vos yeux au salut des âmes, il en est un vers lequel votre âme se porte plus spécialement, un dont la parole entre plus vivement en vous que la parole de tous les autres, un qui, avec charité sans doute, mais avec une indépendance toute apostolique, vous reprendrait sans crainte de vos défauts, un enfin qui, vous semble-t-il, vous conduirait plus rapidement à la vertu et à Dieu. Eh bien! Mes Frères, ce prêtre, c'est le confesseur que Dieu vous destine, c'est lui qu'il vous choisit.

Telles sont les considérations exclusivement surnaturelles qui doivent nous déterminer dans l'élection d'un guide pour notre âme. Dans une affaire de cette importance, vous n'obéirez, Mes Frères, ni à la vanité, ni au respect humain. Il vous importera donc peu que votre confesseur appartienne à une famille riche, ou porte un nom estimé dans le monde, qu'il soit revêtu d'une dignité élevée, qu'il jouisse d'une réputation de richesse ou de talents extraordinaires ; ces motifs naturels ne doivent avoir aucune influence sur votre décision ; avant tout vous cherchez le guide qui doit vous conduire plus sûrement à la vertu et à Dieu.

Ne vous laissez pas non plus dominer par le respect humain, vous adressant à un confesseur par le seul motif qu'il compte parmi ses pénitents telle ou telle personne à l'influence de laquelle vous n'osez vous soustraire. Mes Frères, je ne suis pas téméraire de le dire, il y a des âmes ainsi enchaînées qui consentent à périr plutôt que de secouer ce misérable respect humain, par rapport à un confesseur qui ne leur convient pas. Si l'indépendance a un droit, n'est-ce donc pas surtout lorsqu'il s'agit de notre salut éternel ? Je parle du choix d'un confesseur ; il faut bien le reconnaître, cette question n'est pas pratique pour tous ; il y a des personnes chrétiennes qui se confessent sans doute, mais qui ne s'imposent pas elles-mêmes la tâche qu'elles trouvent sans doute inutile de se choisir un confesseur particulier. On peut partager ces personnes en deux catégories spéciales. Les unes adoptent non pas un confesseur, mais un confessionnal. Elles ont choisi dans une église un confessionnal bien situé, dans un endroit qui leur convient, elles l'ont adopté, leur choix est définitif, elles n'en changeront plus. Dans ce même confessionnal, les prêtres se succéderont, les confesseurs seront souvent changés, ils seront enlevés par l'obéissance ou par la mort ; n'importe, la personne dont nous parlons ne changera pas, peu lui importe la qualité de ces différents confesseurs. Ce qu'il lui faut, c'est son confessionnal, pour me servir de son expression ; et vraiment il semble bien que ce meuble soit devenu sa propriété, car lorsque le prêtre qui y siège en aura disparu, elle-même y paraîtra encore... Agir de la sorte, Mes Frères, est-ce traiter sérieusement une des plus graves questions de la vie spirituelle?

Il y a d'autres personnes qui tombent dans l'excès opposé à celui que nous venons de signaler. Au lieu de s'attacher avec confiance à un seul confessionnal, elles les visitent tous. Sans doute, elles trouvent monotone de s'adresser toujours au même confesseur, c'est pourquoi, sans en adopter un spécialement, elles s'adressent à tous successivement. On les voit s'adresser tantôt à ce prêtre, tantôt à cet autre; leur curiosité, probablement, est satisfaite; elles aiment à expérimenter la sévérité de celui-ci, la douceur de celui-là ; on veut pouvoir établir des comparaisons entre les différents confesseurs et se procurer le charme d'une confession faite pour ainsi dire *incognito*, devant un prêtre dont on est inconnu.

Les raisons d'une conduite aussi étrange, je ne veux pas les développer ici ; qu'il me suffise d'indiquer : l'intention de dissimuler des habitudes coupables, de cacher une vie plus ou moins édifiante, d'extorquer une absolution imméritée. En tout cas et sans vouloir ici juger personne, ne serait-ce qu'une vaine curiosité qui ferait agir, il serait encore de notre devoir de flétrir hautement de tels procédés qui tendent à faire tomber dans le ridicule le Sacrement de Pénitence, la confession et la religion elle-même. Je ne parle pas du ridicule que versent sur eux-mêmes ces pénitents vagabonds qui s'en vont ainsi de confesseur en confesseur.

Si de graves raisons doivent nous déterminer dans le choix d'un directeur, il faut également les plus sérieux motifs pour abandonner le guide de notre âme que nous avions d'abord choisi et en élire un autre. Ici encore, Mes Frères, il faut prier et n'agir qu'après avoir pris l'avis d'un homme prudent et éclairé. Nous supposons qu'un pénitent peut et doit, en certaines circonstances, quitter le confesseur auquel il s'était d'abord adressé; mais remarquez, Mes Frères, que le confesseur lui-même peut se trouver également dans l'obligation d'adresser à un autre tribunal une âme qu'il aura dirigée peut-être depuis quelques années.

Le confesseur agit de la sorte quand, devant Dieu, il reconnait que son ministère, pour un motif quelconque, est infructueux auprès d'une personne qui s'adresse à lui; l'influence qu'il trouvait jadis pour le bien a disparu ; sa parole est sans puissance; il n'a plus grâce pour diriger cette âme; il doit donc en toute charité l'éloigner doucement de son tribunal et la diriger vers un autre. C'est un devoir délicat, difficile, mais impérieux qu'il faut quelquefois remplir. Saint Vincent de Paul nous en est un exemple. Il avait parmi les personnes qui suivaient sa direction une personne d'un grand nom et d'une grande piété, Mme de Gondi... Cette âme généreuse, conduite par un saint, marche rapidement dans le chemin de la perfection ; il semblait qu'elle dût bientôt atteindre le sommet le plus élevé de la vertu, lorsqu'un jour le saint lui fit part de l'obligation où il se croyait être de ne plus la diriger; ce fut un coup de foudre pour cette dame pieuse; elle pria, elle conjura, elle rendit le saint responsable devant Dieu de sa perte éternelle: N'importe, devant Dieu aussi, saint Vincent avait pris sa résolution; il sut y être fidèle.

Quels sont les devoirs envers le confesseur?

Je les énumère rapidement : 1° *la confiance; 2° l'obéissance; 3° la discrétion.*

1° La confiance que l'on doit avoir au confesseur consiste dans une facilité de l'âme à s'ouvrir sous son regard, à lui révéler les secrets de sa conscience, à ne rien lui cacher de ce que renferme son cœur. Parler au confesseur avec la même franchise, le même abandon que nous mettons dans nos rapports avec Dieu. Il ne doit donc exister entre le confesseur et nous aucune arrière-pensée, aucun malentendu, aucune froideur. Pas de ces délicatesses, de ces susceptibilités, de ces fausses craintes qui ferment la bouche, qui empêchent de s'exprimer librement et qui, après nous avoir fermé la bouche au confessionnal, nous torturent la conscience après la confession. Si, entre votre confesseur et vous, il existe quelque malentendu, qui diminue la confiance que vous devez avoir en lui, provoquez une explication franche et sincère; si, après cette explication, vos rapports continuent d'être aussi guindés et aussi tendus, c'est le cas de changer de confesseur.

Toutefois, Mes Frères, nous devons remarquer ici que l'ouverture d'âme peut exister à différents degrés, suivant que l'on cherche dans le guide de son âme un confesseur ou un directeur. Nous avons dit tout à l'heure que ces deux mots sont loin d'être synonymes.

Les auteurs distinguent parfaitement la confession et la direction. La confession est l'accusation des fautes, suivie de l'absolution qui les remet. La direction, c'est la confidence de nos fautes vénielles, de nos imperfections, de nos tentations, des diverses émotions de notre âme, des circonstances extérieures au milieu desquelles nous vivons, afin d'obtenir, avec les conseils et les avis du guide de son âme, une règle de conduite que l'on puisse appliquer à toute sa vie.

Il y a donc une distinction essentielle et profonde entre la confession et la direction ; et cela est si vrai que certaines personnes solidement pieuses ont pu avoir simultanément un confesseur et un directeur ; ce que d'ailleurs nous croyons ne pouvoir nullement conseiller.

Dans l'acte de la confession, l'accusation des fautes est seule requise, et c'est ce que font les chrétiens qui se contentent d'éviter l'enfer, sans songer nullement à s'avancer dans la vertu. Si, au contraire, on a le dessein de tendre à la perfection, dès lors, Mes Frères, il faut se soumettre à une direction spirituelle. Le prêtre qui dirige votre conscience ne peut vous conduire s'il ne connaît entièrement votre âme ; il faut donc vous ouvrir à lui.

La piété, en effet, n'a pas de règle de direction applicable à tous. Les avis et les conseils varient suivant les aptitudes et les lumières de chacun. En chaque âme, la direction recherche le don de Dieu, la vocation spéciale, et il subordonne ses avis et ses conseils à l'action divine. Aussi, pas une âme ne peut se sanctifier, je ne dirai pas sans avoir un confesseur, mais.... un directeur.

2° *Obéissance*. — Le confesseur est dépositaire de l'autorité de Dieu, et il a mission pour prendre une décision et pour corriger.

Il y a des personnes avec lesquelles il faut sans cesse lutter ; elles se redressent contre les décisions qu'on leur donne.....

L'obéissance met la responsabilité du pénitent à couvert. De plus, elle est très méritoire et très agréable à Dieu, qui la préfère au sacrifice ; elle donne à toutes nos actions un mérite spécial.

3° *Discrétion*. — *a* — pour ne pas répéter ce qui se dit au confessionnal. — Le confesseur est tenu au secret. N'y a-t-il pas indiscrétion ou inconvenance à répéter ce qui a été dit ; d'autant plus que ces personnes indiscrètes défigurent souvent la pensée du prêtre, et, en l'interprétant à leur façon, la changent en erreur ou en proposition ridicule. Si vous voulez parler de ce qui a été dit au confessionnal, dites vos fautes.

b — Discrétion, pour ne pas s'occuper des confesseurs en général.

Il y a des personnes qui parlent souvent des prêtres qui dirigent et qui confessent ; elles en parlent dans le monde. Elles rendent la religion ridicule. Combien se sont fait interdire la confession par un mari, ou par un père, parce qu'elles avaient trop parlé des confesseurs. C'est une grave imprudence. Il y a indiscrétion aussi à surveiller les confesseurs, à imiter certaines personnes qui s'embusquent pour ainsi dire au lieu convenable pour constater les personnes qui s'adressent à tel ou tel confesseur ; on gêne ainsi de pauvres pécheurs qui n'osent aborder le tribunal parce qu'ils sont vus, et l'on se rend responsable de leur faiblesse.

c — Discrétion pour ne pas trop questionner le confesseur quand il ne veut rien dire. (Lire P. Faber, p. 562.)

Je termine cette série d'instructions de M. le Curé de Saint-Remi par une dernière conférence sur *les Résolutions*. C'est encore un sujet qui pourra faire du bien aux personnes pieuses et chrétiennes.

Sur les Résolutions

Tous les efforts de l'âme chrétienne doivent tendre à l'amélioration et à la réforme réelle de la vie ; la piété ne consiste pas, en effet, dans des pensées plus ou moins nobles, en des émotions plus ou moins vives, en des sentiments plus ou moins généreux, mais en des œuvres, sans lesquelles, nous dit l'apôtre, notre foi est morte et ne peut nous justifier. On n'est pas pieux parce qu'on a de Dieu des pensées relevées et sublimes, parce qu'on s'exprimera en termes nobles sur des sujets de piété, mais nous le serons réellement lorsque nous travaillerons avec courage à devenir meilleurs. N'est-il pas prouvé par ce que nous venons de dire que nos résolutions journalières doivent être pratiques, c'est-à-dire tendre à la réforme réelle et efficace de notre vie. J'appelle résolutions pratiques celles qui sont faciles.

Oui, faciles. Je le sais, en commençant sa conversion, l'âme doit parfois accomplir des sacrifices pénibles, elle doit s'imposer à elle-même des séparations cruelles puisqu'elle passe de l'état de péché à l'état de grâce, qu'il lui faut rompre avec son passé et peut-être mettre en pratique ces paroles du Sauveur : « Si votre œil droit, si votre pied droit, c'est-à-dire les êtres les plus chers, vous scandalisent et deviennent pour vous une occasion de chute, coupez-les et jetez-les loin de vous. » Mais je suppose un chrétien pieux qui n'a plus de ces pénibles sacrifices à faire et qui travaille chaque jour à l'acquisition des vertus et à la conversion de ses défauts. Eh bien ! je dis que les résolutions qu'il prend à cet effet doivent être faciles. En effet, qnand on s'impose à soi-même un fardeau trop lourd, on s'expose à plier sous le poids ; quand on vise trop haut, on manque ordinairement le but, et combien se sont découragés et se sont perdus parce que, dans une ferveur indiscrète, ils se sont imposé des résolutions trop difficiles.

Il arrive qu'après une communion bien faite. une méditation attentive, après une bonne absolution, l'on éprouve en son cœur pour Dieu des sentiments de générosité sincère ; mais ici l'illusion n'est pas rare. On se croit facilement capable de grandes choses : comme les saints, on affronterait le martyre ; on prend des résolutions généreuses de pratiquer, comme eux, la mortification et l'humilité ; c'est un beau feu, mais prenez garde, ce feu est un feu de paille.

Vous subiriez le martyre, pensez-vous, et tout à l'heure, lorsque votre beau feu sera éteint, une piqûre d'épingle vous fera jeter les hauts cris ; vous voulez embrasser l'humilité et au plus petit manque d'égards, vous allez vous soulever comme une montagne et éclater comme un volcan ; vous croyez être un prodige de mortification et tout à l'heure vous vous plaindrez amèrement si vos aliments ne sont pas accommodés à votre goût. Prendre des résolutions difficiles, c'est souvent se résigner d'avance à ne pas les accomplir et se préparer bien des mécomptes.

Un confesseur demande de vous quelques actes de vertu, une légère mortification, un sacrifice peu coûteux et presque insignifiant ; peut-être êtes-vous tenté de croire que ce confesseur méconnaît votre valeur et votre vertu et de lui dire : « Mais, mon Père, il me semble que je puis faire davantage. » Ah ! ici encore, prenez garde, le confesseur, qui vous connaît, est plus prudent que vous, et il sait mieux ce qui vous convient. Il ne veut pas trop vous charger, de peur de vous voir faiblir, et en effet, il en est de l'édifice de votre sanctification comme de tout autre édifice. Le plus magnifique palais se construit assise par assise, ainsi en est-il de notre perfection ; elle s'achève effort par effort, vertu par vertu. Vous n'avez pas grandi en un seul jour, vous vous êtes lentement développé, et ce n'est que par des transformations continuelles et presque imperceptibles que vous êtes parvenu à l'âge fait ; ainsi en est-il du tempérament de votre âme, pour ainsi dire : il ne se développe qu'à la longue.

J'appelle encore résolutions pratiques celles qui sont présentes et actuelles. Il faut craindre aussi certaines personnes qui, s'occupant sans cesse de l'avenir et parfois du passé, négligent toujours le moment présent. Et cependant, le moment présent est tout dans la piété, le passé n'est plus, l'avenir ne nous appartiendra peut-être jamais ; seul, le moment présent est en notre possession pour aimer Dieu et pratiquer la vertu. Ne projetons donc pas, ne prenons pas de résolutions pour un avenir incertain, ne disons pas en nous-mêmes : A telle époque, je ferai ce sacrifice que l'on me demande ; à tel âge, je serai tout à Dieu ; demain, je commencerai ; mais, comme le roi prophète que nous citions au commencement : *Dixi*, je l'ai dit, *nunc cœpi*, je commence. Dieu, qui nous promet la grâce, ne nous la promet pas pour des résolutions différées, il nous la garantit pour le moment présent : les résolutions présentes et actuelles, c'est-à-dire les seules pratiques.

Enfin, j'appelle résolutions pratiques celles qui sont spéciales et déterminées.

Permettez-moi une comparaison particulière que comporte sans doute la simplicité de cet entretien.

Il y a quelque temps, je m'entretenais avec un chasseur et je lui disais qu'il devait être facile d'atteindre le gibier quand il se présentait par bande : sans viser aucune pièce en particulier il suffit de décharger son arme dans la bande pour être sûr de faire un bon coup. — « Monsieur l'abbé, vous vous trompez, me dit-il, le chasseur qui ne vise pas un gibier spécialement ne tue rien, quand même il tirerait sur une bande nombreuse. »

Ceci s'applique à mon sujet : Vous avez des défauts ; il ne m'appartient pas de dire qu'ils forment par leur réunion une bande nombreuse, mais certainement vous n'en détruirez aucun si vous déchargez sur tous à la fois et comme au hasard les coups de vos résolutions. Il faut absolument, pour remporter une victoire, choisir votre ennemi et faire peser sur lui vos efforts. Il ne faut pas nous contenter de nous dire à nous-mêmes : Oui, je veux être plus humble, plus mortifié, plus charitable ; c'est le moyen de ne rien faire, mais il faut se dire : Quand telle personne blessera mon amour-propre je ne répondrai pas par humilité ; je pratiquerai telle et telle mortification à un moment déterminé de la journée, je parlerai charitablement à telle personne qui ne me plaît pas, etc.

Voilà ce que j'appelle des résolutions spéciales et déterminées, par opposition aux résolutions vagues qui, portant sur tout, ne portent à vrai dire, sur rien.

Donc nos résolutions seront pratiques si elles sont faciles, présentes et déterminées.

2° Nos résolutions doivent être fortes et efficaces.

Il n'est pas rare d'entendre des personnes se lamenter de leur faiblesse et déplorer la facilité avec laquelle elles manquent à leurs résolutions. On s'était bien promis de pratiquer telle vertu, d'éviter telle faute, et lorsque le moment du combat s'est présenté, on a lâchement jeté ses armes et l'on s'est avoué vaincu..... A quoi tiennent ces défaites si inattendues et pourtant si fréquentes ? Cherchez-en la raison, Mes Frères, dans un défaut de volonté forte et généreuse. Hélas ! combien d'âmes qui ne savent pas vouloir ! La volonté, je vous l'affirme, est une des choses les plus rares d'ici-bas. On croit vouloir et l'on n'a que de faibles velléités.

Et cependant, quand il s'agit des choses du monde, l'on sait bien vouloir. Quand vous voulez une parure pour votre toilette, un ameublement pour votre maison, que sais-je, enfin! quand vous voulez satisfaire un de vos caprices d'amour-propre, de vanité, vous savez bien vouloir, vous multipliez les démarches, vous ne vous découragez pas, vous renversez les obstacles, vous arrivez à votre but, parce que vous avez voulu fortement.

Dans les choses de Dieu, si l'on manque souvent son but, c'est que l'on ne veut pas, et si l'on prétexte parfois que l'on veut sincèrement, c'est bien souvent une illusion.

Comment donc acquérir la volonté forte qui réalisera nos résolutions ? Avant moi, vous avez déjà répondu : C'est par la prière. Oui, en effet, c'est la prière qui fixe en nous ce que seuls nous ne pouvons pas accomplir ; c'est la prière qui de faibles nous rend forts et courageux.

Toutefois, notre prière pour nous communiquer la force doit être accompagnée de confiance et d'humilité. N'oubliez pas ces deux mots, ils sont essentiels dans la vie chrétienne, dans la vie spirituelle ! Humilité, confiance, c'est-à-dire qu'il faut se défier de soi-même et se confier en Dieu.

Savez-vous, Mes Frères, les personnes les plus faibles dans la vie spirituelle. Ce sont précisément celles qui ne se défient pas assez d'elles-mêmes et qui comptent trop sur leurs propres forces. Elles se croient assez courageuses et assez aguerries pour affronter les combats ; elles aiment le danger, elles y périssent. Vous êtes faibles, je puis à coup sûr ajouter : donc vous êtes orgueilleux.

Vous vous défiez de vous-mêmes, mais vous vous confiez en Dieu qui écoute toujours la prière de l'humilité. Combien d'âmes qui ont peur de Dieu et qui n'osent rien lui demander avec confiance! Cette fausse appréhension est encore un des traits de l'humilité; donc, ayez l'humilité et la confiance et vous serez forts.

3° En troisième lieu, nos résolutions doivent être persévérantes, c'est-à-dire

18

que, malgré nos chutes et nos défaites dans la lutte, nous devons toujours continuer le combat et ne jamais accepter la domination définitive de nos ennemis.

Combien qui, en face de leurs résolutions prises et sans cesse violées, perdent courage et s'écrient que leurs efforts sont inutiles et que jamais elles ne parviendront à triompher de leurs ennemis. Vous vous découragez, et pourquoi donc? Parce que, dites-vous, abandonnant sans cesse vos résolutions, vous perdez votre temps et vous ne faites rien d'utile à votre âme et d'agréable à Dieu.

Permettez-moi de vous répondre : vous qui tenez ce langage, vous êtes dans une illusion profonde. Vous prenez des résolutions et puis vous y manquez. Est-ce à dire que vous n'avez rien fait pour Dieu? Cette conclusion serait fausse, car la résolution prise est déjà une œuvre méritoire. Si vous aviez accompli votre pieux projet, sans doute ce serait mieux, mais nous devons dire que notre bonne résolution, même non suivie de son effet, a été agréable à Dieu et a été méritoire. Oh! prenez donc toujours des résolutions; si vous y manquez, sans doute vous laissez perdre tout un trésor spirituel, mais même dans ce cas, Dieu les récompensera.

Mais, ajoutez-vous, il y a si longtemps que je prends ces résolutions que je perds courage.

« Il y a longtemps, » que veulent dire ces paroles?... Y a-t-il dix-huit ans que sans relâche vous travaillez à acquérir la douceur, comme un saint François de Sales, un saint Vincent de Paul; vingt ans que vous vous exercez à être humble. Si ces grands saints s'étaient découragés la première semaine ou la première année, comme nous faisons, ils ne seraient pas au Ciel..

Pour vous apprendre, Mes Frères, à rendre vos résolutions efficaces, voici deux choses :

La première, c'est la notion vraie de la persévérance chrétienne. Eh bien! elle ne consiste pas à ne pas tomber; le juste, en effet, plus ou moins légèrement, tombe plusieurs fois le jour. La vraie persévérance consiste, retenez bien ceci, à se relever vite et à se relever toujours, c'est-à-dire à toujours continuer la lutte. Vous tombez peut-être pour la millième fois; relevez-vous vite, car, si vous tardez, votre âme perdra par ses blessures toute sa force, comme un corps perd son sang quand on ne panse pas tout de suite ses blessures; car l'instant où vous cesseriez serait celui de votre perte et de votre jugement peut-être.

Apprenez en second lieu, Mes Frères, comment vous devez vous comporter quand vous avez commis quelque faute. Loin de vous troubler, de vous dépiter, vous devez rester calmes. Envisagez votre péché, avec douleur, sans doute, mais avec résignation, tranquillité, confiance. Voilà encore un des grands succès de la vie spirituelle.

Toutefois, il arrive souvent qu'après une faute l'on s'irrite soi-même et l'on se décourage. Souvent, Mes Frères, cela vient de l'orgueil. L'on s'était cru vertueux, on a péché par déception, l'on s'irrite... Avec un peu d'humilité, l'on ne se serait pas étonné, l'on saurait que l'on est capable de bien d'autres fautes plus graves encore et, comme sainte Thérèse, l'on dirait avec tranquillité : « Voilà encore un fruit de mon jardin. »

Après vos chutes, Mes Frères, envisagez de suite Dieu. Que veut-il ? Que vous vous releviez, que vous lui demandiez pardon, et qu'avec une confiance nouvelle et un courage nouveau vous vous remettiez à l'œuvre. Dieu veut que vous preniez votre parti des fautes commises ; vous n'y pouvez rien changer, n'y songez donc plus que pour en demander tranquillement pardon.

Voilà ce que Dieu demande de vous ; voilà donc ce que vous ferez, et vous servirez le Seigneur pour lui-même et non pas pour vous.

J'ai entendu dire par certains critiques, oh ! combien peu ! que Mgr Baye, dans ses discours et ses conférences, manquait quelquefois de sens pratique. Ce que nous avons recueilli de ses entretiens familiers ou de ses conférences aux gens du monde, répond largement au reproche qu'on a pu lui adresser.

Théoricien, l'abbé Baye l'était. Il avait puisé sa science aux pures sources de la Sainte Ecriture, des pères, des théologiens et des maîtres spirituels. Mais le praticien s'était en même temps formé par une expérience de plus de quarante ans passés au milieu des âmes. L'enseignement qu'il donne avec un ordre parfait, une clarté merveilleuse et une ampleur qui embrasse une partie de sa vie pastorale, est donc le fruit de sa science profonde et de son précieux ministère. C'est pourquoi il est à souhaiter que beaucoup de prêtres se nourrissent ainsi de la forte et douce doctrine de l'Église et qu'ils suivent la méthode féconde de ce maître éminent dans le plus difficile des arts.

Nous cherchons aujourd'hui de nouveaux moyens pour ranimer la vie de la foi dans les âmes. Pas n'est besoin de tant de réformes préconisées par des gens qui ont à peine l'idée de la charge pastorale. Ce qu'il faut faire, c'est accroître dans le prêtre la vie surnaturelle, cette vie dont saint Paul parle en maint endroit et dont il souhaite si passionnément de voir partout la diffusion. Une fois revêtu de cette armure, le prêtre n'a plus qu'à prêcher par l'exemple et par la parole, exercer son ministère tel qu'il s'est pratiqué dans les siècles et tel que le définit l'église ; et avec le temps il fera nécessairement le bien.

Sans doute, il faut être de son temps ; Mgr Baye l'était tout autant que certains qui s'ingénient à découvrir des modes d'action toute naturelle. Mais pour s'occuper avec fruit d'œuvres sociales et ramener le monde à la vie chrétienne, le prêtre doit être avant tout, un homme surnaturel et ne pas s'en aller chercher des combinaisons chez des gens qui, pour cela, n'ont aucune grâce d'état. M. le Curé de Saint-Remi l'avait compris ; et s'il avait les idées larges, il était d'abord un homme surnaturel, un homme de Dieu.

En terminant ce chapitre, je dois dire que ces quelques entretiens spirituels n'étaient certainement pas destinés à l'impression, comme du reste la plupart des sermons qui ont été publiés dans cet ouvrage. Néanmoins, j'ai voulu les faire connaître, parce que j'ai jugé qu'il serait utile à beaucoup de monde de les lire attentivement. Nous les retrouvons là avec le style, la physionomie et les détails que comportent ces instructions familières. Ce sont comme des jets de cœur, des causeries de famille qui portent avec elles un cachet d'intimité et d'abandon qu'il ne m'appartenait pas de changer, en me décidant à les produire en dehors du cercle intime et si chrétien où elles ont été prononcées. Au surplus, elles sont un témoignage vivant de la haute compétence de M. le Curé de Saint-Remi dans l'enseignement des choses de l'ordre spirituel.

C'est comme une gerbe magnifique qu'il a rassemblée d'année en année. Drus et forts, les épis sont de ceux qui nourrissent les âmes. Ils les nourrissaient quand, vicaire à la Cathédrale ou curé de Saint-Remi, M. l'abbé Baye, par sa parole convaincue et vibrante, jetait la semence évangélique à tant d'auditoires divers. Eh bien! ils continueront à les nourrir, grâce à l'idée que j'ai eue de les reproduire ici, comme pour les fixer dans les demeures des mères de famille.

Oui, je l'affirme, tous ces entretiens de la vie spirituelle sont très pratiques; et c'est le meilleur éloge qu'on en puisse faire.

Après les avoir lus, on se sent plus fort dans la foi, dans l'estime des vrais biens, dans les vertus fondamentales du pieux chrétien. On comprend mieux les dons de Dieu et on a plus de courage pour tendre vigoureusement au but sublime assigné par la sagesse de Dieu, à l'activité de sa créature.

Et c'est ainsi que longtemps encore Mgr Baye fera œuvre d'évangéliste : *Opus fac evangelistæ*. Il ne cessera de servir les intérêts des âmes qui viendront chercher dans son enseignement la lumière qui illumine les vrais fidèles de Jésus-Christ.

Philosophe sérieux, moraliste chrétien, directeur des âmes, sachant par des études de mœurs essentiellement pratiques, guider les cœurs chrétiens dans le chemin de la vertu, tel nous apparaît maintenant le prêtre si sage dont nous esquissons la belle et grande physionomie.

Un ancien a dit : je suis homme et rien d'humain ne m'est étranger. Ne nous semble-t-il pas que Mgr Baye a pu répéter : « Je suis prêtre, rien de divin, rien d'humain ne m'est étranger. » Voilà l'esprit de l'Evangile et du sacerdoce catholique.

CHAPITRE VIII

MONSEIGNEUR L. BAYE

Dernières années de son pastorat. — Le Centenaire de 1896 : Inauguration
de la nouvelle châsse. — Fête du Couronnement de Notre-Dame de l'Usine.
— Maladie de Mgr Baye; sa mort; ses funérailles.

Nous touchons au terme d'une existence bien remplie par un ministère fécond, et digne d'être admirée sous toutes ses phases. Aussi bien, peut-elle être proposée pour modèle aux prêtres qui ont charge d'âmes.

Pendant les 31 années de son pastorat, Mgr Baye n'a peut-être pas fait cinq fois le voyage de Paris. Chaque année, pour se reposer de ses fatigues, il se contentait de prendre huit à dix jours de vacances dans sa famille ou chez ses amis des Ardennes.

Ne soyons donc pas surpris si, dans les diverses circonstances de sa vie sacerdotale, il a été un vaillant, capable de fournir un labeur qui dépasse les bornes d'une intelligence ordinaire.

N'était-ce pas le curé toujours sur la brèche, prêt à aller de l'avant pour la cause de l'Église et à lutter contre les ennemis de notre sainte religion ?

Eh bien ! c'est cette action du chef qui fait voir à tous, bons et mauvais, que l'Église catholique est vivante, qu'elle est une chose grande et forte et qu'il y a encore du sang de confesseur dans les veines du prêtre.

C'était un chef, Mgr Baye ; il comptait sur ses auxiliaires pour les menus détails. C'était un chef ; nous lui trouvions peut-être dans le commandement quelque chose de cette *vis imperatoria* que Rome aimait dans ceux qui la commandaient ; mais nous n'ignorions pas que sous cette fierté apparente, il y avait la simplicité, la cordialité du père, si joyeuse, si charmante, parfois si familière et si bonne. En face d'une difficulté, c'était un chef ; il savait voir et vouloir sans s'effrayer. Rien ne le rebutait.

Il avait dû faire de grandes dépenses pour fonder et doter toutes les œuvres dont nous avons parlé, et voici que, depuis le jour où Son Éminence le Cardinal de Reims a parlé de célébrer solennellement le Centenaire du baptême de Clovis, il a senti le besoin d'apporter à cette œuvre tout son concours de bon fils, tout le zèle d'un curé fidèle au culte de saint Remi.

Il voit d'abord aux détails matériels. Chauffer sa grande église, problème toujours difficile à résoudre ; lui donner une lumière suffisante pour les offices de nuit : voilà le travail d'une année. Puis, il mûrit le projet qu'il a formé depuis longtemps déjà, celui de donner à saint Remi une châsse plus riche que l'ancienne. L'occasion est favorable. Son vénérable archevêque sera heureux de faire une translation dans l'année du Centenaire. Donc, à l'œuvre.

Il faut faire appel à la France tout entière. Les souscriptions devront être nombreuses pour lui permettre d'acheter un reliquaire plus digne de l'apôtre de la France ; qu'importe, il aboutira à un résultat magnifique.

Au mois d'avril 1895, M. le Curé entre en campagne. Il écrit à tous les curés de France une lettre dont j'ai la copie et que je dois publier ici.

La voici :

« C'est saint Remi, disait-il, qui a été choisi par la Providence pour veiller sur le berceau de notre Patrie naissante, et à travers les siècles il n'a pas cessé d'être le protecteur de la France.

« Nous devons, en effet, à saint Remi nos gloires nationales les plus pures. Sainte Geneviève, la libératrice de Paris, vénérait le grand évêque comme son père et venait jusque Reims pour le consulter. Jeanne d'Arc, aussitôt après sa naissance, fut portée à l'église de son village consacrée à saint Remi, de sorte que l'illustre pontife qui avait baptisé la France en baptisant Clovis, présida également au baptême de Jeanne. L'héroïque éducateur du peuple, le Bienheureux de La Salle, professait pour saint Remi la dévotion la plus profonde, il passait souvent des nuits en prière au pied de son tombeau.

« Aussi la France a-t-elle toujours honoré saint Remi comme son protecteur ; sur tous les points du territoire des centaines de paroisses l'ont choisi pour patron, et c'est auprès de son tombeau que tous ceux qui aiment la Religion et la Patrie, se donneront rendez-vous pour le solennel anniversaire de 1896.

« Hélas ! Les pieux pèlerins de notre époque ne pourront pas s'agenouiller, comme ceux des siècles passés, devant la châsse précieuse et artistique qui a renfermé si longtemps les ossements vénérés de saint Remi ; car le magnifique reliquaire a été, comme tant d'autres, violé et détruit par les sectaires impies de la grande révolution.

« La Providence, toutefois, veillait sur les saintes reliques ; des mains pieuses les recueillirent et les placèrent dans un modeste coffre de bois où elles sont restées jusqu'en 1823, époque à laquelle un généreux donateur fit cadeau à l'église Saint-Remi de la châsse actuelle.

« Les nombreux fidèles qui visitent le tombeau du grand apôtre, connaissent cette châsse si simple, qui ne se recommande ni par sa forme, ni par la matière qui la compose ; les parois se disjoignent ; le cuivre se dépouille de la légère couche d'argent qui le revêtait ; à chaque exposition de la châsse, des ornements s'en détachent, et s'égarent parfois sous les pieds de la foule.

« Tous seront d'avis qu'il y aurait une véritable inconvenance à produire ce reliquaire délabré, au milieu des triomphes qui seront décernés au grand apôtre pendant l'année 1896.

« Il fallait donc, pour renfermer les vénérables reliques, une châsse nouvelle, non pas, sans doute (les malheurs du temps ne le permettent pas), aussi précieuse que l'auraient voulu la piété des fidèles et la reconnaissance de la France envers le saint évêque qui a été son fondateur, mais du moins décente, et rappelant par sa forme artistique les splendeurs de l'antique châsse détruite par les révolutionnaires.

« C'est pour l'exécution de cette œuvre, qu'il est bien permis d'appeler nationale, que nous sollicitons le concours de tous les catholiques et de tous les Français ; et nous avons la confiance que notre appel sera entendu.

« Les noms des insignes bienfaiteurs seront fidèlement inscrits, et la liste en sera renfermée en un coffret déposé dans le tombeau même de saint Remi ; la mémoire des donateurs sera ainsi conservée pour la postérité, et ils seront eux-mêmes placés sous la protection immédiate du grand apôtre. On inscrira soit le nom du pieux fidèle qui aura fait son offrande particulière, soit celui de la paroisse, de la communauté, de la famille qui offrira un don collectif. Cette inscription ne sera-t-elle pas un titre glorieux et une puissante recommandation auprès de Dieu et de saint Remi ! »

Cet appel si chaleureux du Curé de Saint-Remi à tous ses confrères et, par là même, à tous les catholiques de France, devait recevoir partout le meilleur accueil.

Bientôt les offrandes affluent au presbytère; on va pouvoir commencer le travail. C'est un artiste rémois, M. Wéry-Mennesson, qui se charge de l'exécution.

Sans doute, c'était une grosse affaire à mener à bonne fin; mais, je l'ai dit, rien de ce que voulait M. le Curé ne résistait à ses efforts.

Au milieu de ses préoccupations toutes matérielles, il avait encore à organiser des fêtes qui devaient se succéder à Saint-Remi pendant toute l'année 1896. Et comme il est d'un bon administrateur de tout prévoir, il est évident que M. le Curé désirait tout ordonner à l'avance, pour donner à sa chère basilique, un renouveau de la gloire qu'elle s'était acquise dans les siècles passés.

Voici un détail : On a admiré le tact et l'à-propos merveilleux des allocutions qu'il prononçait en recevant les évêques sur le seuil de son église.

Dans chacun de ses discours, en effet, les pontifes présents s'entendaient féliciter et louer dans une note juste et toujours la vraie. Que s'était-il passé avant l'arrivée des évêques? Oh! c'est bien simple. L'habile et intelligent curé avait écrit aux secrétaires des évêchés pour demander des renseignements sur la vie et les œuvres des prélats qui devaient se rendre à Saint-Remi. C'était très sage d'agir ainsi; encore fallait-il y songer.

Le *Bulletin du Centenaire* a reproduit une bonne partie de ces allocutions. Des extraits de quelques-unes d'entre elles trouveront ici une place bien méritée. On les relit avec un charme et un intérêt nouveaux.

C'est Mgr Bouvier qui, l'un des premiers, inaugure la série des pèlerinages, dont chacun aura sa physionomie spéciale.

« Celui de ce jour, lui disait M. le Curé à son entrée à Saint-Remi, ne sera pas un des moins solennels et des moins mémorables ; il est en effet présidé par un prélat dont le zèle et le dévouement sont connus de tous. Votre Grandeur, Monseigneur, ne sait pas calculer quand il s'agit de se donner, et jamais Elle n'hésite quand il s'agit de rehausser par sa présence et sa parole les cérémonies auxquelles Elle est conviée, soit dans les plus humbles sanctuaires, soit dans nos plus splendides cathédrales.

« Aujourd'hui, Monseigneur, c'est nous qui jouissons de l'honneur et de la joie de votre présence ... »

Une autre fois, en recevant le Cardinal de Paris, venu aux fêtes du Centenaire avec un grand nombre de Parisiens, dans un discours qui exprime admirablement le caractère de ce pèlerinage, M. le Curé exprimait ainsi :

« Éminence, dans ce grand mouvement qui amène la France entière au tombeau de saint Remi, Paris avait sa place marquée d'avance.

« Noblesse oblige! Et si l'histoire nous montre Paris comme ayant eu l'initiative de presque tous les événements mémorables qui ont influé sur les destinées de la Patrie, aussi bien des révolutions que des réparations sociales, la capitale pouvait-elle rester étrangère aux démonstrations religieuses qui font battre les cœurs et raniment les espérances de la France chrétienne.

« Déjà, il nous a été donné d'accueillir ici plusieurs pèlerinages parisiens aussi solennels qu'édifiants ; mais aujourd'hui, c'est l'Église même de Paris qui, dans la personne de son premier Pasteur, visite officiellement l'Église de Reims et le tombeau de saint Remi. Pour ma part, je sais apprécier l'honneur que j'ai en ce moment de recevoir au seuil de cette basilique un des plus illustres princes de l'Église, que non seulement son diocèse, mais la France entoure de son entière confiance et de sa profonde vénération.

« C'est, en effet, à Paris que se concentre la vie de notre grand pays ; c'est là, dans cette ville archiépiscopale, Éminence, que se posent les graves questions et les difficiles problèmes qui préoccupent et passionnent les esprits et dont la solution nécessaire est parfois attendue avec anxiété. Mais la Providence y a pourvu ; car elle a placé sur le siège de saint Denis un Pontife dont la voix autorisée est écoutée avec respect, et qui, dans des documents divers, mandements, lettres pastorales, donne les décisions désirées, qui sont acceptées par tous les vrais catholiques comme un mot de ralliement et une règle de conduite . . . »

A Monseigneur de Châlons, M. le Curé fait le plus gracieux compliment, puis il ajoute :

« Vos chers Fidèles viennent ici se retremper dans la foi de saint Remi ; mais comme l'indique la devise de votre blason épiscopal, *spiritu et veritate*, la foi de saint Remi, commentée par nos savants apologistes et nos grands docteurs. »

A Monseigneur de Nancy : « C'est pour moi, dit-il, un grand honneur de recevoir Votre Grandeur à l'entrée de cette basilique. Veuillez la considérer en ce moment comme votre cathédrale et permettez aux prêtres qui la desservent, de s'unir à ceux de votre diocèse ici présents, pour ne faire avec eux qu'un seul clergé qui vous fera cortège.

« Cela nous sera d'autant plus agréable, Monseigneur, qu'en

Votre auguste Personne, nous admirons un des Prélats qui, comme polémistes, ont le plus combattu pour toutes les grandes causes qui intéressent l'Eglise et la France, et comme orateurs, ont fait entendre les plus nobles accents de l'éloquence chrétienne.

« Vous venez, Monseigneur, de la frontière, de ce côté où la Patrie porte au flanc une blessure qui ne peut se cicatriser ; or notre saint Remi qui a baptisé la France et qui a voulu la faire grande, ne peut voir avec indifférence les pertes et les amoindrissements qu'elle a subis.

« Vous venez aussi, Monseigneur, non loin du pays de Jeanne d'Arc, qui est unie à saint Remi par de mystérieux liens. L'héroïne n'est-elle pas née dans une paroisse qui porte le nom de notre grand patron ? N'a-t-elle pas été baptisée dans une église qui lui est consacrée ? Et ne peut-on pas dire que c'est saint Remi, fondateur de la Patrie, qui lui a donné l'héroïque Jeanne d'Arc pour la sauver.

« Pour toutes ces raisons...... »

Mais il faut nous en tenir à ces quelques extraits des discours adressés aux évêques venus à Saint-Remi en 1896 ; car nous devons parler, plus longuement du jour de la fête qui a été comme le clou des solennités du Centenaire : la translation des restes de saint Remi, dans la nouvelle châsse.

Dès la veille, le 30 septembre, la basilique était remplie de pieux pèlerins. M. le Curé avait eu l'heureuse idée d'organiser une cérémonie bien touchante : les adieux à l'ancienne châsse (1).

---

(1) Elle était loin d'être un objet d'art, cette châsse qui avait été fondue et décorée à Reims de 1806-1810 par François Braquehay. On peut encore la voir au fond du tombeau de saint Remi, où M. le Curé a voulu qu'elle soit déposée comme une vieille relique.

A côté du nouveau reliquaire placé sur une estrade recouverte de velours rouge, au chiffre de saint Remi et aux armes de la basilique, on pouvait voir aussi un superbe velum en soie rouge, soutaché d'or. M. l'abbé Turbeaux, ancien vicaire de Saint-Remi, mon vieil ami et l'*alter ego* de Mgr Baye, avait demandé qu'il fût offert par les vicaires qui s'étaient succédé à Saint-Remi de 1870-1896.

Ce voile était destiné à recouvrir les reliques du saint Apôtre des Francs ; aussi, nous ne saurions trop remercier M. l'abbé Turbeaux, d'avoir pensé à faire reproduire nos noms sur le nouveau suaire.

Tel était l'objet de la cérémonie, qui avait attiré à Saint-Remi une foule de monde si pieusement recueilli, que mon âme en a gardé un souvenir à jamais ineffaçable.

Mais qu'était-ce que cette impression si douce que nous goûtions aux pieds de saint Remi, à côté des joies ineffables que nous réservait la fête du lendemain !

Dès le matin, la basilique se trouvait trop petite pour contenir la multitude des fidèles qui avaient été spécialement invités. Des personnages illustres, des évêques, des cardinaux étaient là pour rehausser la solennité, que présidait Son Éminence le Cardinal Langénieux.

Quand le moment fut venu, M. le Curé s'avance, vêtu de sa cappa de chanoine, d'un pas ferme et majestueux, et prononce l'allocution suivante :

Éminence,

Depuis le début des grandes manifestations de cette année jubilaire, c'est la première fois que nous avons la joie de vous voir présider les cérémonies de notre basilique. Et en ce moment où votre présence nous prouve que Dieu a exaucé nos vœux en fortifiant une santé chère à notre diocèse, à la France et à l'Église entière, un double sentiment remplit nos cœurs.

Nous éprouvons d'abord une joie profonde. A une famille, ne faut-il pas un Père, et à un troupeau, un Pasteur? A nos grandes cérémonies en faut-il pas le Prince de l'Église, qui leur apporte le prestige de sa dignité et l'éclat de sa pourpre?

Vous manquiez, Éminence, à cette basilique où Votre siège de Pasteur et de Père restait vide; Vous manquiez à saint Remi lui-même, habitué à voir à côté de lui son illustre Successeur, quand, aux grands jours, il sort du monument qui le renferme; il semble qu'il ne doive pas lui convenir de présider seul ces fêtes et de les présider sans Vous.

Aujourd'hui, tous ces vides sont comblés; Votre présence, Éminence, nous apporte la joie; aussi tous les regards vous cherchent et toutes les têtes se courbent à l'envi sous Votre bénédiction; nos fêtes, découronnées par Votre absence, vont reprendre leur joyeux élan et tout leur éclat.

A notre joie se joint un sentiment de reconnaissance, pour l'extension et la splendeur que vous donnez, Éminence, au culte de saint Remi. Sans doute, le grand Apôtre appartient au diocèse et à la France entière, mais n'est-il pas plus spécialement le Patron de cette basilique et de cette paroisse?

Ici donc, plus que partout ailleurs, nous nous réjouissons des magnifiques triomphes et des pompeuses ovations que vous avez ménagés, Éminence, aux saintes reliques dont nous avons le dépôt et la garde.

Le Centenaire, unique dans nos Annales, dont vous avez pris l'initiative, Éminence, se déroule avec une ampleur que l'on n'aurait osé rêver. Dieu bénit votre généreux dessein, et la France s'y associe; des foules nombreuses, émues parfois jusqu'à l'enthousiasme, se succèdent au baptistère et au tombeau de saint Remi presque sans interruption.

Vous ramenez, Éminence, la France souvent infidèle et prévaricatrice à la source pure de la Foi; c'est donc l'œuvre de saint Remi que vous complétez et que vous refaites; et l'histoire dira comment, en 1896, vous avez rendu à la noble nation française un second baptême; elle vous confondra avec saint Remi sous un même titre, celui que notre grand Patron a porté à travers les siècles, d'*Apôtre et de Père de la Patrie*.

Après les translations des reliques de saint Remi qui eurent lieu successivement à travers les âges et dont l'histoire nous a conservé les dates, Votre Éminence, Monseigneur, va, aujourd'hui même, 1er Octobre 1896, transférer les pieux restes du grand Apôtre dans une châsse nouvelle, que le talent des artistes et la piété des fidèles se sont efforcés de rendre splendide.

L'œuvre a été menée à bonne fin, Éminence, grâce à vos encouragements et à votre bénédiction. Vous avez voulu, de plus, être inscrit en tête de nos souscripteurs; d'autres viennent ensuite, qu'il serait trop long d'énumérer ici. Le peuple, les pauvres eux-mêmes, ont voulu souscrire pour la châsse de leur *bon saint Remi*; et Dieu sait combien de modestes sommes de dix centimes entrent dans le prix de ce reliquaire que nous voyons sous nos yeux tout ruisselant d'or. La nouvelle châsse de saint Remi est une œuvre surtout populaire : c'est pourquoi il me semble que les reliques du grand Apôtre y reposent plus volontiers et s'y trouvent plus à l'aise.

Mais la réserve que nous impose la modestie de nos souscripteurs ne doit pas aller jusqu'à taire les témoignages de la bonté et de la puissance de saint Remi.

Un noble Comte de notre ville, que tous nommeront sans que nous ayons besoin de le désigner davantage, fit pour la châsse de saint Remi un don magnifique Cette générosité était faite au nom d'une fille bien-aimée dont la santé donnait les plus vives inquiétudes. La faveur demandée a été obtenue, et la jeune malade est revenue peu à peu à la santé complète. Ne pourrions-nous pas nous écrier, comme autrefois les peuples à la vue d'une guérison opérée par notre grand Patron : *Adhuc vivit Beatus Remigius*, le Bienheureux Remi vit encore !

L'histoire rapporte que, quand le Pape saint Léon IX vint, en 1049, avec plusieurs évêques, consacrer cette antique basilique, les murailles de l'édifice avaient été, en signe de joie, revêtues de riches draperies. A cette époque où la communauté de foi avait établi la paix sociale, le Souverain Pontife put, au milieu d'un immense concours de peuple, présider en personne une procession solennelle et porter à travers les rues de la cité la châsse de saint Remi jusqu'à la Cathédrale.

Aujourd'hui, nous ne pouvons pas décerner au grand Apôtre le triomphe que nous avons ambitionné pour lui ; mais la basilique a revêtu des habits de fête pour honorer notre saint, et pour vous recevoir, Éminence, avec les illustres Prélats qui vous accompagnent.

N'est-ce pas, en effet, admirable et touchant, n'est-ce pas une chose unique dans l'histoire de voir, pendant cette année, se grouper successivement, autour de la châsse de saint Remi, l'épiscopat français, les Princes de l'Église, parmi lesquels il y a aussi les Princes de la parole, des Prélats distingués à tant de titres, l'honneur et la gloire de l'Église et de la Patrie ?

C'est que la place de nos Évêques est bien là, à côté de l'Apôtre des Francs, puisqu'ils continuent son œuvre dans leurs divers diocèses. Comme Remi, ils baptisent le peuple, l'exhortent à brûler les modernes idoles et à adorer un Dieu trop souvent méconnu. Comme Remi, nos évêques font tout à la fois œuvre d'apostolat et de civilisation ; et enfin, comme Remi a créé autrefois la France, ils s'efforcent aujourd'hui de la refaire honnête et chrétienne, grande et forte, afin de la rendre à son véritable Chef et Roi, Jésus-Christ !

Qu'il nous soit donc permis de nous incliner avec un profond respect devant les illustres Princes de l'Église, les Prélats, les Abbés vénérables qui nous honorent aujourd'hui de leur présence, et en qui nous voyons revivre Remi lui-même. *Adhuc vivit beatus Remigius !*

A ce magnifique discours que nous n'aurions pas voulu déflorer par une froide et sèche analyse, le Cardinal répond d'une voix émue, en remerciant M. le Curé de son zèle pour la gloire de saint Remi; c'est de tout cœur qu'il le félicite de ses succès, puis il remercie Dieu d'avoir vu, en cette année du Centenaire, tant de chrétiens, depuis l'enfant du Patronage jusqu'au membre de l'Académie française, venir à Reims vénérer le baptiseur de la France, y renouveler leurs promesses baptismales et le pacte avec le Christ.

Le Cardinal, ayant ensuite revêtu les ornements pontificaux, bénit la châsse nouvelle. Alors, M. Bussenot, secrétaire général de l'Archevêché, assisté de M. l'abbé Baye, brise le sceau de l'ancienne châsse, dont le couvercle est soulevé, et on en tire les ossements de saint Remi, enveloppés du suaire de soie rouge scellé du sceau de Mgr de Latil, archevêque de Reims, dans lequel ils reposaient depuis 1824.

Son Éminence fait ensuite vénérer les reliques. Cette cérémonie terminée, le précieux dépôt est enfermé et scellé dans le riche suaire donné par les collaborateurs anciens et nouveaux de M. le Curé de Saint-Remi.

M. Berrué, directeur du grand Séminaire et maître des cérémonies, fait lecture du procès-verbal de reconnaissance des reliques, reconnaissance faite par Son Éminence le 24 septembre dernier, et de leur translation à la date du 1er octobre courant.

« C'est après cette lecture, dit le *Bulletin du Diocèse*, et après que Son Éminence eut béni les fidèles avec les reliques, qu'elles furent enfermées dans le coffre, scellé du sceau de Son Éminence. Les cardinaux, évêques, prélats, doyens du Chapitre, médecins ayant assisté à la reconnaissance canonique, etc., vinrent ensuite signer le procès-verbal. Il fut signé également par le général baron Berge et M. le comte Werlé. »

M. le Curé de Saint-Remi l'affirmait, la châsse nouvelle a été une œuvre essentiellement populaire, comme elle devait l'être. Elle n'était pas due à quelques riches bienfaiteurs ; non, elle a été surtout le produit de petites souscriptions à un franc recueillies dans toute la France, dix centimes par dix centimes, et qui sont revenues à Reims pour y former la somme considérable que représente ce chef-d'œuvre de l'art chrétien, non seulement par sa matière, mais aussi par l'exécution parfaite et artistique de l'ensemble et des détails (1).

---

(1) Voici la description exacte de la châsse :

Reconstituée d'après les anciennes descriptions, elle est de style composite fin de la Renaissance et commencement de Louis XIII. Les émaux ont été peints par M. Soyer, peintre émailleur, sur les dessins de M. Wéry fils, peintre ; ils sont remarquables par la finesse et la richesse des tons, genre Limousin. Composition et émaux ont valu à leurs auteurs les félicitations de M. Jean-Paul Laurens, membre de l'Institut, auteur des *Illustrations des Récits Mérovingiens*.

Sept cents pièces environ, soudées ou boulonnées, forment l'ensemble de ce travail. Les principaux motifs composant l'ornementation ont été repoussés et ciselés avec soin et ont servi à la fonte, qui, elle-même, a été reciselée à nouveau.

Détail descriptif. — Le corps de cette châsse est entièrement en bronze doré à deux tons. Les figures dont elle est ornée sont dorées au mercure.

Cette pièce d'orfèvrerie, qui est disposée à plan rectangulaire dont les angles sont arrondis, offre à sa base 1 m. 50 de longueur, 0 m. 70 de largeur et 1 m. 40 de hauteur totale.

Elle comprend un soubassement mouluré sur lequel pose la châsse proprement dite, formée d'un entrecolonnement composite décoré de niches, surmontée d'un étage en attique enrichi d'émaux et terminée par une toiture triangulaire ajourée, au sommet de laquelle s'élève un campanile du plus gracieux effet.

La partie inférieure de la châsse comporte latéralement deux rangées de niches en forme d'arcatures semi-sphériques à coquilles ; en façade deux autres niches identiques mais géminées ; et postérieurement, la porte. Ces niches reçoivent les statuettes des douze apôtres, posées chacune sur une tablette portée par un cul-de-lampe revêtant la forme d'un cartouche et portant les noms de saints.

Sur les faces latérales et entre chaque niche s'élèvent huit colonnes torses

C'était là un succès considérable. Aussi bien, la paroisse de Saint-Remi, la ville de Reims, la France même et tous les dévots à saint Remi doivent-ils à Mgr Baye une véritable reconnaissance pour avoir doté son église d'un monument qui pendant des siècles en sera l'honneur et celui de la cité. Et n'est-ce pas providentiel qu'au moment où l'église de Saint-Remi devait briller d'un si vif éclat dans l'histoire, elle ait eu à sa tête un pasteur qui a si bien tenu sa place parmi les personnages qui ont été les plus en relief dans ces grandioses et réconfortantes assises du Centenaire (1).

La grande neuvaine de Saint-Remi s'est achevée avec une pompe inaccoutumée. Alors les pèlerinages se font plus rares.

---

d'ordre composite, entièrement dégagées, dont quatre sont accouplées deux à deux aux extrémités. Les autres faces de la châsse sont ornées de colonnes isolées.

Sur les angles arrondis de la châsse se trouve un motif décoratif au centre duquel est un cartouche ovale portant le monogramme de saint Remi.

De chaque écusson des niches sort une tête de chérubin.

Dans le tympan formé par l'archivolte des deux niches géminées de la face principale, est placé un cartouche sur lequel sont représentées les armes de la ville de Reims. Sur la face postérieure, au-dessus de la porte de la châsse, qui est à deux vantaux, à panneaux moulurés, ornés d'une tête d'ange et séparés par une côte découpée, on remarque un écusson portant les armes de S. Ém. le Cardinal Archevêque. En dessous de cette porte se développe un grand cartouche sur lequel est gravée l'inscription suivante :

« ANNO, XRI. M.DCCC.XDVI DIE 1 OCTOB. INTER. FESTA. CELEBRATA. OB. XIV SÆCULUM. ELAPSUM. POST. BAPTISMA. REGIS. CLODOVEI. A. S. REMIGIO. EPISC. REM. HOC. CAPSA. CONTINENS. CORPUS, EJUSD. S. REMIGII. RENOVATA. EST. IN. PRISTINAM. ET TRANSLATIO. VENER. RELIQUIAR. FACTA. AB. EM° ET REV° DD. BENEDICTO MARIA CARD. LANGENIEUX. ARCHIEP. REMENSI. ».

La partie supérieure de la châsse comprend cinq travées sur chaque côté latéral, séparées par des pilastres moulurés, à la base desquels sont des consoles d'amortissement reliées entre elles par un glacis orné. Dans ces travées sont

(1) Dans l'année 1896, 77 évêques et prélats ont assisté aux fêtes de Reims. On a compté 69 pèlerinages et 7 congrès qui ont amené au tombeau de saint Remi des foules immenses en prières.

Mais il faut que le jubilé et les fêtes de 1896 soient couronnés par une mission générale dans toutes les paroisses de Reims. C'est pourquoi M. le Curé de Saint-Remi veille avec un soin tout particulier à en régler tous les détails. C'est sous la protection du Sacré-Cœur de Jésus, de la Vierge Immaculée, de saint Joseph et de saint Remi qu'il désire la placer, écrit-il à ses chers paroissiens, et nous avons appris que les Révérends Pères chargés de la prêcher avaient été heureux de constater à la fin, bien des retours au Bon Dieu.

---

enchâssés des émaux reproduisant les scènes principales de la vie de saint Remi, dont les cadres ciselés sont surmontés d'un écusson portant le chiffre du saint, soutenu par deux enfants sonnant de la trompette.

Les extrémités de la châsse sont terminées par deux grands frontons triangulaires renfermant deux autres émaux, dont l'un représente la bataille de Tolbiac et l'autre le Baptême de Clovis. Deux chutes de fruits tombent de chaque côté du cadre de ces émaux.

En dessous de ceux-ci sont les attributs de l'Église. Au-dessus et dans les tympans de ces mêmes frontons existent deux écus, à droite à gauche desquels descendent deux cornes d'abondance. Dans l'écu qui domine le Baptême de Clovis, figure la colombe apportant la Sainte Ampoule. L'un, placé au-desssus de la bataille de Tolbiac, renferme l'inscription ci-après :

SANCTE REMIGII FRANCORUM APOSTOLE ORA PRO NOBIS.

Au sommet des frontons décrits ci-dessus, on voit une antéfixe ornée d'une tête d'ange, après laquelle antéfixe est agrafé un grand cartouche aux armes de la basilique. Au bas existent deux urnes d'où sortent des flammes.

Aux quatre angles de la châsse sont placées les statues de la Foi, de l'Espérance, de la Charité et de la Justice (lesquelles sont assises sur une console rampante contournée et ramenée au-dessus des angles arrondis inférieurs).

La couverture de la châsse est à deux versants.

Le campanile est placé au centre et au sommet de la châsse. Il est formé d'une lanterne circulaire cantonnée de huit colonnettes dégagées et cannelées supportant un entablement évidé et surmonté d'un couronnement ajouré et terminé par un riche fleuron.

Enfin, sous le grand cartouche de la porte, on lit :

D. LUD. BAYE. CAN. HON. PAROCIAM REGENTE ET OPUS PROMOVENTE.

Et sur le côté latéral gauche :

CAROLO WÉRY REMIS OPIFICE.

Mais l'heure de la récompense avait aussi sonné. Le 31 décembre, Son Éminence le Cardinal Langénieux, recevant les vœux de son clergé, proclame l'élection du vénéré Curé de Saint-Remi aux honneurs de la prélature romaine.

C'était, je puis bien le dire, un juste hommage rendu au zèle et aux vertus du digne prêtre que tout le diocèse connaissait et avait vu à l'œuvre depuis près de quarante ans.

Il y a plus : celui qui, pendant toute l'année du Centenaire, avait accueilli avec tant de distinction, dans sa splendide basilique, les illustres et pieux visiteurs du tombeau de saint Remi, méritait bien d'être glorifié à la fin de sa brillante carrière sacerdotale. « Honneur donc au Curé de Saint-Remi et puisse-t-il vivre longtemps encore, écrivait le directeur du *Bulletin du Centenaire* (1), pour la joie de ses paroissiens, pour l'honneur du saint Patron de son église, pour la glorification de sainte Clotilde. »

Le *Bulletin du Diocèse*, par l'organe de M. le chanoine Mimil, le vieil ami du nouveau prélat, rendant compte de la réception du clergé à l'Archevêché, ajoutait :

« Le Cardinal eût bien voulu demander plusieurs titres de prélature au Souverain Pontife, mais la discrétion l'a retenu. Il a semblé que la part prise par M. le Curé de Saint-Remi au Centenaire, la préparation de la translation des reliques de saint Remi, la nouvelle châsse, le zèle de M. le Curé en faveur des ouvriers, et beaucoup d'autres mérites encore, le désignaient au choix du Saint-Père, Et, aux applaudissements de tous, le pli contenant les pièces lui conférant la prélature fut remis à M. le Curé de Saint-Remi.

---

(1) *Bulletin* du 15 janvier 1897.

« M. l'abbé Baye déclara qu'il était confus de l'honneur qu'il recevait et qu'il n'avait fait que ce que tous eussent fait à sa place.

« Oui, répartit Son Éminence, mais vous étiez à la place et vous l'avez fait. ». Paroles couvertes de nouveaux applaudissements.

« A son tour, M. l'Archiprêtre de Notre-Dame, se faisant l'interprète de ses collègues, demande à Son Éminence la permission de La remercier de l'honneur qu'Elle avait obtenu pour le clergé rémois, et du choix fait par le titulaire de la prélature, qui rappellera le Centenaire.

« Tandis que Son Éminence se retirait, le nouveau prélat reçut les félicitations empressées de tous ses confrères, et il put se rendre ce témoignage que le suffrage de ses pairs ratifiait l'acte fait par l'autorité pour l'honorer et le récompenser. »

En même temps, tout le clergé du diocèse était unanime à déclarer que le choix de Son Éminence avait été des plus heureux. Mgr Baye l'a su et il en a été très touché. Mais ce qui a dû lui être particulièrement sensible, c'est le témoignage public d'affection et de haute estime que lui avait donné, à l'Archevêché, M. l'abbé Collignon, archiprêtre de la Cathédrale.

Quelques jours après, en accueillant le Cardinal sur le seuil de son église, à l'occasion de la Saint-Remi de Reims, le nouveau prélat, revêtu des insignes de sa nouvelle dignité (1),

____

(1) Comme costume de chœur, le prélat domestique de Sa Sainteté porte le rochet et la manteletta. Son costume de ville est à peu près le même que celui du protonotaire.

Mgr Baye avait choisi pour armes :

1° De gueules à une ville d'or sur un tertre de sinople, entourant une baie d'argent;

2° D'azur, à une couronne d'épines d'argent;

disait à Son Éminence : « Je dois à Votre Éminence, Monseigneur, la faveur insigne que le Saint-Père a daigné m'accorder. J'ai compris que désormais j'étais plus étroitement rattaché au Souverain Pontife et à Votre auguste Personne. Je sais aussi que ce nouveau lien me crée des devoirs ; je veux et je saurai les remplir, Éminence, et c'est par là que je m'efforcerai de mériter l'honneur qui m'est fait et d'acquitter la dette de ma reconnaissance. »

Écoutons la réponse de Son Éminence : « Que Léon XIII soit donc remercié ! Car non seulement il a comblé de ses faveurs ses fils bien-aimés de France, mais il a, Monseigneur, reposé son regard sur vous ; il aime à distinguer dans le clergé français les prêtres qui se dévouent à leur saint ministère, qui se dépensent avec générosité pour les petits, les humbles et les ouvriers ; et il a suffi que je prononce votre nom pour qu'il vous accordât la dignité dont vous êtes revêtu. J'ai été heureux d'ajouter que durant l'année de nos fêtes religieuses, vous aviez été un auxiliaire aussi dévoué qu'intelligent de l'œuvre commune, et ce m'est une joie de le redire encore en ce moment, devant votre peuple qui connaît et apprécie votre zèle. »

Encouragé par d'aussi puissants appuis, Mgr Baye reprend sa besogne avec un nouveau zèle. Il s'occupe activement des œuvres qu'il a greffées sur l'Archiconfrérie de Notre-Dame de l'Usine. L'une d'elles, la Caisse de Décès, qui fonctionne depuis 1893, reçoit une salutaire impulsion. Au mois de

---

3° D'azur, à une Notre-Dame d'or sur un socle, entre un fuseau et une enclume ;

4° De gueules, à une châsse d'or avec une colombe portant une ampoule, le tout entre deux dates : 496-1896. — Sa devise était : *Pro Ecclesia et Patria*.

J'ai tenu à représenter ses armes sur la couverture de ce volume.

mai 1897, cette caisse compte plus de cent adhérents et déjà elle a rendu de signalés services à des familles pauvres.

L'année suivante, Mgr Baye donne au Congrès national de Paris un intéressant rapport sur l'Archiconfrérie de Notre-Dame de l'Usine.

Pendant ce temps, son église, toujours si pauvre en ressources, est l'objet de sa sollicitude pastorale. Il caresse l'idée d'y installer de grandes orgues et un maître autel en rapport avec la magnificence du monument. La mort l'empêchera de donner suite au second projet; mais de longs mois ne se passeront pas sans que le premier ne reçoive sa pleine exécution. Il s'agit encore d'une dépense de 50 à 60,000 francs. Mais comme nous sommes habitués à ces tours de force de la part du Curé de Saint-Remi, il faudra bien qu'on se rende à l'évidence quand, au mois d'août de l'année 1899, on entendra le nouvel orgue, au jour de la fête de Notre-Dame de l'Usine.

Il nous souvient aussi que, quelques semaines après, le 23 ou le 24 octobre, nous avons tous été ravis du magnifique concert que M. le Curé avait organisé pour une audition solennelle de son orgue. Pour mon compte personnel, je ne sais ce qu'il m'a fallu le plus admirer ou du talent de l'artiste qui le faisait vibrer (1), ou du génie qui l'avait conçu et installé si grandiosement. (2)

On constate à cette époque l'état de faiblesse dans lequel est tombé le vaillant prélat, par suite d'un labeur qui n'a connu

----

(1) M. Mailfait, organiste à Saint-Remi depuis la fin de 1878.

(2) M. Brisset, célèbre facteur d'orgues à Reims, s'est fait un nom parmi les facteurs modernes en construisant cet orgue composé de 50 jeux effectifs, répartis sur 3 claviers à mains, plus un clavier de pédales et 16 pédales d'accouplements et de combinaisons.

ni trêve ni repos. Tant de soucis et de fatigues ne lassent pas cependant l'athlète, qui veut aller jusqu'au bout de sa tâche. Il aimait à nous le répéter alors : « Puissé-je, nous disait-il, voir le couronnement de Notre-Dame de l'Usine. »

Grâces à Dieu, il en a été le témoin le plus heureux et le plus consolé.

Pendant que de cruelles douleurs torturaient son corps, sans altérer la sérénité de son âme, il a pu boire à la coupe du succès autant qu'on peut y goûter ici-bas, en contemplant une œuvre exaltée dans la plus magnifique apothéose.

L'année 1900 le trouve donc sur la brèche. Le prologue et l'action nous ont intéressés, le dénouement va nous charmer.

Pendant de longs jours, d'habiles et pieuses mains ont cousu la pourpre et l'or, tressé les guirlandes et les couronnes pour en parer la basilique. Peu à peu, les murs, les colonnes et les arceaux de l'église se couvrent du plus merveilleux décor, lequel, ordonné avec un goût parfait, fait ressortir les lignes du monument sans en rompre l'harmonie.

Quand tout est prêt, le soleil du 19 août se lève radieux, jetant à travers les vieux vitraux de l'incomparable abside de Saint-Remi les mille rayons de la plus riche lumière.

Neuf heures sonnent. L'office du matin commence par une messe pontificale, chantée par Mgr Péchenard, recteur de l'Institut catholique de Paris et ancien vicaire général de Reims. Les chants, bien exécutés, produisent un puissant effet sur l'assistance qui remplit déjà l'immense vaisseau.

« Après la messe, écrit M. l'abbé Frézet, rédacteur du *Bulletin du Diocèse*, auquel nous empruntons les détails suivants, les confrères se dirigent par groupes compacts vers le Pensionnat des Frères où, dans une salle immense, qui sert de rez-de-chaussée à celle des fêtes, douze cents couverts étaient préparés.

« A la table d'honneur, préside Son Éminence, ayant à ses côtés, LL. GG. Mgr Énard, évêque de Cahors, et Mgr de Pélacot, évêque de Troyes ; et, en face d'elle, Sa Béatitude Mgr Pierre Geraïgiry, patriarche des Grecs-Melchites, près duquel prennent place Mgr Baye, directeur général de l'Archiconfrérie de Notre-Dame de l'Usine, et M. Harmel ; Mgr Cauly, M. l'abbé Labarre, vicaires généraux de Son Éminence ; Mgr Péchenard ; M. l'abbé Mollard et M. l'abbé Le Conte, vicaires généraux de Châlons ; M. l'abbé Chabrier, vicaire général de Troyes ; M. l'archimandrite Michel Halouf, secrétaire de Sa Béatitude ; MM. les chanoines Decheverry, Mimil, Landrieux, Lecomte ; MM. les Archiprêtres de Notre-Dame de Reims, d'Épernay, de Séez et de Charleville ; MM. les Curés de la ville, le cher frère Victor, M. l'abbé Cetty, curé de Mulhouse, M. l'abbé Garnier et plusieurs laïques de distinction s'asseoient également à la table d'honneur.

« Vers le milieu du repas, joyeux et animé comme on pense, commencent les toasts : M. Harmel en ouvre la série, et, d'une voix vibrante, pleine de foi et d'enthousiasme, fait acclamer Léon XIII, Mgr le Cardinal, Mgr Baye et Notre-Dame de l'Usine.

« M. l'abbé Garnier exprime ensuite tous les sentiments de gratitude et de joie émue dont Mgr Baye l'a prié d'être l'interprète ; puis il propose à l'assemblée, qui le ratifie avec empressement, le texte d'une dépêche au Souverain Pontife ainsi rédigé :

« A Son Éminence le Cardinal Rampolla, Rome,

« *Réunion populaire, 1,4oo ouvriers, occasion couron-nement Notre-Dame de l'Usine, délégations et associations : Reims, Lille, Roubaix, Tourcoing, Châlons, Épernay, Igny, Fumay, Charleville, Mohon, Cons-la-Grandville, Fourmies, Val-des-Bois, Nouzon, Mulhouse, Cousances-aux-Forges, Haironville, Eurville. Présidence Cardinal Langénieux ; Sa Béatitude Pierre IV ; Évêques Cahors et Troyes ; NN. SS. Péchenard et Baye, acclament Léon XIII, Père des ouvriers, auguste Ami de la France, suppliant Dieu prolonger vie nécessaire au monde, sollicitant bénédiction.*

« M. l'Archiprêtre de Notre-Dame prend à son tour la parole pour remercier les Frères de leur aimable hospitalité, et les organisateurs du banquet de leur intelligente activité.

« Le cher Frère Victor répond que le plus grand bonheur des disciples de saint Jean-Baptiste de La Salle est de recevoir les ouvriers dans leurs établissements ; car toutes les joies, toutes les grâces et toutes les bénédictions leur sont venues par eux.

« M. l'Archiprêtre de Charleville offre l'expression de la reconnaissance des délégations ardennaises, et M. l'abbé Cetty celle de l'Alsace qu'il représente et dont il dit la foi, le respect pour le prêtre, et l'esprit d'union sur le terrain religieux et social.

« Inutile d'ajouter que ces divers discours étaient couverts par des salves prolongées d'applaudissements.

« Après un beau chant de circonstance : *Sursum corda,* exécuté par la chorale de Fumay, sous la direction de son chef, le frère Wittmann, Son Éminence prend elle-même la parole pour remercier ses nobles hôtes, et pour dégager toute la signification de la fête qui se continue si brillante : elle est non pas seulement le couronnement d'une statue de la Vierge, mais

la consécration solennelle d'une doctrine, celle de l'Église sur
le travail chrétien, celle du Souverain Pontife Léon XIII,
contenue dans ses immortelles encycliques, où respire un si
grand amour de la classe ouvrière. L'Archiconfrérie de Notre-
Dame de l'Usine a été fondée sur cette double base religieuse
et sociale que le Saint-Père devait hautement approuver
quelques années plus tard, et recommander à tous les apôtres
du peuple comme la plus solide et la meilleure.

« Les doctrines pontificales si douces au malheureux ne sont
pas connues des foules, trompées par les sophismes de quelques
meneurs ambitieux et ignorants; et naguère un incident curieux
l'a prouvé : « Il y a quelques jours seulement, raconte Monseigneur, on discutait dans un Congrès, à l'Exposition, diverses
questions sociales intéressant au plus haut point la vie du
peuple. et un orateur venait de terminer un discours où perçait
la haine de l'Église et de la Papauté; mais voici qu'un contra-
dicteur se lève; en quelques mots enflammés, il rappelle les
bienfaits de l'Église, ses institutions multiples en faveur des
pauvres et des petits. et en particulier la sollicitude constante
qu'a témoignée à leur égard, depuis son avénement au souverain
pontificat, le Pape Léon XIII. L'assistance manifesta la plus
profonde surprise : elle ignorait ces choses, et ne savait du
Pape que ce que ses ennemis les plus acharnés lui en avaient
laissé connaître; et elle ne put se défendre d'un mouvement
d'admiration. de sympathie et de reconnaissance en les
apprenant.

« La multiplication des confréries de Notre-Dame de l'Usine,
conclut Son Éminence, aura donc pour premier et très précieux
résultat de faire pénétrer dans le peuple les enseignements
divins, grâce auxquels il pourra retrouver la voie du salut

qu'il avait oubliée, et tous les véritables amis de la classe ouvrière, prêtres ou laïques, doivent redoubler d'efforts dans ce but.

« A deux heures de l'après-midi, on ne peut déjà plus qu'avec peine pénétrer dans la basilique. La place qui la précède est couverte d'une foule nombreuse, désireuse de voir au moins les cortèges épiscopaux, si elle ne peut d'autre façon prendre part à la cérémonie.

« A deux heures et demie, Mgr Baye, en costume prélatice, accompagné de Mgr Péchenard, de Mgr Juillet, doyen du chapitre, protonotaire apostolique, de MM. les Chanoines titulaires et honoraires, va recevoir Son Éminence au seuil du grand portail.

« Bientôt, Mgr le Cardinal apparaît, revêtu de la grande *cappa* de soie rouge, et assisté de Mgr Cauly et de M. l'abbé Compant, ses vicaires généraux; à ses côtés, Mgr Geraïgiry, en robe de pourpre, et en chape brodée de même couleur, puis NN. SS. de Cahors et de Troyes, en rochet et mosette violette.

« Mgr Baye, après avoir offert l'eau bénite et l'encens, lit l'allocution suivante :

ÉMINENCE,

Autrefois vos prédécesseurs sacraient dans leur cathédrale nos rois de France ; c'était un privilège de leur siège, celui de saint Remi, de déposer la couronne, la plus glorieuse de toutes, sur le front des rois qui occupaient le trône le plus illustre du monde.

Ces rites historiques, ces cérémonies nationales qui se renouvelaient à chaque commencement de règne, ne sont plus en honneur ; mais il semble néanmoins que la Providence ne veut pas laisser tomber dans l'oubli l'antique privilège de nos Pontifes rémois, puisque le Souverain Pontife vous a spécialement délégué, Éminence, vous qui succédez glorieusement à saint Remi et à tant d'évèques des mains desquels nos rois ont reçu leur couronne, pour couronner à votre tour Celle qui est vraiment une souveraine française, puisque notre ancienne France l'avait choisie pour reine : *Regnum Galliæ, regnum Mariæ*, et que notre France moderne, celle-là qui veut rester chrétienne et vraiment française, s'incline devant sa bannière et sous son sceptre, et lui décerne le diadème.

Cette gloire de couronner solennellement la sainte Patronne de l'Usine et du Travail vous était due, Éminence ; et il y a vingt-cinq ans, il était possible déjà de prévoir la fête triomphale de ce jour.

Vous veniez, Éminence, de vous asseoir sur le siège de saint Remi, et vous inauguriez un règne qu'ont marqué tant de grandes œuvres, et dont l'histoire a déjà enregistré les dates mémorables. Or, l'objet de vos premières préoccupations en arrivant dans cette ville populeuse et industrielle, a été le sort et l'instruction des ouvriers et des pauvres.

Combien de fois nous vous avons vu, au soir des dimanches, après les offices célébrés dans votre cathédrale, au milieu de la partie la plus opulente de la population, venir ici dans cette église, où de pauvres travailleurs, de modestes ouvrières s'étaient groupés autour de la statue de Notre-Dame de l'Usine dont Votre Éminence venait d'inaugurer le culte.

Vous adressiez la parole à cet humble auditoire, vous parliez à ces hommes de labeur, à ces femmes du peuple de leurs devoirs, de ces douleurs imméritées dont ils souffrent, et que le Souverain Pontife devait plus tard signaler au monde avec tant de retentissement ; vous leur faisiez espérer, dans une société devenue chrétienne, un respect plus grand de leur dignité et de leurs droits et une légitime amélioration de leur sort.

A cette époque voisine de nos désastres, le problème social n'était pas encore posé ; mais quelques rares esprits l'entrevoyaient déjà et en formulaient les données.

Vous avez été, Éminence, un des plus illustres de ces voyants ; et après avoir enseigné les ouvriers de Reims, poursuivant vos efforts dans le même sens, vous avez bientôt élargi la sphère de votre action.

Les classes ouvrières alors ignoraient le chemin de Rome, ce centre de la vérité religieuse et sociale ; vous vous êtes placé à leur tête, vous êtes devenu leur Cardinal, c'est-à-dire, leur chef qu'elles ont acclamé et suivi jusqu'aux pieds du Souverain Pontife.

Vous avez été, Éminence, le trait d'union et l'intermédiaire entre Léon XIII et les ouvriers français ; ceux-ci, grâce à vous, ont pu entendre la voix et recueillir les enseignements du Vicaire de Jésus-Christ ; et Léon XIII, à son tour, a pu entendre les doléances et les justes revendications de ces travailleurs dont vous vous êtes fait l'organe et l'interprète dans de mémorables réceptions.

Qui pourrait dire que de ces solennels entretiens qui ont eu leur écho dans le monde entier et qui n'avaient pas de précédent dans l'histoire, n'a pas jailli un trait de lumière pour le Souverain Pontife ?....

C'est alors, en effet, qu'ont été publiées les immortelles encycliques qui ont fixé la doctrine sociale ; et, en les lisant, il est facile de constater que leur auguste auteur a été en contact et a conversé avec les travailleurs, dont il dépeint, avec des couleurs si saisissantes, la *condition*.

Ces graves documents, qui ne sont que l'application de l'Évangile à nos sociétés modernes, et qui resteront le code de l'homme d'œuvre, vous les avez transmis à votre clergé et à votre peuple, Éminence, en les accompagnant de commentaires qui en mettaient le sens à la portée de tous ; et c'est ainsi que vous poursuiviez sans relâche votre action sociale.

Enfin, Monseigneur, tout dernièrement, dans une lettre dont la publicité s'est étendue à tous les diocèses de France, Votre Éminence a signalé l'Archiconfrérie de Notre-Dame de l'Usine et de l'Atelier, Patronne du Travail, comme une œuvre, et elle n'a pas la prétention d'être la seule, qui offre un programme complet de *divine et de chrétienne démocratie,* et la méthode la plus pratique d'agir sur le peuple.

Sans doute, à côté de notre Archiconfrérie et des œuvres similaires, il y a d'autres groupements démocratiques et chrétiens, dont la noble ambition est surtout de réformer notre politique et nos lois qui semblent si souvent empruntées au paganisme, et de refaire parmi nous une civilisation chrétienne : c'est là une généreuse entreprise à laquelle il faut applaudir, et qu'il est nécessaire d'encourager.

Mais notre Archiconfrérie, tout en s'intéressant à ces graves études, comme le prouvent ses diverses publications, ne veut pas rester exclusivement dans ces généralités, ou, si l'on veut, sur ces hauteurs. Par un incessant apostolat souvent bien obscur, elle agit directement sur les individus eux-mêmes pour les rapprocher, les instruire et les moraliser, et par des œuvres diverses, apporter à leur misère le *soulagement immédiat* que réclame le Saint-Père.

Voilà, Monseigneur, ce que vous avez dit en termes éloquents; les catholiques de France vous entendront, et à la suite de Votre Éminence ils marcheront tous : clergé, patrons et ouvriers.

Nous en avons pour preuve le spectacle que nous avons ici sous les yeux.

Il nous est donné, en effet, Éminence, de saluer à vos côtés d'illustres Pontifes qui ont voulu ajouter par leur présence à l'éclat de cette fête, et témoigner de leur respectueuse sympathie pour votre auguste personne et vos nobles entreprises.

C'est un vénérable Patriarche qui, sous le nom de Pierre IV, succéda au Prince des Apôtres sur le siège antique d'Antioche. Sa Béatitude est venue ici parce qu'elle aime la France, et elle pourra redire dans son lointain pays, que l'Éminent Cardinal français qui, naguère, en qualité de légat de Léon XIII, exerçait un si puissant prestige en Orient, ne fait pas de moins grandes choses dans sa patrie et dans son diocèse.

C'est un zélé et aimable prélat que nous sommes fiers de compter presque comme notre compatriote. Sa Grandeur a justifié à Cahors la réputation qu'Elle avait conquise précédemment dans toutes les positions occupées par Elle, de pasteur ami des œuvres. Sa parole populaire et vibrante est toujours au service des nobles causes, et c'est bien à Elle qu'il appartenait de célébrer Notre-Dame de l'Usine devant cet immense auditoire.

C'est encore un vénérable prélat qui, sur le siège de Troyes, est entouré des vives sympathies que lui ont values partout, sur son passage, ses vertus et son talent. Sa Grandeur, dont la ville épiscopale est abondante en œuvres, a montré l'intérêt qu'elle daigne porter aux nôtres, en présidant naguère notre *Syndicat agricole de la Champagne.*

Avec le clergé, ce sont de nobles patrons, vraiment dignes de ce nom, parce qu'ils sont chrétiens, venus de toutes parts pour placer leur industrie sous la protection de la Reine du Travail.

Et puis, enfin, ce sont ces travailleurs assemblés ici par milliers, heureux de voir l'Église s'intéresser à leur sort et relever leur dignité, et fiers d'assister au couronnement de Celle qui, autrefois à Nazareth, fut comme eux aujourd'hui, une humble ouvrière, vivant du travail de ses mains.

Et en dehors de cette vaste assemblée, combien sont, sur tous les points de la France, en communion avec nous en ce moment, parce qu'ils aiment Notre-Dame de l'Usine et marchent, comme nous, sous sa bannière ?

C'est donc un immense triomphe qui est décerné aujourd'hui à Marie; et comme vous l'avez préparé depuis de longues années, Éminence, ainsi que je l'ai dit et montré, ce triomphe est aussi le vôtre.

« Mgr le Cardinal, visiblement ému, répond en quelques mots que si la joie lui a été donnée de pouvoir faire quelque chose pour les ouvriers de sa ville épiscopale, c'est grâce à l'intelligence, au zèle au-dessus de tout éloge du prêtre placé sur sa route par la main de la Providence, et décidé à donner pour la réalisation de ses projets toutes les énergies de sa volonté, tous les efforts de son intelligence, toutes les forces de sa santé. Dieu a daigné féconder un dévouement aussi généreux et aussi complet; il le récompense en ce jour, et Monseigneur se plaît à espérer qu'il bénira amoureusement, avec le pasteur bien-aimé, tout le troupeau des enfants de Saint-Remi qui l'entourent à l'occasion d'une fête si touchante.

20

« A l'issue des vêpres, chantées pontificalement par Monseigneur de Troyes, les évêques donnent, du pied de l'autel, leur bénédiction solennelle, puis descendent la nef pour aller entendre le beau discours de Mgr Énard.

« L'éloquent prélat a choisi pour texte cette parole : « *Dives et pauper obviaverunt sibi : utriusque enim est operator Dominus;* le riche et le pauvre se sont rapprochés, car ils sont l'un et l'autre les créatures de Dieu. » (1).

« Le moment solennel est arrivé ; Son Éminence, revenue au sanctuaire, revêt les ornements pontificaux puis, après avoir béni la couronne, se dirige vers l'estrade, élevée à la droite de l'autel, du côté de l'Évangile, et au sommet de laquelle se dresse, toute blanche, au milieu de la verdure, des fleurs et des lumières, la statue immaculée de Notre-Dame de l'Usine, Patronne du Travail (2). Lentement, le Légat du Saint-Siège, accompagné de ses assistants, gravit les marches de l'estrade,

---

(1) *La Croix de Reims* a reproduit tout le sermon, où sont exposés magistralement les vrais principes de la doctrine chrétienne sur la question du travail.

(2) La nouvelle statue de Notre-Dame de l'Usine, que les honneurs du couronnement placent désormais au nombre des madones les plus célèbres, représente la Vierge Mère debout, offrant au monde ouvrier son divin Fils qu'elle soulève de ses deux mains devant sa poitrine ; l'Enfant Jésus étend lui-même ses petits bras comme pour convier le monde entier à venir vers Lui. Aux côtés de la Vierge figurent, à droite, un cep de vigne chargé de raisins, qui rappelle le travail des champs et plus spécialement celui des vignerons champenois, à gauche, une enclume, un marteau et un rouet, symboles du travail du fer et de celui de la laine, qui appartiennent aux deux industries particulièrement en honneur dans nos contrées. Les têtes des deux statues sont ravissantes ; l'ensemble du monument, d'un dessin très pur, de lignes à la fois simples et harmonieuses, est des plus satisfaisants. Il est rare de trouver au visage des vierges, cette expression de calme, de douceur et de paix, que l'artiste a su donner à la Madone de Saint-Remi. Aux pieds de la Vierge se lit, sur une banderolle, cette inscription : *A Notre-Dame de l'Usine et de l'Atelier, Patronne du Travail.*

pendant que le chœur chante, selon les prescriptions liturgiques, le *Regina cœli*. Mais soudain le chant est interrompu ; une immense acclamation retentit : « Vive Marie ! Vive Notre-Dame de l'Usine ! » Sur le front de la Vierge rayonne le diadème d'or et de pierreries que la main du Cardinal vient d'y placer ; et l'allégresse générale se traduit par ces cris qui rappellent ceux de la foule quand elle voyait, jadis, l'archevêque de Reims ceindre le front des fils de saint Louis, du cercle d'or fleurdelysé.

« Le chant d'une belle cantate, dont les paroles sont du R. P. Cleissen, jésuite de la résidence de Reims, et la musique de M. Louis Mailfait, organiste de la basilique de Saint-Remi, traduit les sentiments de tous :

> Notre-Dame, Reine et Patronne
> De l'Usine et de l'Atelier,
> La sainte Église te couronne ;
> Fais régner Dieu sur l'ouvrier !

« La bénédiction du Saint-Sacrement, donnée par Monseigneur de Troyes, est suivie d'une incomparable procession formée par cinq ou six cents confrères, portant leurs bannières ou les statues des saints patrons des corporations ouvrières ou de leur patronne, Notre-Dame de l'Usine. Un nombreux clergé précédait immédiatement NN. SS. les Évêques, puis venait Son Éminence, qui avait tenu à laisser l'honneur de la présidence du cortège à Sa Béatitude Mgr le Patriarche. Revêtu des ornements propres à son rite et à sa haute dignité, la tête couverte d'une couronne fermée en forme de diadème, Mgr Geraïgiry, portant à la main gauche sa crosse à double volute qui rappelle l'antique caducée, bénissait le peuple avec une croix qu'il tenait de la main droite.

« Grande était l'impression de la foule en voyant se dérouler, sous les voûtes de la basilique éclairée de mille cierges, le long et majestueux défilé terminé par ce pontife à l'air si vénérable et si bon, suivi de son fidèle cavas, en riche uniforme chamarré d'or et de broderies et le sabre au côté.

. . . .

Cette fête si grandiose devait cependant avoir une fin. Si elle avait pour tous ceux qui en étaient les témoins émus un charme inoubliable, elle nous montrait en même temps une ombre dans ce magnifique tableau. Mgr Baye, épuisé de fatigues et se raidissant contre le mal pour sourire à tous ceux qui proclamaient son triomphe, Mgr Baye nous apparaissait déjà, avec ses traits amaigris, menacé par une mort prochaine.

Toutefois, un nouveau séjour à Pierrefonds et des soins prodigués avec un dévouement sans bornes, allaient lui rendre un peu de forces et, disons-le, beaucoup de confiance dans l'avenir.

La Saint-Remi d'octobre le retrouve à son poste ; ses amis fidèles se groupent chaque jour de la neuvaine autour de sa table si hospitalière, et c'est en faisant des vœux pour une santé si précieuse que chacun se sépare du vénérable prélat, à qui la mort veut bien laisser encore l'espoir de retrouver une meilleure santé.

De fait, l'hiver se passera sans aggravation dans l'état du cher malade. Dans les circonstances où le devoir pastoral l'appellera au service des âmes, il saura faire effort pour rester fidèle à la tâche qui lui incombe comme pasteur et Directeur de Notre-Dame de l'Usine.

J'ai parlé de sa participation au Congrès des Œuvres de Reims, tenu en février 1901. Je ne puis non plus passer sous silence une autre cérémonie à laquelle il a pris part et où il a su paraître et parler avec un tact parfait. -

Ce n'est un secret pour personne que la gracieuse église de Sainte-Clotilde, bâtie comme chapelle de secours sur la paroisse de Saint-Remi pour perpétuer la mémoire du Centenaire du baptême de Clovis et de la France, est l'œuvre de M. le chanoine Landrieux, secrétaire de Son Éminence, notre Archevêque de Reims.

Là, comme ailleurs, M. Landrieux s'est servi de toute sa discrétion, de sa modestie et de sa ténacité, et le Bon Dieu l'en a bien récompensé.

Le 28 décembre 1900 ramenant le cinquantième anniversaire de l'ordination sacerdotale de notre vénéré Cardinal, c'était une belle occasion pour le clergé du diocèse, de Lui présenter un calice qui en perpétuât la mémoire.

Grâce à l'initiative de Mgr Cauly et de MM. les abbés Compant et Labarre, vicaires généraux, le clergé avait aussi offert, en 1898, l'autel de Sainte-Clotilde, à l'occasion des noces d'argent épiscopales de Son Éminence. La date et l'église ne pouvaient donc être mieux choisies pour inaugurer l'un et l'autre.

A l'heure dite, Mgr le Cardinal arrive accompagné de ses vicaires généraux et, sur le seuil, Mgr Baye prononce l'allocution suivante :

ÉMINENCE,

Ce m'est une grande joie et un insigne honneur de recevoir Votre Éminence au seuil de ce nouvel édifice, surtout en ce jour où votre famille diocésaine célèbre les grâces et les gloires de vos cinquante années de sacerdoce, et vous offre les solennels témoignages de sa piété filiale.

Élevée grâce à la généreuse initiative des Enfants de Marie et des jeunes filles de France, aussi bien qu'aux libéralités des fidèles, l'église Sainte-Clotilde dresse au-dessus des habitations et de la campagne qui l'entourent sa gracieuse et imposante coupole. Elle est un joyau de plus attaché à cette riche ceinture de sanctuaires dont votre zèle pastoral, Éminence, a entouré votre ville épiscopale; pour Reims, elle restera une attraction, un ornement ajouté à tant d'autres, pour lequel tous nos concitoyens, sans distinction d'opinions, pourvu qu'ils aiment les arts et leur pays, devront vous être reconnaissants.

Or, s'il est vrai de dire avec l'Écriture que les pierres parlent, l'on peut affirmer que les pierres de cet édifice seront éloquentes. En effet, monument à la fois religieux, national et français, élevé en mémoire du grand acte de foi accompli par la France en 1896, Sainte-Clotilde rappellera à notre génération et à celles qui suivront, ce que saint Remi disait à nos ancêtres, et ce que Vous, Éminence, successeur du grand Apôtre, avez redit solennellement à la France moderne, il y a quatre ans, à savoir : Que notre Patrie est liée au Christ par d'indissolubles serments qu'il ne lui est pas permis d'oublier; que la France est née au baptistère de Reims; que son tempérament est catholique, et qu'il n'est pas plus possible, sans l'exposer à mourir, de changer à fond le tempérament d'une nation que celui d'un individu; que par conséquent la France ne sera ni hérétique, ni schismatique, ni libre-penseuse, elle sera catholique ou elle ne sera pas!

Les paroles prophétiques de saint Remi sur ce point des destinées de notre pays sont formelles ; et n'est-il pas vrai que nos infidélités, nos décadences semblent les confirmer ? Les historiens sont d'accord pour affirmer que saint Remi, en faisant la France catholique, a été le fondateur de notre glorieuse Patrie; et l'histoire, unissant sa voix à celle de ce monument, dira aussi qu'en ramenant, il y a quatre ans, la France à son baptistère, vous avez eu, Éminence, la noble ambition d'en être le restaurateur.

Voilà ce que proclame cet édifice, et en le construisant, Éminence, vous avez, en même temps, fait un acte de foi et un grand acte de patriotisme, et vous avez bien mérité de l'Église et de la Patrie, à laquelle vous avez rappelé sa vocation qu'elle semble oublier.

Il est un caractère de ce monument que nous devons signaler : Sainte-Clotilde est un monument populaire.

Vous avez voulu, Éminence, que ce superbe édifice s'élevât au milieu d'une population composée en grande partie de travailleurs, pour montrer que l'Église sait honorer le peuple et qu'elle ne réserve pas ses richesses artistiques pour les seuls quartiers habités par les favorisés de la fortune. A cette démocratie qui s'affirme chaque jour de plus en plus, vous avez, Éminence, tendu les bras, et, loin de la repousser, vous lui avez offert un palais. Mais pour montrer a cette même démocratie que, sous peine de cruels mécomptes, elle devait être chrétienne, vous avez voulu que ce palais ne fût pas un simple monument profane, mais qu'il fût un temple où le peuple viendrait prier et s'agenouiller devant le Dieu qui, à son gré, élève et abaisse les nations.

A un autre point de vue, nous pouvons ajouter que la population de ce quartier déshérité va, grâce à Vous, Éminence, jouir de ressources qui lui étaient inconnues jusqu'ici. N'est-ce pas ce qui se produit ordinairement, quand un temple s'élève? Bientôt, à son ombre et sous sa protection, se groupent des habitations et s'épanouissent des institutions diverses ; or, c'est ce que nous pouvons constater ici où nous voyons des œuvres de bienfaisance, d'enseignement et d'autres encore, nées d'hier et faisant déjà sentir autour d'elles leur influence salutaire.

Oui, c'est ce que comprennent les populations du quartier Sainte-Clotilde, et dans leur reconnaissance, elles sont unanimes, Éminence, à Vous proclamer leur bienfaiteur ; et c'est ce que prouve la parole bien populaire et, si je puis le dire, bien nature d'un ouvrier que je ne puis résister au désir de citer en finissant.

Cet artisan se trouvait sur l'une des routes qui aboutissent à Reims, lorsque je le rencontrai ; il semblait compter les nombreuses meules formées de gerbes de blé qui se dressent dans nos campagnes après la moisson. Or, tout-à-coup, il aperçoit à l'horizon l'imposante coupole de Sainte-Clotilde qui se détachait sur le ciel, et me la montrant du doigt, il dit : « Notre Cardinal construit lui aussi sa meule, et c'est la plus haute de toutes. » — « Mon cher ami, lui répondis-je, peut-être sans le savoir, vous venez de prononcer un mot très profond. Oui, cette coupole est une meule mystérieuse qui contient d'innombrables gerbes de lumière, d'enseignement et de grâces de toute sorte; et comme les meules de nos campagnes nourrissent les corps, ainsi, celle de Sainte-Clotilde nourrira les intelligences et les cœurs. »

Voilà, je le redis encore, Éminence, ce que comprennent les populations de ce quartier, et en ce jour où vous inaugurez cette nouvelle église et qui ne sera ni le moins glorieux ni le moins fécond de vos cinquante années de sacerdoce, elles sont heureuses de vous offrir l'expression de leur fidèle reconnaissance.

Je veux me joindre à elles pour vous dire, Éminence, ma joie et ma gratitude. Vous avez, Monseigneur, allégé le poids de ma responsabilité, en créant un centre d'action paroissiale dans ce quartier excentrique que nous ne pouvions entourer de toute la sollicitude qu'eussent réclamée peut-être le zèle et le devoir pastoral; Vous avez, Éminence, en le déchargeant d'une partie de son fardeau, soulagé la conscience du curé qui Vous en dit du plus profond de son cœur : Merci!

Puissent, Éminence, saint Remi, sainte Clotilde et sainte Geneviève, ces trois protections qui ont abrité le berceau de la France naissante et veillé sur ses destinées a travers les âges, veiller également sur Votre auguste

Personne, et vous conserver pendant de longues années encore à la respectueuse et filiale affection de votre grande famille diocésaine!

Je n'apprécie pas ce discours ; Son Éminence va le faire beaucoup mieux que moi : « Vous avez lu dans mon cœur, cher et vénéré Doyen, dit-Elle, comme je crois lire en ce moment dans le vôtre. Vous avez senti combien moi qui, comme vous, ai porté autrefois le fardeau de l'administration d'une paroisse, avec le titre de curé, je comprenais les besoins spirituels et désirais ardemment le salut de ces chères âmes éloignées du centre de votre église. Et c'est grâce à vous, à votre concours intelligent et empressé, à votre abnégation, au désintéressement dont vous avez fait preuve, c'est grâce à l'union de ces deux volontés que nous avons pu réaliser ce projet béni du ciel. Vous-mêmes êtes allé au-devant du sacrifice qui vous prive d'une partie de vos brebis, mais vous l'avez généreusement accompli, car, prêtre bon et fidèle comme vous l'êtes, vous ne cherchez que les intérêts de Dieu et le bien de votre troupeau. Mais ceux dont vous vous séparez savent bien toute la tendresse que contient pour eux votre cœur de pasteur et de père, toute celle que vous leur garderez, et dont, avec eux, nous allons demander à Dieu de vous récompenser. »

Quand un prêtre, sur la fin de sa carrière, reçoit de pareils éloges de la bouche d'un Cardinal, d'un Prince de l'Église dont le nom est vénéré dans le monde entier, il peut être fier de son passé. Et quand l'heure du repos a sonné, c'est de tout cœur qu'il doit chanter son *Nunc Dimittis*.... Oui, il est prêt à faire son grand voyage, le cher Seigneur dont la vie est synonyme de vaillance ; mais parce qu'il faut être pur pour entrer dans le sein de Dieu, la Providence lui ménage encore de rudes épreuves qui l'habitueront à faire plus généreusement le sacrifice de sa vie.

Enfin, après quelques mois de souffrances endurées avec un calme parfait, l'heure de la fin arriva.

La nuit du vendredi 16 août 1901 a été très pénible. Ayant remarqué dans son entourage une certaine inquiétude, il prie son ami, M. le chanoine Mimil, d'aller chercher son confesseur. Et, bientôt après, en présence de Mme la Supérieure, sa sœur, et de Messieurs les Vicaires de la paroisse, il reçoit les saints et derniers sacrements.

A deux heures de l'après-midi, Son Éminence le Cardinal lui apporte sa bénédiction avec une de ses paroles paternelles, dont le bon Dieu lui a donné le secret, et notre cher malade s'efforce encore de se signer sous la main bénissante. Ce fut le dernier effort. La mort approchait.

« A trois heures précises, nous disait sa sœur, Mme Baye, au moment où je lui remettais son scapulaire de la Passion, il fermait les yeux à la vie. » Il entrait dans l'éternité.

Le soir même, le corps du vénéré défunt était exposé sur un lit de parade, dans ce cabinet de travail où, tant de fois, nous l'avions entendu nous développer ses idées sur les œuvres catholiques et tous ses projets d'administration pastorale.

A le voir ainsi revêtu des habits du sacerdoce et des insignes du prélat, avec le visage amaigri par la souffrance, mais gardant dans la sérénité de la mort les traits qui étaient le reflet de sa grande âme, il me semblait que Mgr Baye avait dû faire le sacrifice de sa vie en répétant cette belle parole d'Henri Perreyre à sa sœur tant aimée : *Satiabor cum apparuerit gloria tua* : je serai rassasié, Seigneur, lorsque vous m'aurez manifesté votre gloire.

Oui, quand le prêtre s'est tué à la peine, quand il a essayé de faire le bien par tous les moyens que lui suggère son zèle éclairé par l'expérience des âmes, il redirait volontiers cette parole du vrai soldat du Christ : « En avant toujours pour les âmes et pour la gloire de Dieu. » Mais comme tout ici-bas a une fin, que rien n'est parfait, on se lasse vite au frottement des choses de la terre ; on rêve le Ciel, on veut en jouir pour combler le creux de nos pensées et de nos actes. Là seulement, on trouve la paix dans la contemplation de la gloire éternelle du Seigneur.

Telle est l'impression qui m'est restée de ma dernière visite à Mgr Baye, depuis que j'ai imprégné pour toujours dans mon âme ses traits déjà transfigurés par la mort.

. . . .

Cependant, la nouvelle de la mort du vénéré Prélat s'était vite répandue dans la ville de Reims. De tous les côtés, prêtres et fidèles accourent nombreux réciter une prière au Curé si populaire de Saint-Remi et jeter l'eau bénite sur sa dépouille mortelle.

Pendant trois jours, c'est un défilé sans discontinuité de personnes de toutes conditions, venues pour saluer une dernière fois celui qui avait tenu une si large place dans le cœur de tous les Rémois. Dans la journée du dimanche, Son Éminence, qui était venue présider la solennité de Notre-Dame de l'Usine, avait voulu, Elle aussi, faire une visite à l'auguste défunt.

Quel contraste ! La basilique de Saint-Remi toute pleine de travailleurs chrétiens venus pour glorifier la Patronne de l'Usine et du Travail, et à côté, dans son presbytère, l'organisateur de l'œuvre et de la fête, dormant dans un cercueil son sommeil éternel! On sentait que l'àme du pasteur mort à la tàche, planait au-dessus de cette immense assemblée.

Le R. P. Jonas, qui avait été choisi pour prendre la parole dans cette pénible circonstance, se faisait ainsi l'interprète éloquent de la tristesse qui était peinte sur tous les visages.

« Il est vrai, dit-il à la fin de son exorde, l'Archiconfrérie de Notre-Dame de l'Usine est en deuil; et Vous-même, Éminence, avec elle vous pleurez un Prélat, un Curé qui était la gloire de votre diocèse, parce qu'il était à tous égards la providence de son peuple. Comment ne m'associerais-je pas à la tristesse générale, moi qui, il y a vingt ans et plusieurs fois (1) depuis, ai pu apprécier tout ce que le noble cœur de Mgr Baye renfermait de zèle intelligent, hardi et fécond pour le relèvement des classes ouvrières? Puisse sa belle et grande àme, pendant que sa dépouille mortelle repose encore à quelques pas d'ici, planer sur cette assemblée et retirer de ma prédication les douces consolations que sa présence près de vous, Éminence, n'eût pas manqué de lui apporter, à la vue de sa chère basilique si débordante des flots de l'imposante masse populaire... »

. . . .

Les funérailles de Mgr Baye avaient été fixées au mardi 20 août. Elles furent pour le vénérable défunt un véritable triomphe, une manifestation grandiose de reconnaissance.

A dix heures un quart, Mgr Cauly, vicaire général, précédé du clergé, vient procéder à la levée du corps. Quand la prière liturgique eut été récitée, le cercueil est porté par de vaillants ouvriers qui ont tant connu et aimé Mgr Baye. Ils sont huit, et

---

(1) Le Révérend Père fait allusion ici aux conférences qu'il a données aux ouvriers de Saint-Remi.

c'est avec orgueil qu'ils s'acquittent de la mission qu'ils ont sollicitée.

Selon l'usage déjà ancien, le cortège s'achemine vers la basilique par les rues Saint-Julien, des Créneaux, du Barbâtre, d'Oseille, Saint-Remi et rue Simon. En tête marchent les enfants de l'Orphelinat, les Enfants de Marie, le patronage de la paroisse, les associés de l'Archiconfrérie de Notre-Dame de l'Usine avec la bannière. Puis viennent beaucoup de prêtres du diocèse, entr'autres MM. les Curés de Reims, MM. les Doyens de Verzy, Bourgogne, Attigny, Vendresse et Asfeld ; M. le Supérieur de l'École Saint-Joseph de Reims, le R. P. Boulanger, de Saint-Walfroy ; MM. les chanoines honoraires Broyé, Brincourt, Gillet, archiprêtre de Charleville, Vassal, archiprêtre de Mézières. Plus près du cercueil se trouvent MM. les Chanoines titulaires, Mgr Juillet, doyen du Chapitre, Mgr Péchenard, recteur de l'Institut catholique de Paris, le P. Bernard, prieur d'Igny, et enfin Mgr Cauly, vicaire général.

Les cordons du poêle sont tenus par MM. Collignon, archiprêtre de la Cathédrale, le chanoine Decheverry, Robert, archiprêtre de Rethel, Bocquillon, curé de Saint-Maurice, MM. Buiron, président du Conseil de fabrique, le comte A. Werlé, Givelet et Lartilleux.

Le deuil est conduit par M. le chanoine Mimil, les vicaires de la paroisse et plusieurs membres de la famille.

Sur tout le parcours, c'est avec le plus grand respect que la foule, qui forme une double haie vraiment curieuse et ininterrompue, salue le funèbre cortège. A l'église, toute revêtue de ses habits de grand deuil, notre éminent Cardinal préside les obsèques. Puis, la messe terminée, donne l'absoute et fait en quelques phrases un éloge magistral du cher défunt.

« Hier soir, disait-il, je présidais l'ouverture d'une retraite de prêtres à Binson. Aujourd'hui matin, je les ai laissés pour venir unir mon deuil à votre deuil, mes prières aux vôtres, et faire avec vous, à Mgr Baye les obsèques triomphales qu'il mérite. » Son Éminence parle alors des grandes qualités du Curé de Saint-Remi, prêtre à l'intelligence de tout premier ordre. « qui s'est donné tout entier au peuple pour lui faire du bien. Il a montré publiquement parmi nous que le prêtre est homme de savoir et de dévouement, bon et grand serviteur du pays, de cette France qu'il aimait si tendrement....... »

Il est regrettable que nous ne puissions pas reproduire ici les si précieuses paroles du Cardinal, car chacune d'elles était une louange à l'adresse du vénéré défunt.

Dans le même ordre, le cortège se reforme à la sortie de l'église pour se rendre au cimetière du Sud. Quand Mgr Cauly eut récité les dernières prières, M. Buiron prononce un discours admiré par tous les auditeurs, et qui mérite d'être reproduit dans ce volume. Le voici en entier :

MESSIEURS,

Les trente et une années que l'intrépide pasteur, dont nous pleurons l'absence, a passées sur la paroisse de Saint-Remi ont été comme une suite ininterrompue de bénédictions que la Providence réservait à ce populeux quartier. Pendant ce laps de temps, il n'a cessé de répandre sur tous, les trésors d'amitié, de science et de charité dont son grand cœur était rempli.

De l'amitié, nul plus que le Conseil de fabrique, dont je me fais ici le faible écho, n'en a eu les preuves les plus tangibles et les plus touchantes. Réservant pour lui seul tout ce que l'administration fabricienne avait de plus ardu, il s'évertuait à lui apporter des solutions toutes prêtes ou des affaires arrangées. Le Conseil de fabrique et lui étaient en si étroite communauté d'idées, qu'en feuilletant le registre des délibérations on chercherait en vain la moindre trace du plus léger désaccord. Il se plaisait à dire que tous, nous formions une famille qu'unissaient les puissants liens d'une estime et d'une affection réciproques.

Cette amitié s'étendait à tous les membres de la paroisse. Qui pourrait énumérer les conseils amicaux, les secours discrets que sa situation l'appelait à donner à tous ceux qui recherchaient une aide quelconque?

Ecrivain de race, il savait faire passer dans son style les sentiments de son âme : le style, c'est l'homme même. L'érudit qui rassemblerait ses sermons, ses allocutions familières ou solennelles, n'aurait pas de mal à en faire sortir la caractéristique qui peint l'homme tout entier : le littérateur disert et éloquent, le philosophe profond, le sociologue distingué.

Toutefois, l'amitié et la science n'étaient pour lui que des moyens par lesquels il dissimulait le plus possible la qualité maîtresse de son cœur : la Charité.

Succédant au digne abbé Aubert, dont le nom est synonyme de cette sublime vertu qui, suivant l'affirmation de saint Paul, doit résister à l'effondrement du monde lui-même, il semblait que son continuateur ne pouvait que déchoir; mais le nouveau curé de Saint-Remi avait trouvé, dans la tendresse de son cœur et la fécondité de son esprit, la combinaison qui allait lui permettre non seulement de continuer, mais de fortifier encore l'œuvre charitable de son zélé prédécesseur. C'est des premiers temps de son ministère pastoral que date, sur la paroisse de Saint-Remi, l'établissement des Sœurs de Saint-Vincent de Paul, dont la modestie et les vertus s'effaroucheraient bien vite de la plus légère allusion à leurs œuvres multiples, à leur zèle et à leur dévouement envers les pauvres et les malades.

Cette institution était la charité paroissiale organisée : charité matérielle et assistance morale tout ensemble.

La jeunesse, la jeunesse ouvrière surtout, ne pouvait échapper à la sollicitude du bon Pasteur; il fut le premier à Reims à reconnaître l'utilité des Patronages, et comme chez lui la pratique succédait bientôt à la théorie, le premier patronage à Reims fut fondé, pourvu d'une installation spacieuse et bien aérée, placé sous la direction intelligente et aimable d'un vicaire qui avait su comprendre les intentions de son curé, et aidé de la collaboration précieuse d'une élite de jeunes gens qui ont porté plus tard dans leurs foyers respectifs les plus beaux exemples des vertus familiales. Concurremment au Patronage de Garçons, il avait confié les jeunes filles de la paroisse aux soins d'une religieuse, groupe qui, sous le nom d'Association des Enfants de Marie, n'a cessé de faire l'édification des fidèles.

Ces essais de groupement de tout jeunes gens devaient plus tard amener M. le Curé de Saint-Remi à une conception autrement étendue : celle de former des groupes d'hommes chrétiens, sous le vocable de la Sainte Vierge.

L'Archiconfrérie de Notre-Dame de l'Usine et de l'Atelier, considérée sous un point de vue social et chrétien, fut alors fondée et malgré les difficultés inhérentes à l'application de toute idée nouvelle, nous avons vu cette Archiconfrérie faire son chemin, s'implanter en maints endroits tant de France que de l'étranger, favoriser partout l'éclosion d'une foule d'œuvres et d'institutions offrant à tout le corps social un excellent terrain de transition entre le régime individualiste d'hier et le régime syndicataire de demain.

Cette œuvre, ainsi que le disait naguère un puissant orateur, fut l'œuvre de prédilection de Mgr Baye : c'était pour cette œuvre que, ces dernières années, son cœur battait à se rompre et que, si je puis me servir de l'expression de Bossuet, « son âme ardente savait maîtriser le corps débile qu'elle animait ». Ces dernières années, disons-nous : ces derniers jours aussi, devrions-nous dire, puisque la veille même de sa mort, son esprit était tout rempli des mille et un détails occasionnés par les préparatifs de la fête de Notre-Dame de l'Usine et de l'Atelier, que malgré les appréhensions de son entourage, qui n'échappaient pas toujours à son regard pénétrant, il voulait voir aussi gaie et aussi joyeuse que de coutume, pour la gloire de sa douce et bénigne patronne.

Pendant que d'un côté on s'occupait des obsèques, au milieu des larmes qu'arrache la tendresse humaine, on s'occupait, d'un autre côté, de la préparation de la fête ; contraste singulier, mais qui peut cependant s'expliquer. L'Église ne connaît pas de deuil : la mort des justes est sa gloire à elle et à eux, un triomphe sans lendemain. Ce jour, en effet, est le triomphe pour notre cher et vénéré pasteur : c'est la récompense promise au fidèle serviteur qui a su si bien faire fructifier les dix talents que le Divin Sauveur, dans son ineffable bonté, avait laissés à sa libre disposition.

« Je n'aurai de repos, dit le Psalmiste, qu'après avoir élevé au Seigneur un temple digne de Lui. »

Il semble que M. le Curé de Saint-Remi ait fait sienne cette devise; dans tous les cas, pour son église, il en a poursuivi la réalisation avec une ardeur et un esprit de suite remarquables : c'est la restauration des vitraux, — la restauration de chapelles antiques rendues à la vénération des fidèles; c'est la lumière et la chaleur répandues dans toutes les parties de la basilique, — ce sont les tapisseries tombant de vétusté rendues à leur primitif éclat et semblant sortir pour la première fois de l'atelier des artistes flamands du xvᵉ siècle, — c'est l'orgue grandiose et harmonieux qui aide, par ses sons majestueux, la prière à s'envoler vers le Ciel, — c'est la châsse de saint Remi revenue, par l'habileté d'un ciseleur émérite, à sa splendeur première et faisant presque oublier les profanations du dernier siècle à l'égard du saint Apôtre des Francs. — Enfin, c'est la statue de la Vierge de l'Usine, œuvre d'art remarquable, le front ceint d'une couronne d'or parsemée de pierres précieuses, image de la couronne d'œuvres qu'elle a dû déjà présenter elle-même, au nom de son généreux et dévot ami, au Souverain Juge.

L'Écriture, racontant les merveilles du temple de Salomon, a soin d'ajouter à la gloire du roi constructeur, le roi de Tyr qui avait fourni les cèdres pour la construction du temple, les orfèvres qui avaient recouvert les lambris de métaux précieux, le peuple qui, par ses libéralités, avait contribué à l'érection de l'édifice sacré.

Qu'il soit permis au Conseil de fabrique de remercier publiquement tous ceux, connus et inconnus, qui à un titre quelconque, par leurs largesses, leur talent ou leur dévouement, ont aidé M. le Curé de Saint-Remi dans cette grande œuvre de restauration matérielle et morale, qu'à notre grand regret nous ne pouvons esquisser que dans les grandes lignes.

En contemplant ce spectacle si beau que vous laissez derrière vous, Monsieur le Curé, vos amis, vos paroissiens vous pleurent ; ils vous pleureront longtemps encore, mais les larmes qui sortent de leurs yeux seront des larmes de consolation, car retentit dans leur cœur, au milieu de leur accablante tristesse, cette réconfortante parole de l'apôtre :

« Pourquoi pleurer, comme ceux qui n'ont pas d'espérance ? »

Notre espérance, cher Monsieur le Curé de Saint-Remi, est que vous jouissez actuellement en paix du bonheur des élus et, en quittant cette place où sont déposées vos dépouilles mortelles, nous emportons l'espoir qu'aidés de vos œuvres, fortifiés de vos exemples et de vos prières, nous pourrons aller vous rejoindre un jour dans le Ciel, et chanter avec vous un *Alleluia* éternel.

On ne pouvait avec plus d'éloquence et de bon sens résumer la vie de Mgr Baye.

CONCLUSION

Et maintenant, cher Seigneur et vénéré Ami, vous qui dans votre testament, demandiez à vos paroissiens de vous tenir compte de l'intention que vous aviez eue de leur faire toujours du bien, soyez sûrs qu'ils n'oublieront jamais vos bienfaits. Ils vous ont fait des funérailles royales; c'est bien.

Quant à nous, vos anciens vicaires, nous ne perdrons pas le souvenir de votre amitié. Moi qui apprécie l'influence que vous avez eue sur mon avenir sacerdotal, je vous jure fidélité à la vie, à la mort. Pour honorer votre mémoire, je vous dédie ce volume; et je dépose à vos pieds cette épitaphe que je voudrais graver sur votre tombe sacrée et que dans le sein de Dieu

vous lirez comme l'hommage d'un cœur qui pleure son père en
Dieu :

HIC REQUIESCIT EXPECTANS RESURRECTIONEM,
ILLUSTRISSIMUS D. D. LUDOVICUS MARIA
BAYE
QUI XXXI ANNOS SANCTI REMIGII ECCLESIAM
SUAVITER ET FORTITER REXIT ;
ILLAM INSIGNEM BASILICAM MAGNIFICE ORNAVIT ;
CULTUM B. M. V. SUB NOMINE N.-D. DE L'USINE
PROMOVIT ;
CŒTUS PIOS IN GRATIAM OPIFICUM
FOVIT ET AMPLIAVIT ;
GREGIS SUI AMANTISSIMUS,
LARGUS IN ELEEMOSYNA,
SANCTÆ SEDIS DOCTRINIS ET MONITIS
ADDICTISSIMUS,
OBIIT IN OSCULO DOMINI
DIE DECIMA SEXTA AUGUSTI MCMI
UNUM ET SEPTUAGINTA ANNOS NATUS
R. I. P.

Ici repose, en attendant la résurrection, Sa Seigneurie illustrissime Monseigneur Marie-Louis Baye, qui pendant 31 ans, avec une sagesse toute pleine de vaillance, administra l'église Saint-Remi. Il se plut à embellir cette insigne basilique et à y promouvoir le culte de la sainte Vierge qu'il fit aimer sous le nom de Notre-Dame de l'Usine ; il favorisa et développa l'œuvre des congrès et des assemblées en faveur des ouvriers. Très dévoué à ses paroissiens, généreux envers les pauvres, fermement attaché aux enseignements de l'Église, Mgr Baye est mort le 16 août 1901, à l'âge de 71 ans. *Qu'il repose en paix.*

TABLE DES MATIÈRES

Reims. — Imp. Lucien Monce, 75, rue Chanzy.

DIEU EN SOIT GARDE
DOMINE.
OPERA MANUUM
DIRIGE
M-W
R.F

DU MÊME AUTEUR

1° **Sillery et ses Seigneurs**, 1893. Ouvrage couronné par l'Académie de Reims.

2° **La Donation de saint Remi ou le Domaine des Pothées**, chef-lieu Maubert-Fontaine, 1896.

3° **Discours à l'occasion du XIVe Centenaire du Baptême de Clovis**, 1896.

4° **Château-Regnault**, 1897. Ouvrage couronné à Reims et à Paris.

5° **Panégyriques de saint Meen d'Attigny**, 1899 et 1901.

6° **Vie de saint Meen d'Attigny**, 1901.